英傑の日本史

新撰組・幕末編

井沢元彦

角川文庫 I4954

目次

近藤　勇《いさみ》

天領に育つ

近藤勇といえば新撰組《しんせんぐみ》（新選組とも書く）の局長として、あまりにも有名だが、彼や同志である土方歳三《ひじかたとしぞう》、沖田総司《そうじ》らが、なぜ時世に華々しく登場したのか？　そして、なぜ幕府にあれだけ忠を尽くしたのか？　いまひとつ認識されていないようだ。

人間が一生の行動を決める際、その要素はいくつかあるが、かなりの影響度を持っているのが、その風土であろう。

近藤勇は天保《てんぽう》五年（一八三四）武蔵国多摩郡《むさしのくにたまごおり》上石原村（現東京都調布市）の百姓宮川久次郎の三男坊として生まれ、幼名は勝五郎といった。このあたりは昔から人々の気が荒く、喧嘩《けんか》も多く、武芸の盛んなところでもある。父久次郎が子供の頃、家に強盗が入ったことがあった。命の危険を感じた久次郎は武芸の必要性を痛感し、家に道場を建てて剣術の先生を招いて出稽古《でげいこ》をつけてもらうようになった。こうした環境の中、当然勝五郎も剣術に親しむようになり、特に兄弟の中では一番上達が早かった。剣の師は当時江戸で実践的な剣法として評判の高かった天然理心流《てんねんりしん》の三代目宗家近藤周助だった。周助は勝五郎の剣才に注目し、養子とした。そして、江戸市谷《いちがや》にあった天然理心流の道場「試衛館《しえいかん》」の後継者にした。

近藤勇の誕生である。

後に生涯の同志となる土方歳三は同門の後輩であり、沖田総司は義父周助の「試衛館」内での内弟子である。

沖田は奥州白河《しらかわ》藩士の子だが、土方は同じ多摩郡石田村の出身で、まさに同郷であった。

実は、近藤の生家の「宮川」も「土方」も、いわば「隠し姓」というべきものである。なぜなら彼等は正式な武士ではなく、あくまで身分は百姓だからだ。近藤も土方も裕福な農家の生まれで、共に農作業を嫌って剣術ばかりやっていたという共通点がある。彼等は正式なサムライになりたかった。格好も武士で、なまじの武士より剣ははるかに上手なのにもかかわらず人別帳（戸籍）では「百姓某」でしかない。

この多摩という土地は、彼等を「武士の気分」にさせる様々な要素があった。一つは八王子千人同心の存在である。同門の井上源三郎はこの千人同心の子だが、千人同心というのは戦国の昔武田家が滅んだ時、徳川家に再仕官できなかった身分の低い武士たちに、土地を与え屯田兵としたものなのだ。つまり「お前たちにやる禄米《ろくまい》はない。だから代りに土地をやる。これで自活し有事には将軍家のために働け」ということだ。このあたりは天領つまり将軍家直轄地であり、住民たちは千人同心でなくても「将軍様の家来」という意識を持っている。権力者は農民が武芸を学ぶことは好まないが、ここはそうではなかった。当然そこで育った人間は、いざとなれば武芸を将軍様のために役立てよう、という意識を持つようになる。

武士になりたい

近藤勇が天領（将軍直轄領）育ちだったというのは、われわれが今考えるより、はるかに重要なことなのである。

江戸時代、地方には藩があって城があって（陣屋《じんや》のところもあったが）藩士と呼ばれる武士がいた。藩士はれっきとしたサムライであり、たとえば百姓が武士の格好をすること すら許さなかった。江戸時代というのは身分社会で、身分社会というのは服装、髪形、持物等を見ればどんな身分か一目でわかる、というのが原則だ。だからこそ、この原則は堅く守られねばならない。ところが天領はある程度「自由」だった。近藤でも、正式には「百姓歳三」でしかない土方でも、少数の代官所の役人以外は武士はいないから、武士のマネをしてもあまり咎《とが》められなかった。しかし「武士もどき」であればあるほど、本当の武士になりたいという思いはつのる。そこらの武士より剣術が上手ならばなおさらのことだ。

一方、彼等のライバルとなった薩摩《さつま》・長州あるいは土佐の武士はどうか？　たとえば薩摩の西郷隆盛《たかもり》、長州の伊藤博文《ひろぶみ》の家は貧しかった。なぜ貧しいかといえば家禄が少ないからで、特に伊藤は武士は武士でも最下級の足軽の出身だ。ではなぜ家禄が少ないかといえば、薩摩藩島津家も長州藩毛利家も共に関ヶ原の敗者であるからだ。「徳川」に負けさえしなければこの貧乏も低い身分もなかった。彼等は「徳川三〇〇年」の間そう思い続けていた。特に長州藩においてそれは顕著で、後に高杉晋作《しんさく》が奇兵隊を作った時に、呼びかけに応じて集まった者の中には、先祖は武士だったが徳川のために没落したという家の子孫が少なくなかった。

新撰組と奇兵隊はまったく対極の組織であるように見える。一方は「佐幕（幕府を護《まも》る）」であり一方は「倒幕」が目的だからだ。だが、両者の行動を支えるエネルギーは実は共通している。それは「身分を飛び越えて正式な武士になりたい」ということなのである。

土佐藩の場合は少し事情が複雑だ。薩摩、長州が関ヶ原の「負け組」であるのに対し、土佐藩山内家は「勝ち組」だったからである。しかし、坂本龍馬《りょうま》の家は土佐藩士ではなく、関ヶ原の敗北によって領地を失った長曾我部《ちょうそかべ》家の遺臣の家柄だ。つまり彼自身は「負け組」の出身なのである。「負け組」は「勝ち組」の土佐藩士に路上で行き会えば土下座して迎えなければならなかった。身分も郷士《ごうし》と呼ばれ一段下であった。龍馬の場合は「正式な武士になりたい」というよりは「そうした身分の差を解消しよう」という高邁《こうまい》な理想があったが、それにしても出発点は「身分社会の抑圧に対する反発」なのである。

近藤勇が新撰組を結成するきっかけとなる浪士組の結成を呼びかけたのも、出羽国《でわのくに》庄内の「武士もどき」の郷士清河八郎であった。

幕末史は「武士になりたい男たち」の抗争史でもある。

剣の実力で身分を越える

身分を飛び越すためには、実力があるだけではだめで、乱世でなくてはならない。「足軽の子は足軽」「たかが百姓の分際で」などという社会ではそんな機会はない。

もちろん実力がなければだめで、近藤ら新撰組の面々だけでなく、対立する側の坂本龍馬にせよ桂小五郎にせよ、あるいは近藤らの京都進出のきっかけを作った出羽国庄内の郷士清河八郎にせよ、一つの共通点があることにお気付きだろうか？

それは剣の達人であるということだ。これは決して偶然ではなく、階級を飛び越えるにはそれが一番の近道だったからだ。

江戸時代は長い泰平の時代だった。当然、戦争はない。本来は「戦士」であるはずの武士が、その戦士としての技能よりも算盤《そろばん》勘定などの技能の方がもてはやされる時代であった。近藤勇の三〇年ほど「先輩」に幕府の徒士組《かちぐみ》という最下級クラスから、算盤勘定の上手さを買われ勘定方というエリートとなり、ついには勘定奉行まで上りつめた川路聖謨《としあきら》という人がいる。この人が勘定方に抜擢《ばってき》された時「これでオレも正式な武士だ」と喜んで剣術の稽古《けいこ》を始めたところ、同僚は「ケガでもしたら御奉公にさしつかえる」とやめるよう忠告したという。「鬼の平蔵」が「近頃の武士はなまくらになった」と嘆くわけである。ところが、この事情が一変したのが「黒船来航」であった。

黒船はなぜ皆をあんなに驚かしたのか、どうも日本人は専門の学者も含めて、忘れてしまっているが、現代の事例を考えてみればいい。

たとえば、いま北朝鮮は核開発をする一方でテポドンIIという弾道ミサイルを開発中だ。アメリカは必死になってこれをつぶそうとしている。なぜか？　テポドンIIは米本土まで届くからである。そのミサイルに小型軽量化した核を搭載することが可能になれば、アメリカ本土全体が核ミサイルの射程距離に入ってしまう。

黒船とは当時の最新兵器だ。強大な蒸気機関を使う、浮かぶ「鉄の城」である。この「城」はまた巨大な大砲を積み、日本全国どこでも艦砲射撃によって破壊できる。それまで、そんな兵器はなかった。だから海に囲まれているということは「世界一安全な国」であるということだった。近代以前世界最強だったモンゴル軍（元帝国《グン》）もこの海の壁《くろがね》にはばまれ日本を攻略できなかった。ところが黒船という、軍艦マーチの一節にもある「鉄の浮かべる城」は、この前提を一八〇度転換した。

「海岸線＝国境線」の日本は世界一危険な国家になった。すべてが黒船の大砲の射程距離に入ってしまったからだ。

こうなればサムライの本分である「武」が問われることになる。海外列強の侵略の野望から日本を守らねばならない。だが武士の多くは長い泰平でその能力を失っている。となればまさに近藤たちの出番ではないか。

特別警察の誕生

黒船は日本国中に攘夷《じょうい》の嵐を巻き起こした。

攘夷とは「野蛮人を討ち払う」ことで、もともとは中国思想（朱子学）の用語だったが、江戸時代の日本人は「我こそは中華（文明の中心）」と思い定めていたので、この言葉がもてはやされたのだ。今少し現代風に言えば、「外国の侵略を排除し日本国（あるいは日本民族）の独立を保つ」ということであり、「アヘン戦争でイギリスにやられた清《シン》（中国）の轍《てつ》は踏まない」ということでもある。では、それを誰がやるのか、政権の主体は何であるべきか？　これが佐幕（徳川派）と勤皇（尊王ともいう。天皇派）の対立を生んだ。また本当の意味での攘夷（＝日本の独立）を貫くために、むしろ開国して西洋の近代技術を学んで軍制や国体を改革していくべきだ、という主張もあった。お気付きのようにこれが明治維新の考え方だ。後にその立役者となる薩摩も長州も、初めの頃はヒステリックな排外主義こそ攘夷の本道だと思い込み、それゆえに開国して通商条約を結んだ幕府を「国を誤る者」として糾弾した。そして彼等「攘夷原理主義者」は天皇の都で打倒幕府（倒幕）のための様々なテロや反政府活動（尊王攘夷）を行った。

そこで清河八郎が「このような連中から、上洛《じょうらく》する将軍様を守るために腕利きの浪人を集め京の都へ送り込んだらどうか」と、悩む幕府を口説いたのだ。こうして黒船以前なら絶対に有り得なかった浪士組が誕生し京へ向かった。ただ清河の狙いは別のところにあり、実はこの浪士たちをそのまま尊王攘夷の先兵として活用するつもりだった。幕府はだまされたのである。あわてた幕府は口実をかまえ清河を江戸に呼び戻し刺客を放って始末した。この間、尊王攘夷を叫ぶ清河に反発し、別派を作ったのが近藤勇ら江戸試衛館のグループである。土方もいた、沖田もいた。天領育ちの近藤や土方にとっては、将軍様こそ尽くすべき忠義の対象であり、清河の尊王攘夷路線は到底受け入れられるものではなかった。しかし、ここで本当の「浪人」となってしまった彼等は途方に暮れた。そこで近藤は名案を思い付いた。

当時、京の混乱を鎮めるために幕府は、三百諸侯の大名の中で、徳川の親藩であり最も武勇に優れていると言われた会津《あいづ》藩の藩主松平容保《かたもり》を、京都守護職という新設の職に任じていた。目的は同じ過激派浪士の取り締まりであり、尽くすべき忠義の対象も同じなら、頼るべきは会津藩ではないか。実はここのところ、会津藩の方から近藤に接触してきたという説もある。確かに取り締まる側から言えば近藤は得体の知れない存在である。その真意を確かめたいところだ。ともあれ、両者の「合体」は円滑に進んだ。新撰組の正式名称は「京都守護職会津中将様御預《おあずかり》新撰組」である。「過激派」取り締まりのための特別警察ともいうべき組織がここに誕生した。

秀でた諜報力《ちょうほうりょく》、機動性

ここで尊王攘夷派（以下、尊攘派と略す）の言い分を聞こう。（ちなみに現在は尊皇と書く人が多いが、これは昭和になって天皇を「王」と表現するのはおかしいと言われてからのことだ。もともとは中国思想であり、だから当時は「尊王」と書いた）

彼等の倒幕論の最大の根拠は実は「違勅」にある。「天皇の命令に対する違反」ということだ。そもそも開国にあたって、勅許（天皇の許可）を得るべきであるのに、幕府も井《い》伊《い》大老も「勝手に」開国した。それがケシカランというのである。

しかし、この論理は実はおかしい。というのは天皇家の持っていた政治の大権を剝奪《はくだつ》し武士が実権を握ったのが「幕府」というものだったからだ。幕府は鎌倉の源頼朝《よりとも》以来、朝廷を政権から遠ざけてきた。鎖国をしたのも幕府が勝手にやったことだ。それが幕末に至って「重要なことは天皇の許可を得るべきだ」と何故「世論」が変わったのか？　それは皮肉なことに、江戸幕府の始祖徳川家康や水戸黄門こと徳川光圀《みつくに》が、朱子学を統治の学問として採用し奨励したからだ。簡単にいえば「なぜ将軍は偉いのか。それはこの国の真の王者である天皇から将軍に任命され、実際の政治を委任されているからだ」ということで、だからこそ「将軍に反逆することは、天皇に反逆するも同然」という理屈になる。こうした形で、もともとは三河《みかわ》の土豪に過ぎない徳川家は政権を正当化しようとしたのだが、このクスリは効き過ぎた。この論理が武士共通の認識になれば「天皇の命令を無視する幕府は倒してもいい（倒幕）」ということにもなるし、「幕府が統治能力を失ったのなら政権を天皇家にお返しすればいい（大政奉還）」ということにもなる。「反逆」を防ぐための教育が逆に「反逆」を正当化する理論となってしまった。まさに歴史の皮肉である。

その尊攘派浪士の最大の陰謀が、世に言う「池田屋事件」であった。正確に言えば彼等は池田屋を中心に会合を重ね、「風の強い夜、京の町々に放火し御所を焼き払い、天皇には長州へ動座して頂く、合わせて中川宮《なかがわのみや》など佐幕派の皇族、公卿《くぎよう》を皆殺しにする」という恐るべきクーデター計画を立てていた。近藤らは首謀者の一人古高俊太郎《ふるたか》を捕え、苛烈《かれつ》な拷問で白状させることによって、一味の集まった池田屋を襲撃し、多数を殺傷捕縛した。その諜報力といい機動性といい、新撰組なかりせばこのクーデターを未然に阻止することは不可能だったろう。しかし、それは時代の流れを逆行させることでもあった。

しかし最大の問題は、新撰組も近藤もあくまで剣術家集団であり、大砲、新式銃を使う薩長には戦場では勝てるはずもなかったということだ。鳥羽《とば》・伏見《ふしみ》の戦いに敗れ、江戸へ戻った近藤は、正式に旗本（幕臣）としての扱いを受けるが、最後は官軍に捕えられ刑場の露と消える。「本物の武士」になったことで彼は満足していたのだろうか——。

土方歳三《ひじかたとしぞう》

士農工商すべてを体験

土方歳三も江戸時代の人別帳（戸籍）では、他の多くの隊士と同じく「百姓歳三」に過ぎない。

それゆえ「正式の武士になりたい」という欲望は、剣術家の養子となることによって一応その身分を得た近藤勇《いさみ》よりも、烈《はげ》しいものであった。

土方は、近藤（現東京都調布市出身）のすぐ近くの石田村（現日野市）の豪農の子だ。「名主のお坊っちゃま」というところか。この家には「石田散薬《さんやく》」というケガの妙薬の処方が伝わっており、農作業の嫌いな土方はこの薬の生産（薬草の採取、精製）から販売を担当していたという。薬草採りには大勢の人間を組織的に動員し、効率的に動かさねばならない。また、土方はケンカの達人でもあり、村と村のケンカでも常にうまく人を動かして勝利を収めたという。その一方で巧みなトークで石田散薬の「セールスマン」をやっていたというのだから、土方というのも相当複雑な人間である。商家に奉公した経験もあるという。その上、剣術も達者だったというのだから、「士農工商」すべてを体験した男ともいえる。こんな人間は江戸時代には珍しい。

その土方が近藤と剣術を通じて知り合い、清河八郎の浪士組徴募に応じて上洛《じょうらく》するわけだが、彼の真骨頂は新撰組《しんせんぐみ》という集団をいかに維持運営していくか、その課題を目の前に突きつけられた時に発揮された。

彼の生涯のキイワードは「士道」というものであった。「武士道」と同義であるようだが、少し、いやかなり違う。

意外かもしれないが、私は土方歳三という男の生涯を見る時、かつてハワイやブラジルにいた日系二世や三世の姿を思い浮かべる。彼等の中には移民した国にまったく同化してしまった人々もいたが、頑固にそれを拒否した人もいた。彼等はどうしたか？　日頃から和服を着、日本食を食べ、外国語は極端に使用を制限した。彼等は意識して一二〇パーセントの日本人になろうとしたのだ。日本人だから常に和服を着なければならない、ということはない。そんなことをしなくても日本人は日本人だからだ。だがアイデンティティを脅かされた人々は普通の日本人以上に「日本人」であろうとする。土方は「脅かされた」のではないが、本来「自分は正式な武士ではない」というコンプレックスがある。もしそれが無ければ「武士になりたい」とは思わないはずで、「オレは剣術の上手な百姓で結構」ということになるはずである。その土方が理想とした一二〇パーセントの武士道、それが

「士道」であったのだろう。

土方の起草になるという、有名な「局中法度《はっと》」の第一条「一、士道に背《そむ》く間敷事《まじきこと》」は、具体的に言えば少しでもそれに反する（と認定された）者は即「切腹」ということである。

しかし、このあまりに厳し過ぎる掟《おきて》は、やはりその従来の「武士道」とは違うものだ。

「士道不覚悟のもとに」

「一二〇パーセントの武士道」である局中法度は、第一条「士道に背くな」以下「脱退は許さない」「勝手に金策してはならない」「勝手に訴訟を取り扱ってはならない」「私闘は許さない」というものだが、実はこれは後人の「創作」ではないか、という見解もある。

というのは、これは新撰組を歴史上の「有名人」にした初めての著作、子母澤寛《しもざわかん》の『新撰組始末記』で紹介されたものだが、実はそれ以前の良質な史料には見られないからだ。しかし、生き残りの隊士だった永倉新八が懐旧談の中で、成文化されたものはなかったがこれに類する内規はあったと証言しているから、やはりあったのだろう。

というのは、実に多くの人々が「士道不覚悟」の名の下に切腹させられているからだ。

その記念すべき（?）第一号は局長新見錦《にいみにしき》である。初め新撰組には局長が三人いた。あと二人は芹沢鴨《せりざわかも》と近藤勇である。

近藤は実力も人望もあったが、まだ無名の存在で一人で局長となるには貫禄《かんろく》不足だった。

その点、芹沢は水戸《みと》の有名な尊攘《そんじょう》派組織である天狗《てんぐ》党の残党であり、知名度の点では抜群であった。そこで、芹沢と水戸以来の同志である新見が共に局長となり、近藤と「トロイカ方式」で新撰組を運営していた。しかし、芹沢らは生来粗暴で酒好き女好きの、とんでもない連中であった。そういう連中が、「京都守護職会津《あいづ》中将（松平容保《かたもり》）様御預《おあずかり》」の威光を笠《かさ》に着て、商家を脅して金をゆすり取ったり、人の女房を奪ったりと、散々無法な行動を繰り返した。ここに至って、会津藩も堪忍袋の緒を切って芹沢一派を粛清するよう近藤に命じた。近藤中心の新撰組を望んでいた土方にとって、これは渡りに船の要請だった。

まず、土方は芹沢の力を殺《そ》ぐために新見に狙いをつけた。一人で酒を飲んでいた新見のところに押しかけ「士道不覚悟」のもとに無理矢理詰腹《つめばら》を切らせた。

芹沢暗殺の場合はさらにえげつない。

芹沢が泥酔し、当時妾《めかけ》にしていた「お梅」という美女と同衾《どうきん》しているところに、暗殺隊を差し向けたのだ。

土方が直接指揮をとったらしい。沖田総司《そうじ》、原田左之助《さのすけ》、藤堂平助、井上源三郎ら、試《し》衛館《えいかん》以来の信頼できる同志がそのメンバーだったようだ。結局、芹沢はなぶり殺しのように殺され、お梅も口封じに殺された。そして、新撰組は近藤、土方ら試衛館グループのものとなる。新撰組は「斬った浪士」より「腹を切らされた隊士」の方が多いというのは冗談だが、少なくとも十数名の隊士が切腹させられている。また芹沢のように、斬られた者も少なくない。武田観柳斎《かんりゅうさい》、伊東甲子太郎《かしたろう》あたりが有名だが、いずれも泥酔させられたところを不意打ちされている。このあたり武士道では「卑怯《ひきょう》」というところだが、「士道」ではそうでもないらしい。

名誉より任務

新撰組の「士道」は、その集団戦法に良く表われている。簡単に言えば「一対一」ではなく「一対三」かそれ以上、つまり一人の敵に対して三人で立ち向かうというものだ。これは戦国時代ならば「足軽の戦法」というべきものである。

「武士道」では、堂々と名乗りを上げ一対一で戦う。それが名誉を重んじる武士だ、という考え方がある。もっとも、これが「完成」したのは江戸時代に入ってからで、戦国時代には「夜討ち朝駆け」は決して卑怯ではない。むしろ、不意を襲われるヤツの方が悪い、という考え方はあった。しかし、世の中が平和になるにつれ、そういう考え方は廃《すた》れ、いわば「フェアプレイ」が重んじられるようになる。宮本武蔵《むさし》も「約束の時間」には遅れたが、「飛道具（鉄砲）」などは使わず、木刀で佐々木小次郎を倒している。

しかし、新撰組はそうではなかった。新撰組の戦法は「ケンカの達人」土方がほとんど一人で考えたと見ていいと思うが、とにかく敵を倒すことを最優先課題にした戦法であった。

土方の苦心はわからないでもない。

彼等の敵は、日本中から選《え》りすぐられた剣客であった。階級は関係ない。とにかく剣技の達人であれば、「志士」の名で迎えられた。土佐藩出身で「人斬り以蔵《いぞう》」と恐れられた岡田以蔵は、姓を名乗ってはいるものの土佐に帰れば「無宿人鉄蔵」に過ぎなかった。土佐勤皇党の武市《たけち》半平太が、その剣技を見込んで「同志」として遇したのである。後に、彼等の暗殺テロが土佐藩で問題になり、処罰を受けた時に、藩士の武市は武士の礼をもって切腹にされたが、岡田は「無宿人鉄蔵」として斬首《ざんしゅ》の刑となった。彼も武州三多摩に生まれれば、間違いなく新撰組に入っていたに違いない。それだけに剣にかける情熱は大きかった。他には薩摩《さつま》の田中新兵衛《しんべえ》、中村半次郎など、腕利きはゴロゴロいる。土方、沖田あたりの幹部なら勝負になっても、平隊士では歯が立たない。だが、そうした連中を必ず倒さねばならない。それが徳川家に対して「誠」を貫くことでもある。土方はそう考えたのだろう。目先の名誉よりも任務を確実にこなすことが本当の意味の「忠義」だということだ。これが「士道」である。

しかし、それにしても土方らの戦法は生まれながらの武士から見れば、随分と「えげつない」ものであったろう。新撰組参謀でありながら脱退し、「御陵衛士《ごりょうえじ》」という別組織を作り、尊攘派に走った「裏切り者」伊東甲子太郎を始末する際、彼等はまず伊東を酒席に誘い、散々酔わせておいてから帰り道で闇討ちにした。しかも、その死体を路上に放置し、それをエサに御陵衛士をおびきよせて始末した。確かに戦国時代なら、こういう方法もあったかもしれないが——。

その土方が戦法を一変しなければいけない時が来た。ライバル薩長は「飛道具」使いの集団である。

最期まで奮戦

負傷した近藤に代って、土方が指揮をとった鳥羽《とば》・伏見《ふしみ》の戦い。結果は惨敗だった。しかし、土方は釈然としなかった。負けたのは兵員の資質の差ではない、武器の優劣によるものだ。敵は新式銃、大砲によって狙い打ちしてくるのに、日本刀を片手に突撃するのでは勝てるはずもない。いわば火力が段違いなのである。

土方が洋装断髪に踏み切ったのは、この敗北がきっかけのようだ。

その彼にとって痛恨だったのは、盟友であり同志でもある近藤の命を救えなかったことだろう。江戸へ敗走した新撰組に対し、幕臣勝海舟は甲府鎮定を命じた。甲府というのは幕府直轄地（天領）で、いざという時の将軍の避難所でもあった。武州三多摩育ちの土方にとっても関心の深い土地である。江戸城無血開城、すなわち官軍への実質的な降伏を目指していた勝にとって、勤皇派の憎しみを買っている彼等が邪魔だったという説もある。とにかく彼等は大名に近い格を与えられ、大得意で甲州街道を西へ向かった。だがこの甲陽鎮撫隊《ちんぶたい》の歩みは遅かった。道中、近藤の故郷でも土方の故郷でも一泊した。「故郷に錦《にしき》を飾ろうという意識があった」と後世の批判をあびているが、この隊は当初から兵力不足に悩まされているから、あるいは「人集め」のためだったかもしれない。しかしこの遅滞のため官軍に先を越された。乾《いぬい》退助（板垣退助）率いる土佐藩兵が甲府城を占領してしまったのである。遅ればせながら一戦を挑んだが、ここでも火力の差によって撃退される。近藤は兵を募集しつつ総州（千葉県）流山《ながれやま》に移動した。おそらくは会津に向かい最後の戦いをするつもりだったのだろう。そこへ官軍からの出頭命令が来た。近藤は「大久保大《やま》和《と》」という変名を名乗っていたから、出頭しても大事あるまいと考えた。土方もそれに同意した。ところが官軍はとっくに近藤の正体を見破っていたのである。近藤はまんまとおびき出され、戦わずして捕えられ斬首されてしまった。ここにおいて土方は悔いのないように徹底的に戦う決心をしたに違いない。

まず会津で戦ったが、官軍の攻撃の前に到底持ちこたえられぬと判断し、仙台へ移動しそこで降伏に反対し艦隊ごと脱走してきた榎本武揚《えのもとたけあき》と会い、榎本の蝦夷《えぞ》新政府に参加することになる。陸軍奉行並《なみ》というのがそのポストだった。彼は箱館《はこだて》（当時はこう表記した）の地で奮戦した。五稜郭《ごりょうかく》の戦いとよく言われるが五稜郭は司令部のあったところで、実際の激戦地は港に突き出た要塞《ようさい》弁天台場や函館山だった。ちなみに今に伝わる土方の写真は、この箱館で撮影されたものだとも言われる。土方の最期は実はよくわからない。とにかく降伏に決した司令部の中で一人戦闘継続を唱え出撃したことは確からしい。敵に突撃し、銃弾を浴びたのだろう。享年は近藤と同じ三五であった。

沖田総司《そうじ》

天才的な剣士

沖田総司はあることで一つ大きなトクをしている。それは後世に写真を残さなかったことだ。そこで「美男剣士」という伝説が生まれた。実はこれは伝説であって真実ではない。生き残りの隊士の証言では、色黒で頬骨が高く、「ヒラメのような顔だった」という証言もあるくらいで、お世辞にも美男といえる顔ではない。

ただ、よく冗談を言うユーモアのある若者だったらしい。子供とよく遊んでいたというのもどうやらホントらしい。「美男伝説」ができたのは、天才的な剣士でありながら若くして結核で死ぬという薄幸の人物だったからだろう。それでも近藤や土方のように写真が残っていたら、こんな伝説は生まれなかった。やはりベールに包まれているということが、伝説発生の条件かもしれない。

では、その剣の技量は実際のところどうだったのか？　少なくとも近藤を代表とする天《てん》然理心流試衛館《ねんりしんりゅうしえいかん》の仲間内では、誰も沖田に勝てなかった。近藤はその腕を見込まれて天然理心流宗家近藤周助の養子になったほどの男だが、その近藤でも土方でも、年下の沖田にはまるで及ばなかった。近藤は自分に万一のことがあれば、天然理心流の宗家は沖田に継がせようと考えていたと言われる。

これも「伝説」ではないかと疑う向きもあるようだが、沖田は新撰組《しんせんぐみ》一番組隊長として何度も尊攘《そんじょう》派浪士と戦い、大きなケガを負うこともなく勤め上げていることを忘れてはいけない。「一番組」の長といえば、外部から見ればその象徴的存在である。逆に言えば、そうした連中のターゲットになりやすい身でもある。この時代は暗殺あたり前、戦争も珍しくない、という物騒な時代である。その時代に、猛者《もさ》ぞろいの新撰組のトップを勤め上げたことは、やはりその器量がなみなみならぬことを示すものである。

では、天然理心流とはどんな剣法なのか。

私は残念ながら実見したことはないのだが、江戸中期にはじまった極めて実戦的な剣法である。道場の剣法はどうしても技の修練が主体となる。いわばテクニック中心で、それはそれなりに巧緻《こうち》な芸を生むのだが、ここで問題なのは「安心感」である。つまり、この「練習」ではケガをしても絶対に死ぬことはないという感覚だ。実はこれが問題なのである。

真剣勝負というのは、殺すか殺されるかでやり直しというものがきかない。そこで当時盛んに言われたことは「道場剣法」では実戦の役に立たないということだ。人間、竹刀《しない》でなく真剣を持つと、どうしても緊張し道場での技量が出ないことが多い。では、どうすればいいのか、といえば、技量ではなく胆力の方を鍛えるしかない。天然理心流は他の流儀と違って、特にこのことにこだわっていたようなのである。

必殺技は三段突き

「道場剣法」というものは確かにテクニックは高まるものだ。たとえばAとBというライバルがいて、AがBに「ある技」で勝ったとしよう。当然Bは次の試合に向けてその「技」を破るための工夫をする。うまく行けばBはAに勝ち、そこで負けたAは今度はさらに新しい技を工夫する。あるいはどこかBに比べて劣っているところがあれば、そこを修練して弱点を克服する努力をする。そうすればまたAはBに勝つ。そこで負けたBは——、この繰り返しであり「永遠のライバル」などと呼ばれる。

しかし、実はこれは「のどかな話」であって、文字通りの真剣勝負の場合は、どちらかが必ず死ぬわけだから、こういう関係にはならない。真剣勝負は「永遠のライバル」ではなく「一瞬の敵」に勝てればいい。あの宮本武蔵《むさし》が佐々木小次郎と戦った時も、当然「次の試合」などは考えていなかったはずである。

ということは、必殺技が一つあればいいということでもある。道場剣法ならば、相手はその技を覚えてしまうわけだから、次々に手を変え品を変えていかねばならないが、真剣勝負なら「技」が決まった時は、敵はあの世に行っている。もう二度と「工夫」する余地はない。伝えられる沖田の必殺技は「三段突き」である。VTRが残っているわけでもないし、図解があるわけでもない。必殺技の中味をわかりやすく説明するということは自殺行為になるから（理由はおわかりですね）、そんなものは昔からない。だから仲間であり、その技を間近で見る機会があった人間の証言に頼るしかないが、それでも「目にもとまらぬ早技であった」という程度のものである。

ただ「突き技」というのは納得できる話だ。一般に刀というものは「斬る」ものだと考えられているが、実際は「突く」方が有利だという常識があった。あの泰平の元禄《げんろく》の世に起こった赤穂《あこう》事件（忠臣蔵）の浅野内匠頭《たくみのかみ》についてすら、その当時からあった批判は「殺したかったのなら何故突かずに斬りかかったのか」というものであった。特に脇差《わきざし》（小刀）のような短い刀では斬るよりも突く方が確実に相手を殺せる。明治の軍人乃木《のぎ》大将も浅野の行為をこの点で批判している。

「突き」が有利な点はもう一つある。

実戦の場においては、敵は防具をつけている、ということだ。鎧兜《よろいかぶと》はいかにも大仰でも、鉢金《はちがね》（兜の簡略型、〈ヘルメットのようなもの〉）や着込み（鎖帷子《くさりかたびら》、鉄の鎖で織り上げた下着）は、新撰組でも常備品であった。名人が名刀を使っても鎖帷子を着ている人間を一刀両断にすることは、まず不可能である。ところが「突き」ならばそれを突き破ることも不可能ではない。それに人間は体を動かさねばならないから可動部（首など）にはどんな防具をつけても隙間がある。
まさに「付け入る隙」があるのだ。

胆力が肝心

今の剣道の決まり手（一本）は、面、胴、籠手《こて》などだが、お気付きのようにすべて防具でガードされている部分だ。もちろん、防具を着けなければ稽古《けいこ》のたびにケガをしてしまうから、これは仕方がない。だが人間そればかりやっていると、どうしても「スポーツ」感覚になってしまい、いざ真剣勝負の場になると、精神が萎縮《いしゅく》してしまうという結果を生じる。

古い流派は刃引きした真剣で稽古をした。いくら刃引きといっても鉄の棒（板？）で打ち合うわけだからケガは避けられない。そこで型が重視されることになる。こうした古流派にあき足らず、初心者でも手軽に打ち込み稽古ができるように工夫した道具が竹刀《しない》で、これが発明されたことによって、剣術の底辺は明らかに広がった。積極的にこれを採用した北辰《ほくしん》一刀流千葉道場は、他の道場に比べて上達の度合いが早いと言われ大変に繁盛した。坂本龍馬《りょうま》も千葉道場（桶町千葉《おけちょう》）の出身である。確かに江戸時代は御前試合といっても、木刀で戦うものだったから、技の修練がしやすい竹刀剣法つまり道場剣法が流行したのは当然だ。平和な時代だったから、いわば「殺人のテクニック」はどうしても軽視される。

しかし、前に述べたように黒船来航はこの事情を一変させたのである。

乱世、それは「人が人を斬る」時代である。平和な時代なら論争や裁判で決着がつくことが文字通りの殺し合いになる。土方が「一対三」の戦法を編み出したのも、こうした状況の中で敵に必ず勝つことを求めてのことだ。だが、いつの場合でも理想通りにはいかない。この戦法は味方の数が敵よりも多いことが絶対の条件だが、敵の方が多いこともある。池田屋事件はその典型的なケースだった。

だが、そうした中でも沖田は無類の力を発揮し、剣術家の集団である新撰組の中でもそのトップを走り続けた。若くして死んだのは病のためであって、決して敵に負けたのではない。

では、そうした実戦剣法を身につけるにはどうしたら良いのか。一概には言えないが、技巧的なところから言えば、竹刀だけでなく、木刀や真剣にできるだけ触れる機会をつくることだ。重い木刀を扱うことによって、真剣も使いやすくなる。当然、型の稽古には真剣を用い、慣れておかねばならない。

だが、それだけではダメで、一番肝心なことは胆力（精神力）を身につけることだ。真剣を持つとなぜ精神が萎縮するかといえば、斬られるかもしれないという恐怖が芽生えるからだ。その恐怖心を何らかの形で克服しない限り、真剣勝負には絶対勝てない。幕末で威力を発揮した流派は、天然理心流も薩摩示現流《さつまじげん》も、この鍛錬に重きを置いている。精神主義と揶揄《やゆ》される部分があってこそ、実戦的にはより役に立つというのも、考えてみれば皮肉な現象である。

クライマックスで喀血《かっけつ》

沖田を倒したのは、名だたる剣客でもなければ、維新政府軍の鉄砲でもなく、労咳《ろうがい》（結核）という名の病魔であった。

現在でも不治の病というものはあるが、昔は結核に対して有効な治療法はなかった。ただ出来るだけ安静にし、滋養のある物を食べるしか、対処法はなかった。それなのに京で激務をこなしていたのだから、これが沖田の寿命を縮めたのは間違いないだろう。

新撰組をドラマ化した際、必ず演じられる「名場面」がある。池田屋事件の時、少数で討ち入ったメンバーの中にいた沖田が激しい咳《せき》とともに血を吐き、戦闘不能になるシーンである。

この時、池田屋に踏み込んだのは、近藤勇、沖田総司、永倉新八、藤堂平助の四人といわれる。なぜたった四人になってしまったのかといえば、浪士が潜伏している可能性がある場所がもう一つあり、土方が別働隊を率いて、そちらへ向かっていたからだ。近藤の隊の方が数が少なく、また浪士を逃がさないよう外の見張りを置いたため、斬り込み部隊は本当の少数精鋭になってしまったのだ。近藤が、何人いるかわからない（実際には二〇人以上いた）ところに踏み込むことを決断したのは、ぐずぐずしていると感付かれる恐れがあることと、確かに斬り込みの人数は少ないものの近藤以上の腕を持つ沖田がいたからだ。ところがその最大の戦力である沖田が、たった一人斬ったところで喀血してしまう。しかも、もうひとり藤堂平助が額に深傷《ふかで》を負い、流血で目が見えなくなり、これまた戦闘不能になる。残るは近藤と永倉だけ、多勢に無勢まさに絶体絶命になったところで、土方の別働隊が戻ってくる。息を吹き返した近藤は勇躍浪士どもを叩《たた》き斬る——まさにクライマックスを盛り上げるために、演出されたようなシーンである。

ではこれは本当に「演出」つまり「芝居のウソ」なのかといえば、実はそうではないらしい。というのは、この時一緒に斬り込んだ永倉の懐旧談に「沖田は急に持病が起こり表に出た」という意味の言葉があるからだ。確かに結核とは書いてはいないが、沖田は結局その病で死んだのだから、この「持病」とはやはり結核のことだろう。

ただ結核患者が「血を吐いた」と明言しているわけでもない。「持病が再発した」といっているだけだ。「再発」して活動不能になるということは、おそらく喀血したのだろう、ということを誰かが推測し、それがずっと踏襲されているわけだ。

このこと自体は「伝説」ではないが、新撰組にはこうした伝説がつきまとっている。その、そもそもの発端は、新撰組を世に出した「功労者」ともいえる小説家子母澤寛《しもざわかん》が、新撰組の印象を劇的にするために、史実に無かった創作を加えたからだ。

それにしても「クライマックス」に「喀血」するとは、沖田はやはり「スター」である。

最後の軍歴は甲陽鎮撫隊《ちんぶたい》

「沖田伝説」の最たるものは、「美男」ということと、その死の床で寄ってきた黒猫を斬ろうとしたが果たせずそのまま絶命したというものだろう。

これも「名場面」だが、果たしてそのシーンはあったのか？　沖田の最期を検証してみよう。

鳥羽《とば》・伏見《ふしみ》の戦いの頃（慶応四年〈一八六八〉）には、沖田は既に戦闘には参加していない。この戦い、実は近藤も参戦していなかった。その前年の暮れ、近藤は二条城から当時本拠としていた伏見奉行所へ帰る途中、街道で狙撃《そげき》され右肩を負傷していた。下手人は、伊東甲子太郎《かしたろう》の「御陵衛士《ごりょうえじ》」の残党だと言われる。近藤は痛みをこらえて落馬もせず、そのまま伏見まで逃げ帰った。その時、犯人探索のために何人かの隊士が出動したが、沖田はそのメンバーにも入っていない。それだけの力もなかったのだ。近藤の傷は意外に深く、大坂城内で幕府典医松本良順《りょうじゅん》の治療を受けることになったが、このとき近藤は沖田を同行させた。彼の体を気遣ってのことだろう。

鳥羽・伏見の戦いでは、新撰組は土方の指揮の下で戦った。この戦いで土方が剣術使いの時代は終わったと悟り、洋装断髪に踏み切ったことは既に述べた。沖田は近藤と共に大坂城にいたが、幕府の総司令官であるはずの将軍徳川慶喜《よしのぶ》が軍艦開陽丸《かいようまる》で江戸へ逃げ帰ってしまったので、その後を追う形で軍艦富士山丸に乗り江戸へ回った。慶喜が敵前逃亡したのは、薩長軍が「錦《にしき》の御旗《みはた》」を押し立てて進軍してきたからである。

もともと水戸《みと》徳川家の出身である慶喜は、水戸黄門（徳川光圀《みつくに》）以来の尊王思想を叩き込まれて成長した。日本人はすべて天皇の忠臣であるべきで、天皇の敵（朝敵）となることはいかなる理由があっても許されない、という思想である。だから慶喜は江戸に戻っても薩長軍と戦うつもりはなかった。

一方、薩長軍はこの「慶喜の首」を取ることによって世の中が変わったことを示そうとしていた。この慶喜の「絶対恭順」方針を受けて、江戸城無血開城を実現したのが勝海舟だ。その海舟にとって、徹底抗戦を叫ぶ新撰組は何とも煙たい存在であった。海舟は近藤に言った。「甲州を鎮めて官軍に対抗したらどうか？」この言葉に近藤も土方も賛成し、甲陽鎮撫隊が結成された。

彼等は「大名格」の行列を組み懐かしい故郷武州を通って甲州に向かった。この甲陽鎮撫隊への参加が、沖田の「軍歴」の最後となった。沖田は土方の故郷日野までは何とかついてきた。だが、それ以上は無理で、江戸に戻って療養することとなった。

その地が千駄《せんだ》ヶ谷《や》であることは確からしい。しかし、どういう状況で死んだのかは今ひとつ定かでない。板橋で斬首《ざんしゅ》された近藤の死を知らず、少し「長生き」したというのは本当らしいが。いずれにせよ、「黒猫斬り」は本当ではあるまい。新撰組の「宣伝マン」子母澤寛の創作である可能性が高い。

永倉新八

生き残り新撰組《しんせんぐみ》の実像を伝える

近藤勇《いさみ》、土方歳三《ひじかた》、沖田総司《そうじ》の「新撰組トリオ」に次いで、新撰組の中で誰を取り上げるべきかといえば、「試衛館《しえいかん》」以来の同志井上源三郎や原田左之助《さのすけ》あるいは敵役《かたき》としての芹沢鴨《せりざわかも》あたりも思い浮かぶが、私はまず永倉新八を推したい。

というのは、永倉が大正時代まで生き残り新撰組に関する数々の証言を残したからこそ、今われわれは彼等のことを語ることができるからだ。大正二年（一九一三）に「小樽《おたる》新聞」に連載された「永倉新八」がそのきっかけであった。これは新聞記者が本人からの「聞き書き（インタビュー）」に基いて再構成したもので、不正確な部分もあるが、新撰組の実像を多くの人々に知らしめた功績は大きい。

永倉は松前《まつまえ》藩士の家に生まれた。しかし、家は江戸屋敷の仕事をしていたから、本人は江戸育ちである。最初は神道無念流を学んだが、剣術好きが高じて脱藩浪人となり、いつの頃からか試衛館の食客（居候《いそうろう》）になった。

そこに、清河八郎の画策による浪士組募集の話が来た。実は、この募集の話を聞きつけ最初に近藤たちに知らせたのは、永倉だと言われている。もちろん「武士」になりたい近藤や土方に異存はない。行動を共にして京を目指すことになった。

一行が京に着いた時、それまで「将軍の上洛《じょうらく》を護衛する」という話だったのに、清河が突然「われわれは江戸に戻って攘夷《じょうい》のさきがけとなる」と言い出したので、「話が違う」と京に残ることを決意したのが近藤ら試衛館グループである。これが新撰組結成のきっかけとなる。

ところが、永倉の証言によると、最初に京都残留を主張したのは、芹沢鴨だったというのだ。いわゆる「新撰組ドラマ」では芹沢は常に悪役で、添え物扱いといっていいが、もし本当にどうでもいい男なら、そんな男をわざわざ「局長」にした近藤や土方の真意がわからなくなる。やはり永倉の証言通り、最初に方針を示し決断したのは芹沢で、近藤・土方はそれに同調したのだろう。近藤も土方も剣術使いとしては優秀だが、「政治」にかかわったのは初めての経験である。

彼等は、清河や芹沢のやり方を見て、良きところは学び、悪《あ》しき所は捨てたのだろう。手本であると同時に、絶好の反面教師でもあったに違いない。

永倉は試衛館グループの一員でありながら生え抜きのメンバーではなく、アウトサイダー的位置にいた。

だから、永倉の観察は比較的冷静でもある。その永倉が実は新撰組ファンが聞いたら耳を疑うような、とんでもない証言を残している。

それは簡単に言えば「近藤は芹沢鴨と同じではないか」という糾弾の言葉なのである。

近藤の非行を訴える

元治《げんじ》元年（一八六四）一一月というから、六月に池田屋事件があり、新撰組の名声が一気に高まった頃のことだ。

永倉新八は同志五人（斎藤一《はじめ》、原田左之助、島田魁《かい》、尾関政一郎、葛山《かつらやま》武八郎）と連名で、「主人」である京都守護職松平容保《かたもり》に、局長近藤勇の非行弾劾の建白書を提出した。近藤は「わがまま」で「芹沢鴨暗殺以来専制をほしいままにし」「他の同志をみること家来のごとくであり「（命令を）聞かずんば剣に訴える」という傾向がある。このままでは新撰組の存立が危ぶまれるので、あえて建白書を提出した、と永倉の懐旧談（『新撰組顚末《てんまつ》記《き》』）にある。

それも単に改善要望を出したというようななまやさしいものではなかった。永倉らは具体的に「近藤の非行五ヵ条」を挙げ、会津《あいづ》藩公用方《こうようかた》小森久太郎に対し「もし五ヵ条のうち近藤が一ヵ条でも申し開きできたのなら、われわれの方が非を認めて切腹する。逆に、近藤が申し開きできなかったら近藤に切腹を申しつけられたい」と申し入れたのだ。これではまるで「果し状」である。

困ったことに、この五ヵ条の内容が永倉の手記には明記されていない。たぶん建白書提出の理由とされている「専権」「私物化」があったのだろう。また大商人に対する「借金」という名の「ゆすり」もあったのではないかと、私は想像している。

そして、この五ヵ条が明記されていない理由は、その後永倉と近藤が「和解」したからだ。会津侯松平容保が永倉ら六人に「言い分はわかったが、そもそも新撰組はその方たちが作り、余の預りとなったものではないか。これを解散することは余の不明（不徳）となる」と説得したのである。六人は会津侯じきじきの説得に恐縮して、これを受け入れた。その場で、容保は近藤を呼んで和解の盃《さかずき》を交わさせた。つまり、和解した以上、建白書を出したという事実は述べても、近藤の不名誉となる内容までは語る必要はない、永倉はこう思ったのではないだろうか。

しかし、「しこり」は残った。事件のほとぼりが冷めた頃、この六人のうち最も序列の低い葛山武八郎が切腹させられている。これは理由は不明なのだが、この一件に対する近藤側の「報復」と考えれば筋は通る。

鳥羽《とば》・伏見《ふしみ》の戦いの後、新撰組は江戸に行き、改組されて甲陽鎮撫隊《ちんぶたい》となるわけだが、この鎮撫隊が甲州勝沼の戦いで敗れ、江戸に引き上げたあと、永倉は近藤と袂《たもと》を分かつ。

その理由として、永倉は「近藤が自分たちを同志ではなく家来として扱おうとしたからだ」と言っている。もっとも、これは永倉側の一方的証言であるから、近藤が本当にそう言ったのかどうか定かでない。だが「しこり」があったからこそ、永倉はそう「証言」しているのだろう。永倉はその後も戦い続けるが、運良く生き残り、新撰組の「生き証人」となった。

斎藤一《はじめ》

諜報力《ちょうほうりょく》の象徴

新撰組《しんせんぐみ》が幕末にあれほど活躍したのは、長い平和で官僚化した武士と違い、乱世に生き抜く力を持っていたからだ。その重要な要素に機動力と諜報力がある。

機動力の方は池田屋事件で天下に知られることになった。あの時、京都守護職配下の会《あい》津《づ》藩兵は間に合わなかった。新撰組が池田屋を急襲しなければ、浪士たちはさっさと逃亡していただろう。古今東西、官僚組織というものは形式にこだわり、動きがにぶいものなのである。

しかし、そもそも、池田屋に浪士が集合しているという情報を摑《つか》んだのが、その勝利の原因であり、それ自体も新撰組の功績である。これは監察担当の山崎烝《すすむ》の功績も大きいといわれているが、いずれにせよ、新撰組の諜報力は他の集団を凌駕《りょうが》していた。

その新撰組の諜報力を象徴する人物が、斎藤一である。

いわゆる「スパイ」の任務は二つある。一つはいわゆる「007」に象徴されるもので、短期間集中で敵の本拠に侵入し破壊工作や情報収集をするものだ。変装し身分を偽ることもあるが、それは山崎なら「山崎であること」つまり「新撰組隊士」であることを隠すためであって、外見は商人や職人を装うことになる。

これに対して、自分の身分を隠さず斎藤なら「斎藤であること」を隠さず、敵の懐に飛び込み、比較的長い時間をかけて敵の信頼を勝ち取り、できれば敵の組織の幹部となって情報が自然に集まってくる形を目指す方法がある。

日本の忍術を集大成した江戸時代の秘伝書『万川集海《ばんせんしゅうかい》』では、前者を「陰忍《いんにん》」、後者を「陽忍《ようにん》」と呼び、共に忍術の極意だとしている。本来は自在に使い分けるのが好ましいのだが、やはり適性というものがある。「陰忍」ならば変装術は上手な方がいいし、外国語（方言）をたくさん知っていることも必要だ。土佐の商人に化けるのに「土佐訛《なま》り」が使えなければどうしようもない。これに対して「陽忍」はそういう「器用さ」は必要ない。しかし演技力は必要だ。敵に「誠実な人間」であり「本音を言っている」と思わせるような演技力である。斎藤一はまさにその達人であった。

元来、謎の多い人物である。

出身もよくわからないし、近藤ら「試衛館《しえいかん》」の同志と、どこで知り合ったのかもよくわからない。剣は沖田に次ぐほどの腕であったらしい。無外流というから、池波正太郎の『剣客商売』の主人公秋山大治郎と同じ流派で、どちらかというと実戦を重んじる天然理《てんねんり》心《しん》流とは、一脈通じるところがある。
その彼が陽忍としての才能をフルに発揮したのが、伊東甲子太郎《かしたろう》一派粛清の時だ。

新撰組つぶしの証拠を摑む

伊東甲子太郎、この男を新撰組に入れたことは、後から振り返ると局長近藤勇《いさみ》の最大の失敗だったといえる。詳しい経緯は「伊東甲子太郎」の項で述べることにするが、簡単にまとめれば「似て非」つまり「同じようで実は違う」思想の持ち主を「参謀」というポストを新設するなどの無理をして仲間に入れたが、結局そのイデオロギーの相違が克服できず、新撰組の分裂を招いてしまったということだ。「脱走」ならこれまでもあり、「切腹」という厳罰で対処できた。しかし、伊東が隊士の一部を引き連れて、堂々と「分離」を宣言することは、近藤も予想し得なかったことであった。彼等は御陵衛士《ごりようえじ》（高台寺党）という新派を構え「われわれは孝明《こうめい》天皇の御陵を衛《まも》り、勤皇の志を貫く」と宣言した。これでは新撰組の仇敵《きゆうてき》「薩摩《さつま》・長州」と同じことであり、将軍（幕府）を第一に立てるという近藤ら新撰組に果し状を叩《たた》きつけたようなものだ。

しかし、近藤も土方《ひじかた》も決して激憤はしなかった。そして、彼等が高台寺党撃滅のために送り込んだスパイこそ、斎藤一だったのだ。

前述したように、陽忍の極意はいかにして敵の懐に飛び込み、その信頼を得るかにある。

斎藤はこの点申し分なかった。伊東ほどの策士がころりとだまされた。確かに斎藤は試衛館の生え抜きではない。だが、若くして隊長に抜擢《ばってき》され、組の剣術師範もつとめているのだ。客観的に見たら近藤の腹心（実際そうなのだが）と見られてもおかしくないはずだ。にもかかわらず、伊東は斎藤の心の中を見抜けなかった。インテリすなわち自分が「頭が良い」と思っている人間には、しばしばあることだが、「知識の量」で相手の器量を計ってしまうことがある。確かに伊東から見れば斎藤など「無学の人斬り」に過ぎない。だからといって、それは人間としての「能力」が低いということではない。この辺が伊東の欠点だったのだろう。

斎藤は伊東が「新撰組つぶし」を画策している証拠を掴んだ。正確に言えば斎藤自身が「近藤ならいつでも斬れる」と「仲間」の前で言い、その暗殺計画に反対する人間がいないことを確認したのだ。

それを受けて近藤・土方がいかに伊東を、そして高台寺党を始末したか、それも「伊東甲子太郎」の項で述べよう。

斎藤は最後まで生き残った。

鳥羽《とば》・伏見《ふしみ》の戦いから江戸に戻り甲陽鎮撫《ちんぶ》隊《たい》にも参加し、会津に転戦した時は土方に代って（近藤は既に亡い）新撰組「組長」をつとめている。しかし、将軍のため北へ進んで戦うとした土方に対し、斎藤は会津を見捨てるわけにはいかないと反論し、会津に残った。そして敗戦後も生き残り、明治一〇年（一八七七）には警視庁「抜刀隊」に加入、西南戦争には政府軍として参戦し、永倉新八と同じく大正四年（一九一五）まで生き抜いたのである。

原田左《さ》之《の》助《すけ》

切腹の痕《あと》もつ熱血漢

新撰組《しんせんぐみ》がなぜこれだけ人気があるかといえば、まるで『水滸伝《すいこでん》』の梁山泊《りょうざんぱく》のように個性あふれる「英雄」が集まっているからだろう。

その中で人気という点では、沖田、土方《ひじかた》に次ぐ存在が原田左之助である。

原田は熱血漢で純情で、ちょっとオッチョコチョイという、まるで『水滸伝』の「黒旋《こくせん》風《ぷう》」を連想させるキャラクターだが、これはあながちデタラメでもないらしい。

原田の腹には一文字の古傷があった。切腹の痕である。伊予《いよ》松山藩の足軽の家に生まれた。武士とはいえ、最下級の家柄である。生まれつき頑固で、人のイジメを受けやすい性質だった原田は、ある時上役から「切腹の作法も知らない下郎《げろう》」と侮辱され、そんなことはないと反発して腹を切ったと言われている。

腹を切っても人間はすぐには死なない。もともと切腹というのは、死を恐れないことを周囲に示す儀式でもあるから、わざわざ急所をはずしているのである。だから「完全に死ぬ」には自分で喉《のど》を切るか、人に首をはねてもらう（いわゆる介錯《かいしゃく》）しかない。おそらく上司は泡を食ってやめさせたのだろう。

そんなことも原因となったのか、原田は脱藩して「試衛館《しえいかん》」の食客となる。そして浪士隊公募に応じて京に入った。つまり新撰組創立メンバーの一人でもあった。

しかし、流派は天然理心流ではない。剣術ではなく槍術《そうじゅつ》で、種田《たねだ》流（宝蔵院《ほうぞういん》流という説もある）という。永倉新八は、原田は谷三十郎（種田流槍術の使い手、後に新撰組隊士）の弟子だったといっている。その谷は大坂で槍《やり》の道場を開いていたから、原田はおそらく脱藩したとき松山から大坂に出て、そこで槍術を身につけたのだろう。

実は戦国時代は主要な武器は槍の方で、刀はあくまで補助的なものだった。加藤清正《きよまさ》も前田利家《としいえ》も槍の名人だったし、三河《みかわ》武士も「槍一筋の家柄」とは言うが「刀一筋」とは言わない。なぜそうかといえば戦場では皆ヨロイカブトという「防具」をつけているからだ。刀で斬りかかるより槍で突く方がはるかに敵と戦いやすかったのである。ではなぜ江戸時代は刀が中心になったかといえば、平和だったからだ。ヨロイカブトも「お蔵入り」し、槍も殺伐過ぎる武器として敬遠され、せいぜい大名行列の先頭に置かれるぐらいの「象徴」としての武器に成り下がってしまった。

だが幕末は乱世である。槍の出番でもある。「創立メンバー」の一人であった原田は、池田屋事件をはじめ新撰組の重要な戦いにはすべて参加し、いくつも手柄を立てており、そもそも池田屋事件摘発のきっかけとなった、桝屋喜右衛門《ますやきえもん》こと古高俊太郎《ふるたか》を生け捕りにしたのも原田だと言われている。

しかし、原田にはとんでもない「汚名」の噂もある。それは坂本龍馬《りょうま》を暗殺した犯人の一人だというものである。

龍馬暗殺を疑われる

慶応三年（一八六七）冬、第一五代将軍徳川慶喜《よしのぶ》が朝廷に大政奉還し徳川三〇〇年の歴史が幕を閉じた時、その大政奉還の献策者であった坂本龍馬は盟友中岡慎太郎と共に、京で暗殺された。

一一月一五日、三条の近江屋《おうみ》に潜伏していた二人は、十津川郷士《とつがわごうし》を騙《かた》った数人の刺客に襲われた。龍馬はすぐに息絶えたが、中岡の方は土佐藩邸に移送され、しばらく生きていた。その中岡が犯人の一人が「こなくそ」と叫んだと証言したのである。

「こなくそ」とは伊予松山の方言だ。

また現場に残されていた蠟色《ろいろ》の鞘《さや》と先斗町《ぽんとちょう》の瓢亭《ひょうてい》の刻印の入った下駄を見た伊東甲子太郎《かしたろう》（彼もこの三日後に新撰組に暗殺される）は、この鞘は原田左之助のものだと証言したため、犯人は新撰組にまちがいないということに、なってしまったのである。

この「こなくそ証言」と伊東甲子太郎の「遺言」によって、土佐藩は「龍馬暗殺の犯人は新撰組」と固く信じた。そこで後に板橋で近藤が官軍に捕えられた際、土佐藩の主張によって切腹ではなく斬首《ざんしゅ》という極刑に処せられることになった。「近藤は一軍の将なのだから殺すにしても斬首はおかしい」という正論は、土佐藩の憎悪に押し切られたのである。この怒りはわからないでもない。大所高所からみれば、幕府にとっても龍馬は生かしておくべき存在だ。実際、彼が生きていれば、戊辰《ぼしん》戦争はもう少し丸く収まったかもしれない。それを幕府は、新撰組は殺すということしか考えていなかった。この大馬鹿者め、あたら有為の人材を、というところだろう。ところがこれはとんだ濡《ぬ》れ衣《ぎぬ》であった。後に新撰組のライバルであった見廻組《みまわりぐみ》の今井信郎《のぶお》が、龍馬暗殺は見廻組の仕業で自分も現場にいた、と告白したからである。今ではこれが定説となっている。

しかし、実は「こなくそ」と言ったのは誰なのか、なぜ鞘が落ちていたのか、という謎は明確に解明されたわけではない。誰が黒幕だったかということも定説となるものはまだ無い。だが、私も原田の仕業ではないと思う。というのは犯人は槍を使っていないからだ。槍が使いにくい狭い室内ということを考慮に入れても、原田ほどの達人が、しかも重要な任務に、最も得意な武器である槍を使わないということは考えにくいのである。

原田は「マイホームパパ」でもあった。多くの隊士が「現地妻」を確保したのに対し、原田は町人の娘と正式に結婚し男の子ももうけた。だが、江戸に転戦するにあたって妻子と別れ、甲陽鎮撫隊《ちんぶたい》に参加した後は、永倉新八と行動を共にし会津《あいづ》に向かった。だが、なぜか途中で江戸に引き返している。永倉の言によれば「妻子に再会しようとした」というのだが、結局江戸で彰義隊《しょうぎたい》に参加し上野の戦いで戦死したという。もっとも、その死は確認されたわけではない。生きのびた原田はその後、大陸に渡り馬賊の頭目となった、という「伝説」もある。

井上源三郎

八王子千人同心の家柄

強い組織というものには、しばしば潤滑油の役目を果たす人物がいるものだ。新撰組《しんせんぐみ》にとってのそれは「試衛館《しえいかん》」以来の同志井上源三郎であった。

井上は文政一二年（一八二九）の生まれというから近藤よりも五歳年長である。年功序列でいえば、近藤の配下にはなりにくいところだ。同志とはいえ局長――隊長という上下関係はある。しかし、井上はでしゃばらず、近藤や土方《ひじかた》ら幹部を立てて、新撰組の人間関係を円滑ならしめた。

井上は日野の生まれだから、土方とは同郷といってもいい。家は八王子千人同心の家柄であった。千人同心とは、そもそも甲州武田家の遺臣で、武田滅亡後に新領主となった徳川家に家臣として採用されなかった、いわば選に漏れた人間に八王子周辺の土地を与え、いざという時に備えさせたものだ。

つまり旗本（将軍家の直臣）として採用されたり、譜代大名の家臣（徳川四天王と呼ばれた井伊《いい》家が武田遺臣を多く採用した）として採用された連中は、扶持《ふち》（家禄《かろく》）をもらえるのだが、選に漏れた彼等にはそれがない。幕府にも扶持となる原資はない。だが、せっかく勇猛をもって鳴る武田遺臣をそのまま放っておくのは惜しいので、土地を与え耕作させることで、その問題を解決したのだ。「苗字帯刀《みようじ》」は認めるが禄はやれない。自分の食い扶持は自分で稼げということだ。土佐藩の郷士《ごうし》の立場によく似ているが、土佐藩士と郷士は初めは敵対関係だったのに比べれば、当初から将軍家への忠誠を確保していた千人同心の方が、はるかに政治システムとしては上質であろう。いわば近代の屯田兵制度の先駆けともいうべきものだ。

源三郎は三男だったから、家督を継ぐ資格はない。だが井上ら千人同心の家に生まれた者の将軍家への忠誠心は個人的には近藤・土方に、地域的には武州近郷の百姓たちに、大きな影響を与えていただろう。

そうして見ると、井上というのは新撰組の結成に大きな影響を与えた人物ともいえるのだ。井上が天然理心流《てんねんりしん》を身につけたのは、その地理的環境からいって、土方の姉婿（義兄）である佐藤彦五郎の道場だったに違いない。佐藤は名主階級の出身だが、自邸が強盗に襲われた経験から、武道の必要性を痛感し天然理心流近藤周助に入門。免許を受けてからは自宅に道場を作って周辺の青年を指導していたという人物だ。ここにやって来ていたのが若き日の近藤勇《いさみ》であった。近藤も、養父近藤周助の弟子であったから、彦五郎とは兄弟弟子ということになる。若くして名人だった近藤はこの佐藤道場へ試衛館から出張教授に来ていたのである。実家の農業を嫌っていた土方もこの道場に出入りしていたから、二人の出会いはここからであろう。こうして、近藤、土方、井上の強い結び付きが生まれたのである。

信望あつい努力の人

井上のことを「文武ともに劣等」と評した隊士がいるという。確かに井上は沖田のような天才剣士に比べれば、免許を受けるまで一〇年以上かかったというから、劣っていたことはまちがいない。しかし、逆に言えば、それだけの間、決してあきらめず、粘り強く精進した努力の人だったということだ。人は往々にして、天才を見習うことはしない。そうしようにもできないのが、天才というものだからだ。うらやむか妬《ねた》むか、そのどちらかである。

これに対し努力型の人間は模範となる。努力というものは誰もがその気になればできるものだからだ。

こういう人物は若い連中にも慕われる。

新撰組という、天才肌の人間がごろごろいる集団の中で、いかにも苦労人の「源さん」がいたことは、鉄の規律を誇る集団の中の一服の清涼剤であったろう。

もちろん努力型だからといって、剣の腕が未熟だというわけではない。新撰組初期の頃の最大事件、芹沢鴨《せりざわかも》暗殺においても、その主要メンバーだったらしい。この時点で新撰組は、まだ近藤・土方の下に固まっていない。もう一人の局長芹沢を暗殺するには、絶対に信頼できるメンバーでなければいけない。それが井上だったのである。

井上はそれからも新撰組の重要な戦いには必ず参加し、大きなケガもせず、まさに「無事これ名馬」を地で行っている。

その井上が戦死したのは、新撰組が多くの隊士を失い事実上崩壊した鳥羽《とば》・伏見《ふしみ》の戦いであった。

われわれは歴史を「結果」として知っている。だから慶応四年（一八六八、九月に明治と改元）正月に行われた決戦では、官軍（薩摩《さつま》、長州、土佐）が勝ったのは当たり前だと思っている。

しかし、当時の人々の意識ではそうではなかった。兵数も幕軍一万五〇〇〇に対し官軍はわずか五〇〇〇足らず、つまり三倍の兵力を誇っていたし、新撰組自体も薩摩・長州の連中に斬り合いで負けたことはない。だから、当時の人々はどちらが勝つかわからず固唾《かたず》を飲んで見守っていたのである。幕軍優勢と考えた者も少なからずいた。

ところが負けた。その原因は、官軍が最新鋭の火力（大砲、新式銃）を持っていたことと、彼等が錦《にしき》の御旗《みはた》を先頭に立ててきたことだろう。薩摩も長州も既に外国との戦いを経験していた（薩英戦争、馬関《ばかん》戦争）。そして「敵に学び」優秀な兵器で武装していたのである。いくら新撰組が剣の達人揃いでも、突撃するところを狙い撃ちにされてはどうしようもない。井上もこの時、腹部を撃たれついに立てず戦死を遂げた。その首は、共に戦っていた甥《おい》の泰助《たいすけ》が持って逃げたが、重さに耐えかねて途中あった寺の門前に埋めたという。だが、現在もこの場所は明らかになっていない。八王子千人同心の家に生まれたとはいえ、三男では家督は継げない。その井上が幕府軍の一員として死んだことはまさに男子の本懐だったかもしれない。

山南《やまなみ》敬助

来歴不明のインテリ

新撰組《しんせんぐみ》が組織として実に興味深いのは、古今東西いずれの組織にもいる様々なタイプの人間が、全部揃っているからだろう。

リーダーシップのある上司（近藤）、鬼軍曹ともいうべきまとめ役（土方《ひじかた》）、エリートの若手社員（沖田）、苦労人のノンキャリア（井上）、一匹狼のスペシャリスト（斎藤）、文句も多いが仕事もできる男（永倉）、皆に好かれる豪傑タイプ（原田）と、このあたりは「勝ち組」だが、組織である以上どうしても「そりの合わない」脱落組もいる。

その代表者が山南敬助だろう。

山南の詳しい来歴は不明である。仙台藩の脱藩浪人ではないかという説が有力だが、とにかく江戸へ出て来て北辰《ほくしん》一刀流の千葉道場に学び免許皆伝となった。ところが、それにあきたらず試衛館《しえいかん》に「道場破り」に行ったところ、師範代の近藤に敗れて天然理心流に入門したと伝えられている。

山南は近藤と同年輩だが、学問のある男だった。また人柄は温厚で人望もあり、新撰組草創期には土方と並んで副長をつとめた。

山南は非業の最期を遂げたため、その業績は今一つ明らかではない。新撰組にとってみれば「反逆者」だから、隠れた功績があってもそれは隊士の口から語られることは無かったはずだ。

初めて、近藤らが浪士組の一員として江戸から京へ向かった際、よりによって芹沢鴨《せりざわかも》らのグループの宿泊先の手配を、近藤が忘れるというミスを犯した。激怒した芹沢は当てつけのように野外に篝火《かがりび》を焚《た》かせ野宿の構えを取った。この時、仲裁を買って出て、争いを丸く収めたのが山南だったという話がある。山南は若い沖田に兄貴のように慕われていたという話もあり、近藤並みのリーダーシップのある男でもあった。

皮肉にも、その芹沢暗殺の時に、斬り込んだメンバーの中にも山南はいた。これも試衛館の同志として、最も信頼される者の一人だったということだ。

ところが、それ以後、あまり活躍の記録が無い。実際、既に述べたように、手柄があったとしても、後で抹殺されてしまったとも考えられるが、それでも池田屋のような時に斬り込みに加われば、いくら手柄を抹殺しようと思ってもできないはずだ。それなのに「無い」ということは、相当早くから、山南はこの新撰組という組織の行動に疑問を感じており、一歩退いていたのではないか、と考えられるのである。

では、それは具体的には何なのか？「人斬り」ということではあるまい。現に芹沢暗殺には参加しているのだから、単純に「人殺し」はいけないということではないだろう。

そのあたりはやはりイデオロギーの対立と見るのが妥当ではあるまいか。

そりが合わず脱走

幕末のイデオロギー対決というのは、ありそうで実はない。今まで述べたことと矛盾するようだが、幕府でも薩長《さっちょう》その他の雄藩でも、尊王つまり「天皇家こそ日本の正統な主権者である」という信念には変わりがない。

また、外国勢力への対応も「外国からの侵略を排除し日本の独立を保つ」ということを、「攘夷《じょうい》」という言葉でまとめるなら、幕府も薩長もまったく同じだ。

では、なぜ殺し合いをするかといえば、一言で言えば「路線の対立」なのである。

「天皇が主権者」であることは認めるが実際の政治はすべて幕府（将軍）が行う。これがいわゆる佐幕派の考え方で、これの最右翼が大老井伊直弼《いいなおすけ》であり会津《あいづ》藩であり新撰組だ。

「安政の大獄」の処刑者は「勤皇（天皇派）」だから殺されたのではなく、幕府の方針に反逆したからである。これに対して幕府はもう政権担当能力がないから、つぶしてしまい天皇中心の政体を作るべきというのが倒幕派の考えで、「尊王」という点では同じだ。「攘夷」もヒステリックに日本刀で立ち向かい、外国人を斬り殺し公使館を焼き討ちすればいいという路線と、いやそれでは勝てない。まず開国し外国に学んで彼等に対抗できる実力を養うべきだという路線が対立しているだけで、その底にあるものは「アヘン戦争でイギリスに屈した中国の二の舞は演じないぞ」という固い決意だ。イデオロギー（思想）としては同じなのである。

だからこそ最終的に明治維新は大きな内戦なしに決着した。そう言うと「鳥羽《とば》・伏見《ふしみ》」「会津若松」「箱館《はこだて》」はどうか？という反論が来るかもしれないが、外国の例に比べれば、あれは（犠牲者にはお気の毒だが）内戦というほどのものではない。民族が真っ二つに分かれて殺し合うという深刻な事態を、われわれ日本人は幸運にもほとんど経験せずに済んだのである。

さて、山南敬助のことを述べるのに、なぜこんな長い前置きが必要だったかといえば、この時代のいわゆる「内ゲバ」「内部抗争」がわかりにくいのは、正確に言えば「わかりにくい」と読者が感じてしまうのは、この部分が説明されていないか、筆者の側にもしっかり頭に入っていないという問題があるからだ。山南は結局新撰組とそりが合わず、脱走するわけだが、実はどこが「そりが合わなかった」のか、今一つ明確ではない。史料もない。しかし、おそらく山南は「尊王攘夷」の中でも、朝廷こそ主体であるべきという路線の支持者ではなかったのか。それなら幕府こそ主体であるべきとする近藤・土方とは意見が合うはずがない。脱走の根本原因はそれだろう。だが山南は剣士でありながら学問がかあり過ぎるためかインテリの弱さも持っていた。それが大津であっさりと沖田に追いつかれ、切腹するために屯所に自発的に戻る、という淡白さにつながっているのかもしれない。

伊東甲子太郎《かしたろう》

佐幕から勤皇への変革を狙う

新撰組《しんせんぐみ》に伊東甲子太郎を招聘《しょうへい》したことが、近藤勇《いさみ》の最大のミスだということは、既に述べた。

では、なぜそうだったと言えるのか?

近藤が伊東を招いたのは、新撰組の組織を拡大するためである。「新人募集」は常にやっていたが、それだけでは心もとない。頼りになるベテランを途中入社の形で入れれば戦力になると思ったのだろう。今でも事業拡張にあたって会社が他社のスタッフを複数引き抜いて入社させることがある。それと同じようなものだと思えばいい。だが、その連中が組織に溶け込むことができなければ、会社内の異分子となり、派閥抗争を招く。最悪の場合、組織は分裂する。分裂の場合でも、入れた分だけが出て行くならまだいいが、伊東は藤堂平助ら生え抜きまで引き抜いていってしまったのだから組織としては大損失だ。だからこそ近藤の大失敗だったといえるのだが、ではなぜそんなことをしてしまったのか？　そこは、前項（山南《やまなみ》敬助）で詳しく説明したところを思い出して頂きたい。簡単に繰返せば、この時代には真のイデオロギー対立はない。皆が尊王であり皆が攘夷《じょうい》なのだ。攘夷の場合は、一切開国を認めないか開国して近代化するかの争いがあり、それが表面的には「攘夷vs開国」のように見え、両者はまったく違う路線のように思う向きがあったかもしれないが、「開国派」もその究極の目的は外国の侵略を排除すること（＝攘夷）にあるのだから、根本的な対立ではない。ましてや尊王においてはまったく差がない、いや正確に言えば近藤はそう考えた。だから伊東は「同志」であり新撰組に迎えても戦力になる、近藤はそう考えて伊東を迎え入れたのである。

根っからの勤皇派である伊東の考えは違っていた。確かに近藤も尊王思想を理解しているかもしれない。だがあまりにも将軍（幕府）を重視し過ぎている。将軍は開国にあたっても勅許（天皇の許可）を得なかったし、そもそも政権担当能力を失っている。だから新撰組は将軍を捨てて真の勤皇（＝倒幕）組織になるべきなのである。

いつ頃から伊東が決意したのか正確にはわからないが、伊東は当初から新撰組を自分の思想で変革させることを狙っていた。つまり佐幕派から勤皇派への転換である。しかし、近藤・土方《ひじかた》の中枢ラインはなかなか頑固で弁舌による路線変更は不可能だ。

そこで次に伊東が考えたのは、まず第一段階として伊東の思想に共鳴する者たちと共に新撰組を脱退し、隙を見て近藤を暗殺し新撰組自体を乗っ取るという作戦だ。では「局を脱するは切腹」という新撰組からどうやって無傷で逃げ出すか？　そこで出て来たのが「御陵衛士《ごりょうえじ》」すなわち「脱退ではなく分離」というアイデアなのである。

近藤暗殺狙い殺される

「御陵衛士」の御陵とは孝明《こうめい》天皇の墓所のことだ。この時たまたま孝明天皇が急逝したのを奇貨とした伊東は「われわれは天皇の御陵をお守りするガードマンとなって尊王の志を貫く」と主張し、近藤・土方に「脱退」ならぬ「分離」を認めさせたのである。もちろん、各方面に根回しをし、公家《くげ》にも話をつけ屯所まで決めておいてのことだ。

ここで注意して頂きたいのは、もし「佐幕VS勤皇」という構図が、一方は「将軍絶対」であり一方が「天皇絶対」なら、つまり両者が決定的に対立する関係なら、こんな分離自体認められるはずもないということだ。そうではなくて、両者とも根本は尊王（天皇家絶対）でありながら、実際の政治は幕府が担当するか（佐幕）、幕府をつぶして天皇主体の政府を作るか（勤皇）という路線の違いが問題であったればこそ、「分離」という形に落ち着いたのだ。

伊東は「してやったり」と上機嫌だったろう。新撰組から「合法的」に分離した上に、近藤子飼いの隊士藤堂平助や斎藤一《はじめ》まで「引き抜いた」のだから。おそらく策士伊東は自分の知恵に酔っていたに違いない。近藤・土方も「馬鹿」に見え、いずれこの馬鹿者共を退治して、新撰組を乗っ取るというところまで野望はふくらんでいた。

ところが、実はだまされていた大馬鹿者は伊東の方だった。「斎藤一」の項で述べたように、この時斎藤は引き抜かれたのではなく、近藤の意を受けたスパイとして御陵衛士側にまんまともぐり込んだのであった。

斎藤は伊東に近藤暗殺の意志があることをしかと確かめた。伊東はスパイの斎藤に心を許し何事も打ち明けた。伊東は完全に新撰組にだまされていたのだ。しかも滑稽《こっけい》なことに、自分の方が新撰組をだましおおせていると信じていた。

だからこそ伊東は、近藤・土方から「久しぶりに一献傾け、お説を拝聴したい」という誘いがあった時、何の警戒心も抱かず唯一人の護衛も連れずに、出向いて行った。そのうえ勧められるままに盃《さかずき》を重ね、足許がおぼつかなくなるほど酔った。その帰り道油小路《あぶらこうじ》本光寺の門前で（異説もある）、新撰組に襲われたのである。伊東も北辰《ほくしん》一刀流の剣客だ。いきなり槍《やり》で肩から喉《のど》を刺し貫かれるという深傷《ふかで》を負いながら、その刺した男を一刀のもとに斬り捨てたのはさすがだった。しかし、そこまでだった。伊東はその場に座り込んで絶命した。慶応三年（一八六七）一一月一八日のことだった。

この後の新撰組のやり方はえげつない。伊東の死体を七条油小路に運んでそのまま放り出して置き、衛士たちがそれを葬ろうと引き取りに来た時に襲いかかった。この時、藤堂平助ら三人が斬られ他の四人は逃亡し、御陵衛士グループは壊滅した。だが、この汚いやり口は、後に近藤が衛士残党の篠原泰之進《しのはらたいのしん》に鉄砲で狙撃《そげき》されるという結果も招いたのである。

藤堂平助

池田屋で額割られる

会社にたとえて言うならば、若手エリート社員でありながら、病気のために脱落した沖田総司《そうじ》とは違い、人間関係の板挟みで破滅したのが藤堂平助ということになるだろう。

藤堂は伊勢国《いせのくに》津三二万石の大名藤堂和泉守高猷《いずみのかみたかゆき》の御落胤《ごらくいん》（隠し子）であるという説がある。高猷という殿様は名君で、藩の軍制の近代化につとめた人だが、藤堂がその子だったかは確証あることではない。

だが、若い頃から北辰《ほくしん》一刀流の本拠である玄武館《げんぶかん》に通い、抜群の腕前だったという。年は沖田と同じか一つ下ぐらいで、いつの頃からか試衛館《しえいかん》の食客となり、浪士組結成の時も参加した。

新撰組《しんせんぐみ》で近藤・土方《ひじかた》体制が確立した時、沖田が最年少の隊長なら、藤堂は最年少の副長助勤《じょきん》だった。ちなみにこの助勤という言葉は「補佐」というような意味だが、そもそも幕府の公式学問所である昌平黌《しょうへいこう》の寄宿舎の中で舎長（寮長）を補佐する人間を「舎長助勤」といった。そこからそういうことに詳しい山南《やまなみ》敬助が採用したのではないかというのが、司馬遼太郎の推測である。いずれにせよ「最年少」なのだから優秀であったことはまちがいない。

池田屋の斬り込みの時でも、近藤、沖田、永倉らと最初に斬り込んだメンバーの中に入っている。数の上では絶対不利なうえに、他の人間も選べる状況の中で、近藤はわざわざ若い藤堂を外の見張りではなく斬り込みのメンバーとして選んでいる。

実際、藤堂は最初のうちは何人も斬り倒していた。近藤の人選はまちがっていなかったのである。ところが、ここで近藤が予想もしなかった事態になった。まず沖田が喀血《かっけつ》して戦闘不能になった。そして、次に藤堂が額を割られ、流血で盲目状態となって戦闘不能となり、あとは近藤と永倉だけになってしまった。

実はそうなったのは不可抗力ではなく、藤堂のちょっとした油断からなのだ。映画「壬《み》生《ぶ》義士伝」の冒頭にも出てくるが、新撰組の隊士は頭を保護するために、鉄板を入れ込んだ鉢巻（鉢金《はちがね》）をつけていた。こんなものでもあるとないとでは大違いで、特に頭の周囲の皮膚は切れやすいから、立派な防御になる。ところがこの時藤堂は流れる汗をぬぐうために、まだ戦闘中であるにもかかわらず、それをはずしてしまった。その時、物陰に隠れていた浪士に襲われ、まんまと額を割られてしまったのだ。

それで盲目状態になっても、結局斬られなかったのだから、それはそれなりに大したものなのだが、油断は油断である。

このあたり、やはり「坊っちゃん育ち」だな、という感じがする。ひょっとしたら、藤堂家の御落胤というのも本当かもしれない。というのは名門北辰一刀流道場に通うには、それなりの経済的裏付けが必要なのに、そういう話がまったく伝わっていないからだ。藩からの秘密の援助があったと考えれば筋は通るのだが——。

近藤と訣別《けつべつ》

「いいとこのお坊っちゃん」藤堂平助の運命を狂わせたのは、あの伊東甲子太郎《かしたろう》であった。伊東と藤堂の関係は北辰一刀流の「先輩・後輩」である。近藤がその「最大のミス」である伊東の新撰組招聘《しょうへい》を実行した時、その実務にあたったのが藤堂であった。藤堂は「同門のよしみ」で先輩伊東甲子太郎を口説き落としたというわけだ。

しかし「伊東甲子太郎」の項でも述べたように、どうやら伊東はこの時から、新撰組を「洗脳」して佐幕派から勤皇倒幕派に変えてしまおうと意識していたフシがある。当然、伊東の「口説き」はまず後輩藤堂に向けられただろう。

新撰組の創立メンバーでありながら、それ以前は北辰一刀流一門でもあった藤堂は、ここで両者の板挟みになり、悩みに悩んだに違いない。

しかし、藤堂が最終的に選択したのは、近藤と訣別し先輩伊東に就くことであった。人間的魅力という点では、私は伊東は近藤に遠く及ばないと思う。それなのになぜ藤堂が伊東を選んだかといえば、近藤・土方の持つ「将軍様こそわれわれの主君」という、ある意味で理屈を越えた宗教のような信念よりも、理路整然と勤皇の道を説く伊東の方が正しいと思ったからではないか。

既に述べたように、近藤・土方の「誠」とは天領（将軍直轄領）に生まれた男たちの、独特な思いであった。これは普遍性を持ちにくい。逆に、これも既に述べたように、尊王《そんのう》というイデオロギーには幕府・雄藩を越えた普遍性がある。

藤堂は学問もよくできたという。そういうインテリは、やはり整合性のある理論を好むものだ。

しかし、伊東のたくらみは近藤・土方らに完全に見抜かれており、彼等は伊東暗殺、御《ご》陵衛士《りょうえじ》覆滅の機会をうかがっていたのだから、この時点で藤堂の悲劇的な運命は定まったともいえる。

ただ、近藤も土方も、長年の同志であった藤堂への「情」は捨て切れなかった。そこで、試衛館グループの申し合わせで「御陵衛士（伊東派）は全員斬る。ただし藤堂は逃がす」ということになった。

伊東が暗殺され、その遺体が七条油小路にさらされた時、憤激した藤堂ら御陵衛士と新撰組の斬り合いが始まった。人数は新撰組が圧倒している。その時、藤堂に対したのが永倉であった。

永倉は申し合わせ通り、藤堂を逃がした。実は、池田屋で藤堂が額を割られ戦闘不能になった時、これを助けて脱出させたのは永倉だといわれる。つまり、永倉は二度藤堂の命を助けたことになる。

しかし、藤堂には運がなかった。逃げるところを、他の隊士に見つかり、結局斬られてしまった。このあたりも「お坊っちゃん」という感じである。

島田 魁《かい》

五稜郭《ごりようかく》まで勤め上げる

「気は優しくて力持ち。無口だが仕事のできる男」というのが島田の人物像だろう。身長六尺（約一八〇センチメートル）体重四〇貫（約一五〇キロ）というのだから、まさに相撲取り並みの巨漢だ。そして大変な力持ちでもあった。

美濃国《みののくに》大垣の出身だが、幼い頃に両親を失って孤児となる。両親は、公務失敗の責任を問われて、自害して果てたのである。その後、親戚《しんせき》の間をたらい回しにされたが、剣術に打ち込むことによって自身を鍛えた。心形刀流《しんぎようとうりゆう》という流派である。入門は遅かったが、生来の才でめきめきと頭角をあらわし、名古屋城内で行われた御前試合で活躍し、これがきっかけで大垣藩士島田家の養子となった。

しかし、彼は田舎大名の家臣で満足するような男ではなかった。江戸に出て、永倉新八と知り合い、その縁で新撰組《しんせんぐみ》に入隊する。この時、三六歳。近藤勇《いさみ》より年上であった。

当時、芹沢鴨《せりざわかも》がまだ生きており、局長として君臨していたが、その文久三年（一八六三）六月、新撰組と大坂力士の間で乱闘事件があった。

新撰組は、大坂町奉行所から不逞《ふてい》の浪士の取り締まりを依頼され出張していたが、夜の「慰労会」へ行く途中、芹沢と大坂の小野川《おのがわ》部屋の力士が「道を譲れ、譲らない」でケンカになり、短気な芹沢が力士を一人斬ってしまった。

ところが、一行が宴会を始めると、そこに数十人の力士が仲間の仇討《あだう》ちとばかりに押しかけてきた。そこで両者入り乱れての乱闘になったが、ここで島田は力士に一歩もひけを取らず、持前の怪力で暴れまくったというのだ。もちろん、この戦いは新撰組の圧勝だった。後に、両者の間で和解が行われ、新撰組のプロモートで京で相撲を興行しようという話にもなるのだが、この「デビュー戦」以来、島田は常に新撰組と共にあった。創立期から箱館《はこだて》（函館）五稜郭の戦いに至るまで「皆勤」したのは、島田だけといってもいい。

その怪力ぶりを物語る最高のエピソードといえば、新撰組が惨澹《さんたん》たる敗戦を喫した鳥《と》羽《ば》・伏見《ふしみ》の戦いにおいてのことだろう。この戦い、前にも述べたように、武器、特に火力の差が勝敗を分けた。最新鋭の大砲と小銃で武装した官軍に対し、新撰組は大げさに言えば戦国時代の武装で立ち向かったのだから、まったく勝負にならない。

この時、新撰組の基地となっていたのは伏見奉行所だった。そこから永倉新八は甲冑《かっちゅう》姿で官軍に向かって突撃したが、重火器の反撃にあいあわてて引き返し、奉行所土塀をよじ登ろうとした。しかし甲冑が重く身動きが取れない、そこへ島田が槍《やり》（あるいは銃）をさしのべ、それにつかまった永倉を一気に引っぱり上げたというのだ。
まさに怪力無双である。

怪力発揮し、隊士救う

新撰組の運命を決めたといってもいい鳥羽・伏見の戦いには近藤勇は参加していなかった。その理由は、前にも述べたが、その前年の冬、近藤が大坂城での軍議を終えて伏見奉行所へ帰る途中、狙撃《そげき》されて右肩を負傷したからである。

この狙撃は御陵衛士《ごりようえじ》すなわち伊東甲子太郎《かしたろう》派の残党によるものだった。新撰組側の「士道」にかなうものとはとても思えない伊東派つぶしに対し、それなら「飛道具で」と対抗したのが、この事件である。

この時、馬に乗っていた近藤を助けるために、馬の尻《しり》を刀で強打したのが島田だったと言われている。馬は伏見街道を疾駆し、伏見奉行所に駆け込んだ。深傷《ふかで》を負いながら、近藤が落馬しなかったのはさすがだったが、こうした破目に陥ったのは身から出たサビと言えないこともない。

現場に残った島田ら四人は、憎悪に燃える伊東派残党を相手に戦い、一人が倒されたが何とか脱出した。ところで、この時、近藤を狙撃したのは一般には篠原泰之進《しのはらたいのしん》だと言われているが、襲撃に加わっていた阿部《あべ》十郎が明治になって証言したところによれば、狙撃したのは篠原ではなく富山弥兵衛《やへえ》という人物だったともいう。篠原は見張り役だったが、狙撃に失敗するや逃げてしまったというのだ。篠原にとっては不名誉な話だが、これより先の御陵衛士壊滅の時も「見張り役」篠原はまんまと逃げおおせていたことは事実である。このあたり真相は不明である。

また、狙撃されたということは、近藤の行動が伊東派残党に筒抜けになっていたわけだが、それは新撰組の内部に彼等のスパイがいたから、という話もある。

新撰組が御陵衛士を壊滅させたのも、斎藤一《はじめ》のスパイ活動によるものだから、こうなるとまさにスパイ合戦だが、その間者《かんじゃ》小林啓之助に気が付いたのが永倉新八で、隊内の動揺を防ぐため土方《ひじかた》が島田に命令して、首を絞めて殺させたという。いかにも「怪力島田」をほうふつとさせるエピソードだが、この時期に新撰組に伊東派のスパイがいたとすると、そもそも新撰組の「御陵衛士つぶし」をなぜ未然に防げなかったのかという疑問が残る。それ以後、彼等が報復のために送り込んだスパイと考えるなら一応筋は通るのだが――。

結局、島田は土方に最後まで付き合い、五稜郭で捕虜となってしばらく囚禁されたが、後に解放され、剣術道場を開いたり仏具店の店員となったり、京都で生活した。そして最後は西本願寺の守衛となって一生を終えたという。

西本願寺は一時新撰組の屯所となっていた場所だ。ここで晩年の島田は昔の同志のことを懐かしんでいたのだろう。封印したい思い出なら西本願寺に戻ってくるはずがない。島田は意外に筆まめだったらしい。昭和四八年（一九七三）に発見された「日記」は今のところ最新の新撰組史料である。

武田観柳斎《かんりゅうさい》

軍学者として登場

「君は我社に絶対必要な人材だ」と高く評価され、長年重用されてきた。だがそのうちに内外情勢の変化から「君の仕事はもう必要ない」などと言われ窓際に追いやられた時、男は一体どういう行動を取るか？

大げさに言えば、武田の一生はこの問題への対応がハイライトだったといえるのではないか。

出雲国《いずものくに》の出身というが、その詳しい経歴は不明である。「武田」というのも、どうも怪しい。というのは、彼は軍学者だったからだ。軍学とは単純に訳せば軍事学だが、基本的には軍団をいかに編制し訓練し活用すべきか、具体的な方法を教えるものであり、たとえば築城法なども軍学のうちだったから、その範囲は非常に広い。また降伏や開城の作法をも教えるものだったから、戦時法の分野も含み、博学でなければつとまらないのが軍学者というものだった。

大名家とはタテマエは軍団であり、大名個人は軍団長でもある。ということは有事の時、軍隊として動く必要があるから、それを常々研究しておかねばならない。しかし、実際には戦争は戦国時代に終わってしまったので、そういう戦時の兵としての心得から軍団の統率の方法まで、教える人間が必要となってきた。これが軍学者である。

日本軍学の祖は、江戸初期の武士小幡景憲《おばたかげのり》である。彼は甲斐国《かいのくに》（山梨県）の出身で、武田信玄の戦法を研究し甲州流を始めた。その弟子が儒学者として名高い山鹿《やまが》素行で山鹿流軍学の創始者でもある。軍学にはこの他に長沼流、越後《えちご》流などがあるが、現代の大企業に必ず顧問弁護士がいるように、大名家には必ず軍学者がいた。幕府から出兵命令が出た時、「軍の動かし方を知りません」では話にならないからだ。

新撰組《しんせんぐみ》を、これも小なりとはいえ一つの「軍団」ととらえるなら、いざという時に備え軍学者は必要だ。しかし、近藤も土方《ひじかた》も百姓上がりで、剣術はできてもその方面には暗い。もっとも近藤は『三国志演義《さんごくしえんぎ》』を愛読していたというから、甲州流の聖典『甲陽軍鑑《こうようぐんかん》』ぐらいは読んでいたかもしれない。武田信玄と軍師山本勘助が登場するこの本は江戸時代武士の愛読書だったし、武州生まれの近藤には隣国のことで親しみもあったはずだ。しかし、いくら聖典とはいえ、一冊読んだぐらいでは細かいことまではわからない。そこへ「武田」姓を名乗る「オレは軍学者だ」という男が現れたら、近藤はどう思ったか、ということなのである。「武田家」は軍学者にとって「宗家」のような響きがあるが、大名としては既に滅んでいる。「怪しい」といったのはそういうことだ。そんなに子孫がいるはずもないのだが——。とにかく近藤は武田を重用した。そして、この男、もう一つ特技があった。「こび」「へつらう」という特技である。

時代の流れ読めず薩摩《さつま》に接近

永倉新八の証言——。

永倉ら有志六人が「近藤弾劾《だんがい》の建白書」を出したことは「永倉新八」の項で述べたが、結局松平容保《かたもり》の仲裁によって両者が和解した、その帰り道のことである。

突然、武田がやって来て両刀を投げ出すと、その場に座り込み「どうか拙者の首を討ってくれ」と言い出したのである。

和解したばかりの近藤と永倉らは驚き、理由を聞いてみると、武田は「そもそも拙者が局長に自分たちを家臣だと思ってくれ」と常々言っていたのが、今回の騒動の原因であり、すなわち責任は自分にあるから、というのだ。

もちろん、これは「芝居」であった。この状況ではいそうですかと首を討てるものではない。武田というのは、こういう男であった。

それでも軍学の知識はあったから、その点では重宝されたが、それもしばらくの間だけだった。戦国時代そのままの軍学では今の世の中に対応できないことが、誰の目にも明らかになりつつあった。

松下村塾《しょうかそんじゅく》で高杉晋作《しんさく》や伊藤博文《ひろぶみ》を育てた吉田松陰《しょういん》も、もとはといえば長州藩の山鹿流軍学師範だった。まだ少年の頃に藩主に軍学を御前講義したほどの秀才である。今風に言えば「藩立大学の教授」あるいは「長州藩軍事顧問」であって、そのまま気楽に世の中を渡れる身でありながら、彼は黒船でアメリカに密航しようとした。黒船が来た以上、これまでの軍学はすべて無用の長物と化したことを悟り、最新の知識を身につけるために渡航を志したのである。当時はそれは死刑に値する犯罪であった。結局、松陰は黒船に乗船を拒否され罪人として本国に送還され、最終的に安政の大獄で死罪となるわけだが、この激しい時代の流れが武田にはまったくわかっていなかった。入隊当初こそ、唯一の軍学者として重用されたが、次第に仕事がなくなっていくという展開になった。かといって一から勉強し直そうという意欲もない。得意の「へつらい」で、あの伊東甲子太郎《かしたろう》にも接近してみたが、さすがの伊東も武田だけは嫌って受け付けない。よほど性格が嫌われていたのである。

「花形社員」から「窓際族」に転落した武田は、そこでもっとも安易というか過激というか、とんでもない道に踏み込んだ。

新撰組の最大のライバル薩摩藩に接近したのである。しかも、組の機密を漏らすという形で。もちろん、薩摩は大歓迎である。ライバルつぶしのためには少しでも情報が欲しいところだ。しかし、このことはすぐにバレてしまった。新撰組は単なる戦闘集団ではない。

スパイ組織としてもなかなか優秀である。近藤や土方ら「ケンカの名人」は情報の大切さも知っていたのだろう。そして武田は斬られた。斬ったのは斎藤一《はじめ》だと言われている。

山崎　烝《すすむ》

任務はスパイ

謎の人物である。来歴もはっきりしないし、年齢も定かではない。

にもかかわらず、新撰組《しんせんぐみ》の「映画」や「ドラマ」に数多く登場するのは、「はっきりしない」分だけ「使いやすい」ということがあるからだ。

たとえば、これが沖田や土方《ひじかた》だと、行動の記録も割と詳細に残されているから、「あの時、そこにはいなかった」とか「この戦いには参加していない」という「突っ込み」が来る。

ところが、山崎の場合はこれがないから、物語の「つなぎ役」としては最適だ。どんな形にでも使える。

「近藤の腹心」としても「土方の腹心」としても、あるいは逆に「組の方針に批判的な人間」として扱っても文句は来ない。

まことに「便利な人物」なのである。

山崎の人物がこれほど知られていないのは、やはり彼の任務が「監察」いってみれば「スパイ」だったからだろう。

「斎藤一《はじめ》」の項で述べたように、日本の忍術の世界では、スパイを「陽忍《ようにん》」と「陰忍《いんにん》」に分ける。これは世界的にも通用する分類法で、陽忍とは自分の名前を隠さず、たとえば斎藤一なら斎藤一として敵陣営にもぐり込み情報収集や破壊活動をする者をいう。

一方、陰忍とは、任務のたびごとに変装し名を変え、正体を隠してスパイ活動する者のことをいう。

陰忍の活動にあたる者は、詳細なプロフィールを人に知られてはならない。年格好とか言葉のなまりとか、識別の手がかりとなるものがあれば、仕事にならない。

「あれは新撰組の山崎だ」とバレてしまえば、下手をすれば命にかかわることにもなる。

当然、器用でなければいけない。

町人にでも百姓にでも、必要とあれば変装しなければならないし、ただ外見を変えるだけでなく、言葉や所作もそれらしく見せねばならない。また当然、単独行動が多くなる。

それやこれやで、山崎が「謎の人物」になるのはやむを得ないことであったともいえよう。

その山崎が、新撰組の「デビュー戦」ともいえる池田屋事件で大活躍する。

薬屋に変装した山崎は、数日前から探索に従事し、商人の「桝屋喜右衛門《ますやきえもん》」と名乗る男が、実は尊攘《そんじよう》派の浪士古高《ふるたか》俊太郎であることを突き止めた。そして、捕えられた古高は拷問に耐えかねて、「京都焼き打ち、天皇の長州への拉致《らち》」の大陰謀を白状する。

そこで山崎は池田屋に潜入し、浪士の動向を調べ上げたうえ、浪士たちの刀を隠し、近藤たちの斬り込みを容易にしたというのだ。

しかし、この話は少しつじつまが合わないところがある。

謎のまま歴史から消える

桝屋喜右衛門こと古高俊太郎の正体を暴き結果的に「京都焼き打ち」の陰謀を明らかにしたところまでは、確かに山崎の功績だと考えられる。近藤や土方にそういう仕事ができるとは思えないからだ。

ただ、池田屋に事前に潜入していた、というのはどうか？

もしそうなら、なぜ土方は多人数を率いて四国屋に向かったのか？　山崎が池田屋の中にいたとしたら、こちらの方が「本命」だということはわかったはずである。

それに斬り込みの時に、まったく登場しなかったのもおかしい。既に述べたように、池田屋に斬り込んだのは最初は近藤、沖田、永倉、藤堂の四人（近藤自身は養子の周平も一緒だったと言っているが、これはどうもあやしい）でしかなかった。浪士は二〇人以上いたのだから、いくら監察が任務とはいえ、何らかの手助けはするはずである。実際、山崎は棒術の達人だったという話もあるから、ここは戦わなければいけないはずだ。

しかし、そういう話はまったくないし、何より事件後の新撰組から報奨金をもらった記録がない。事前に潜入し、浪士らの刀を隠すというような「功」があったのなら、必ず金は出たはずだ。

やはり、この池田屋斬り込みに関しては山崎の「功」はなかったのではないか。つまり、スパイとして池田屋が本命かどうかまでは、絞り込めなかったということだろう。だからこそ土方も別働隊を組まざるを得なかったのである。

だが、新撰組が優秀な諜報《ちょうほう》機関であったことはまぎれもない。日本人の特質として、情報戦に弱いということがあるが、さすがに新撰組はそうではない。武力と同じくらいに諜報力にも重きを置いていた。大体、当初から「監察」という部署が置かれていたのが、その証拠だ。大組織ならいざ知らず、百人前後の「組」でそこまで用意するというのは並みのセンスではない。ここに新撰組の活躍の秘密の一つがあるだろう。

山崎はその後、器用さを買われたのか、医術を習っている。教えてくれたのは幕府御典医の松本良順《りょうじゅん》で、この人は新撰組の理解者かつ後援者であった。狙撃《そげき》された近藤の肩の傷の治療もしたし、江戸で新撰組が甲陽鎮撫隊《ちんぶたい》に改組した時は軍資金も出している。

山崎は、この習った医術で、新撰組の「軍医」のようなこともやっていたらしい。確かに、官軍との戦いが激しくなるにつれ、ケガ人は続出し、医者は何人いても足りないような状況だったろう。その山崎が鳥羽《とば》・伏見《ふしみ》の戦いで負傷した。おそらく銃弾を浴びたのだと思うが、正確にはわからない。その傷がもとで山崎はこの世を去ることになる。しかし、どこで死んだか、墓はどこにあるのか、もわからない。「謎の人物」は「謎の人物」のまま歴史から消えた。当然、享年も不明である。

芹沢《せりざわ》鴨《かも》

伝説に欠かせぬ悪玉

「悪役」にして「引き立て役」でもある。

近藤・土方《ひじかた》のやったことも一歩間違えば暴力団扱いされてしまうようなことだが、芹沢がさらに目立った形でそれをやってくれたため、結果的に近藤らが「善玉」に見えるという効果が出ている。「伝説」には欠かせない存在だ。「英雄伝説」とか「神話」とかいったものには、その形成過程において「悪玉」が欠かせないものである。

では芹沢とは「悪」そのものであって、「伝説」には貢献したとしても、実際の組織としての新撰組《しんせんぐみ》には何の役にも立っていないのか？　ただその確立を妨害しただけの邪魔者だったのか？

私はそうは思わない。

仮にも一時は新撰組の「筆頭」局長だった男だ。たとえ粛清されたとはいえ、何らかの功績はあったはずだ。それはおそらく消されているのだろう。「粛清」という実にイヤな言葉の本家本元は共産主義国だが、こうした国の「人民裁判」を見れば、今述べたことは実感できるはずである。トロッキーにせよ林彪《りんぴょう》にせよ、多大の功績があったからトップ近くまで行けたのだ。ところが失脚後は「大悪人」であり「貢献度ゼロ」などと決めつけられる。往々にして、責任のないことまで責任を押しつけられる。これも一つの歴史の法則だ。

では芹沢の貢献とは何かといえば、そもそも清河八郎の口車に乗って、芹沢や近藤らの試衛館《しえいかん》グループが上洛《じょうらく》した時にさかのぼるだろう。清河は突然、われわれの任務は将軍護衛ではなく、尊王攘夷《じょうい》をつらぬくことだ、と言い出す。これに対して、そんなつもりはまったくなかった近藤らは、京都残留を決める。

問題はその先だ。

西も東もわからない初めての土地で、近藤らはまさに「孤軍」となってしまった。帰りの路銀すらなかったはずだ。道場もたたんで来た。まさに八方塞《ふさが》りである。

ここで彼等は、京都守護職松平容保《かたもり》に嘆願し、「御預《おあずかり》浪士組」になるという起死回生のアイデアを思い付き実行するわけだが、そもそもこのアイデアを誰が考えたのか？

小説やドラマでは土方歳三が考えたことになっている。確かに土方は組織づくりの名手であることは疑いない。しかし「政治」に触れたのはこれが初めての経験のはずで、そうした初心者があれほど絶妙なアイデアを考えられるかというと、私は疑問符をつける。

一方で会津《あいづ》藩松平家に芹沢の実兄がいて、このコネを利用したとの説がある。そういえば、この嘆願は即日受け入れられているが、あの池田屋事件の時も遅刻した会津藩という「官僚組織」が、近藤ら得体の知れない浪人集団になぜ「手際よく」許可を与えたのか？

やはり誰かが政治力を発揮したとしか考えられないではないか。

享楽体質の落ちこぼれ

要するに新撰組というグループの結成が可能だったのは、芹沢という男がいたおかげだ。芹沢は新撰組成立の最大の功労者なのだ、と考えるのが妥当というものだろう。

だからこそ芹沢は「筆頭」局長だったのであろう。最年長（？）とか、浪士の「先輩」とかいった問題ではない。同郷の新見錦《にいみにしき》をもう一人の局長におしこんだのもその功績が大だったからに違いない。

しかし、現代の組織でもしばしばあることだが、「生みの親」が組織の順調な発展を妨げることがある。こうした場合は新しい「育ての親」が必要だ。何も難しいことではない。会社でも「創業者一族」が会社自体を食い物にするケースはままあるところである。

こうしたケースを分析すると、その「最大の原因」は「オレが作った会社だからオレが煮て食おうと焼いて食おうと勝手だ」という理屈（？）にある。

芹沢の非行として挙げられるのは、大砲など組の武器を使用した恐喝や、豪商からの借金踏み倒し、そして取り立てに来た菱屋太兵衛《ひしやたへえ》の妻「お梅」を強引に妾《めかけ》にするなどの女性関係の乱脈さだが、こうした「理屈」が芹沢の心底にあると考えれば少しはその心情が理解できるかもしれない。

芹沢は水戸天狗《みとてんぐ》党出身というのが触れ込みだったが、実質は「落ちこぼれ」というのが正しいだろう。天狗党は水戸藩内の尊王攘夷派の中でも過激派グループを指す。そもそも下級武士を中心としたグループで上級武士から「あいつら天狗（高慢）になっている」と言われたのが、その名の由来である。水戸藩というのは第二代藩主徳川光圀《みつくに》以来「尊王」が藩の思想となっているのだが、問題は現在の幕府（将軍）に多少は逆らっても尊王を貫いていくのか、やはり御三家なのだからあくまで従順な佐幕で行くべきか、というところで路線が分かれるわけだ。

藩内の主流派はあくまで「穏健派」だったため、天狗党はついに藩に逆らって挙兵するという最も過激な道を選んだ。武田耕雲斎（観柳斎とは別人）、藤田小四郎（藤田東湖の四男）を首魁《しゆかい》とする天狗党の乱である。もちろん、芹沢はこれに参加していない。この乱が起きたのは新撰組結成の翌年の元治元年（一八六四）のことで芹沢は既にこの世の者ではなかったから。しかし、生きていても新撰組に参加している以上この無謀な反乱（首謀者は死刑、参加者も多くは死んだ）には参加しなかっただろう。ということは落ちこぼれだったということだ。天狗党の面々はあえていうなら「禁欲的《ストイツク》な革命集団」である。こう言うとロマンを感じてしまう人もいるかもしれないがオサマ・ビンラディンがそうであるようにこういう連中ほど恐ろしいものはない。芹沢はそれについてゆけなかったということは、もともと享楽的な体質があったのだろう。だからこそ新撰組成立後は「会社のツケで毎夜豪遊」することを繰り返した。

「粛清」の対象になることは止むを得ないことだったのである。

松平容保《かたもり》

なぜこれほどに新撰組《しんせんぐみ》を保護したのか

新撰組の理解者にして最大の保護者。

そのことは新撰組の正式名称が「京都守護職会津《あいづ》中将様御預《おあずかり》――」であることを見ても明白だ。

しかし、容保はなぜ新撰組にかくも好意的であったのか。考えてみれば不思議ではないか。容保は名門会津松平家の当主である。実は会津家には養子として入ったのだが、生まれた実家も別の松平家である。要するに「坊っちゃん育ちの若殿」なのである。もちろん優秀な人物であったことはまぎれもないが、「殿様」として育った人は、近藤や土方《ひじかた》のような「百姓上がり」の浪人は薄気味悪く感じるか、バカにするか、そのどちらかが普通である。

しかし、容保は近藤や土方の「われわれを預かって頂きたい」との要望にも全面的に応じたし、その後芹沢《せりざわ》一派が乱行を繰り返した時も「組をつぶせ」あるいは「預かるのはやめる。勝手にせよ」とも言わず、芹沢の粛清を条件に存続を許した。次に「ニューリーダー」の近藤が永倉ら不満分子に突き上げられると、自ら出て行って両者の調停まで行っている。

まるで「母親」のような存在ではないか。

容保は近藤らとはまったく付き合いはなかった。その得体の知れない〝目付の悪い（？）〟浪人どもが、「われらの身元引受人になって下さい」と頼んできても、普通は「お断り」するのが当然だろう。何をするかわからないからだ。ところが、その「不良」どもがなかなか素行が収まらないのに、容保は最後まで彼等を決して見放さなかった。まるで「神様、仏様」のようなありがたい殿様ではないか。

多くの研究者がこのことを問題にしないのが不思議だが、この容保の新撰組に対する異常なほどの好意は、一体何に由来するのか？

私はそれを容保自身も「新撰組」だったからだと見ている。

奇妙なことを言い出すと思われるかもしれないが、そもそも新撰組の前身「浪士組」は何のために集められたのか。それは将軍が上洛《じょうらく》する際、京都が危険だから護衛するため、というものだった。前にも述べたが、これは実は「人をバカにした」話なのである。というのは、将軍というのは武門の棟梁《とうりょう》で、その配下として俗にいう「旗本八万騎」がいる。この八万騎は徳川三〇〇年の長きにわたって将軍を守るために家禄《かろく》をもらい続けてきたのである。だが「新撰組」が必要ということは「八万騎」がまるで役に立たないゴクツブシだということになる。だから「バカにした」話なのだ。

ところが、実は京の都にも京都所司代という江戸幕府当初から続いている治安維持の組織がある。二条城という幕府の持城すらある。それなのに容保は新設の「京都守護職」に任じられたのである。意味するところは明白ではないか。

京都の治安維持を押しつけられる

つまり、京都所司代も「役立たず」の「ゴクツブシ」だということだ。官僚組織というものはそういう傾向があるものなのかもしれないが、所司代が京都の治安を維持できなくなったのなら、予算を増やし人員も増やし場合によっては組織改革をして、現状に適合させるのが本筋だろう。しかし、幕府はそれをせず、「ゴクツブシ」はそのままにして会津藩に「外注」することで、この事態を乗り切ろうとした。

そう「外注」なのである。会津藩は確かに将軍家の「親藩」ではあるが、同時に独立した大名家でもある。日本の要《かなめ》である京都の治安を守るのは中央政府である将軍家（幕府）の仕事であって、地方大名は本来関係がない。それに将軍家を助けるなら、会津藩よりもっと格の高い御三家（尾張《おわり》・紀伊《きい》・水戸《みと》）もいる。それなのになぜ自分の藩が京都を守らねばならないのか？

これが容保の本音であったろう。もともと容保はこの守護職拝命を辞退している。ところが藩祖保科正之《ほしなまさゆき》(三代将軍家光の異母弟)以来、「当家は将軍家のために忠義を尽くせ」という家訓があったために、ついに断り切れず引き受けたのである。

「新撰組」は自ら望んで結成したのだから、この点が「京都守護職」とは違うが、いずれも幕府の組織の欠点を「外注」で補わんとしたという発想には変わりない。この意味で、京都守護職と新撰組は実は「同志」であり「兄弟」であるともいえる。

容保が新撰組に寄せた深い好意は、この辺に理由があるのではないか。すなわち、容保はこうした感情を抱いていたのではないかということだ。そういえばもう一つの共通点がある。共に「東」の出身の「他所者《よそもの》」であるということだ。どんな組織でもそうだが、共通点があるほど、親近感は深まるものだ。「将軍家に絶対の忠誠を尽くす」という点でもそうだ。この点において、近藤、土方ら試衛館《しえいかん》グループと容保はまさに「同志」でもある。

容保の不幸は、彼を絶対的に支持してくれた孝明《こうめい》天皇が急死したこと(暗殺説がある)。そして、もう一つの絶対の忠誠の対象であった将軍徳川慶喜《よしのぶ》が、彼の目から見れば実に優柔不断な、男としての一貫性がない人間だったことだろう。もちろん、それは容保の見方で慶喜には慶喜の言い分がある。それは「徳川慶喜」の項で書くとして、容保の視点で見れば、そもそも京都守護職を無理矢理押しつけたのも慶喜であったのに、鳥羽《とば》・伏見《ふしみ》の戦いでは総司令官でありながら敵前逃亡し、自分だけさっさと降伏してしまい、後の責任はすべて押しつけた。そのため会津若松城での決戦となり、白虎《びゃっこ》隊士は若い命を散らし多くの犠牲者を出すことになった——。

容保はその後半生決して声高に叫びはしなかったが、彼の心情は慶喜に対する抗議に満ちていた。ちなみに最後まで会津のために戦った斎藤一《はじめ》と会津藩士の娘の結婚の媒酌の労をとったのも容保である。

徳川慶喜《よしのぶ》

徳川家は尊王思想の本家

新撰組《しんせんぐみ》の面々にとっても、旗本を中心とする武士、あるいは松平容保《かたもり》のように一部の大名にとっても、将軍というのは絶対者であって信仰の対象のようなものであった。

昔は「将軍」とはあまり言わず、一般には「公方様《くぼう》」といった。将軍という言葉がことさらに強調されるようになったのはむしろ幕末で、天皇に対する、いや天皇の「家臣」としての位置付けがやかましく言われるようになってのことだろう。「くぼう」というとはっきりしないが「将軍」というと天皇から任命された武士の長としての征夷《せいい》大将軍という「上下関係」が明確になるからだ。

勤皇の志士高杉晋作《しんさく》に面白いエピソードがある。そもそも新撰組の結成のきっかけにもなった一四代将軍家茂《いえもち》が上洛《じょうらく》し、御所に参内《さんだい》しようとした時、晋作はその家茂の乗物に向かって「イヨッ、征夷大将軍！」と掛け声をかけたというのだ。江戸時代初期にこんなことをやったら、まちがいなく本人は切腹で、長州藩にも処罰が及んだだろう。敬称をつけるならまだしも、呼び捨てとは無礼の極《きわみ》である。

ところが、この時、高杉は何の咎《とが》めも受けなかった。

なぜか？　そこには「徳川三〇〇年」の初期から終期にかけての、重大な変化がある。それは尊王思想の普及である。

この時、家茂は天皇の「家臣」として、天皇に拝謁する途上だった。そして、その家臣としての役職のことを「征夷大将軍」という。これはウソではないしマチガイでもない。だから「征夷大将軍」と呼びかけること自体は罪ではない。無礼でもない。偉いのは天皇だからだ。これが江戸で、しかも将軍こそ最も偉い、と信じられていた江戸初期だったら、「無礼者め」ということで、切腹どころかその場で討ち果たされていただろうが、幕末は誰もが皆「天皇の方が偉い」と認めているし、家茂の立場から見ても「今は公務中」だから「正しいこと」を言った人間を咎め立てすることは、余計できないのである。高杉も大した度胸で、こんなことを実行した人間は彼だけなのだが、それにしても幕末はこういうことが可能な空気であった、ということはぜひとも留意しなければならないことだ。

徳川家康が「禁中《きんちゆう》ならびに公家《くげ》諸法度《しよはつと》」を定めた時は、将軍も武士も天皇をないがしろにしていた。「天皇は学問だけすればよい」（第一条）などという言い方にそれが表れている。実際、江戸初期は天皇家が徳川将軍家の鼻息をうかがっていたのである。ところが、その家康が日本の統治のための学問として導入した朱子学は、天皇こそ日本の正当なる主権者としたため、江戸の知識階級はほとんどすべてこの考え方に染まってしまったのである。その尊王思想の日本における本家本元、それが水戸《みと》徳川家なのだが、奇《く》しくも慶喜は
この水戸徳川家の出身であった。

名将軍になれなかった親分

家康が朱子学を江戸幕府の公式学問としたのは、一言で言えば「将軍に対する反逆は悪」という精神を、日本人の心に植え付けようとしたからであった。戦国時代は弱肉強食で「強い者が勝ち、勝った者が正義」という世界だ。だから、そのまま放っておけば、徳川の天下を狙う者が出て来ても不思議はない。それが「悪」であると皆が思うようになれば、徳川の天下は絶対のものとして確立する、これが家康のもくろみであった。

ところが、皮肉なもので、平和になって朱子学が盛んになると、日本人は日本の中で真の王者といえる存在は何か、という議論に熱中し始めた。「将軍だ」と結論が出るのなら、まったく問題はなかったが、彼等は「それは天皇である」とした。なぜなら朱子学では「武力で天下を取った者」を「覇者」として排斥し、「徳をもって世の中を治める者」こそ真の「王者」だと考えるからだ。確かに将軍家は覇者である。それは間違いない。だが、天皇家イコール王者と考えていいのか、といえば実は疑問がある。その疑問とは一口では説明できない。しかし、多くの朱子学者が「天皇の方が偉い」と決めてしまったのだから、

武士たちもこの見解に従うしかない。そうした中、朱子学の最も盛んだった武家といえば、水戸徳川家である。その水戸徳川家出身の慶喜は、本来なら将軍になるはずのない人間であった。御三家の中でも水戸は尾張《おわり》・紀伊《きい》に比べて一段格下だからだ。だがこの格下の家から格上の御三卿《ごさんきょう》一橋《ひとつばし》家に養子に行き、当主となったことが慶喜の運命を変えた。一度、当主となってしまいさえすれば前歴は問われない。幕末という乱世に、誰もが実力ある人間が将軍となるべきだと思った時、たまたま一四代将軍家茂は子の無いまま若くして死んだ。ここに「天皇絶対主義」の将軍が生まれる、という歴史の神のイタズラともいうべき現象が起こった。

これでいいこともあった。江戸城無血開城が行われ江戸が火の海にならずにすんだのは、このおかげである。もちろん実際交渉にあたった勝海舟・西郷隆盛《たかもり》の功も大きいが、その大前提として「官軍には逆らうな」という慶喜の命令がなければ、この工作は絶対に成功しなかった。鳥羽《とば》・伏見《ふしみ》、上野、会津《あいづ》若松、箱館《はこだて》と「少々の」内戦はあったが、もし慶喜が「徹底的に抗戦せよ」などという命令を出していたら、日本全土が火の海になっただろう。外国の介入があれば事態はさらに悲惨なものとなる。この点でも慶喜は小栗上野介《おぐりこうずけのすけ》の「フランスに援助を依頼しましょう」という進言をしりぞけているのである。慶喜は日本のためにはよかった。しかし、幕府の人間にとってはどうか？　「実に頼りない親分」である。自分が「ワル」になることを極端に恐れ、部下が頑張っているのを見捨て、知らん顔をしている——松平容保らが不満を抱いたのもまさにそこにある。だからこそ「名将軍」と呼ぶ人はあまりいないのである。

榎本武揚《えのもとたけあき》

幕府の軍艦奪って逃走

幕末は乱世で、乱世は当然のことながら実力主義である。近藤や土方《ひじかた》のような「百姓」が武士になれたのもそうだが、勝海舟のような生まれついての幕臣にも「異例の出世」という形で実力主義は及んでいた。

そして、後から見ると、こうした抜擢《ばってき》された人材の方が、幕府のために命懸けで働いている。全部が全部そうとは言わないが、三河《みかわ》以来の旗本や譜代大名の名門の多くは、先祖代々もらっていた家禄《かろく》は、積算すれば膨大なものになるはずだが、それが生まれつき当たり前のようにあると、恩義を感じないものらしい。サラリーマンも、給与が現金ではなく振り込みになってから「権威」がなくなったと言われて久しいが、これは決して冗談ではない。新撰組《しんせんぐみ》の面々も、途中で全員旗本に取り立てられて感泣したというが、そうした人間の方が幕府のために働いたということが、あくまで歴史的事実としてあることを、覚えておいた方がいいかもしれない。

幕府における、幕臣たちの主人といえば、言うまでもなく徳川慶喜《よしのぶ》だが、この人は軍事司令官としては実に頼りない人物であったことは前項で述べた。臆病《おくびょう》というと少し違い、あえてその言葉を使うなら、戦って死ぬことよりも朝敵（天皇家の敵）として歴史に汚名を残すことに臆病であったといえようが、とにかく総司令官としては「反抗してはならぬ。ひたすら恭順せよ」と言うばかりである。

それに対して「冗談じゃない。徳川家は将軍家であり武門の棟梁《とうりょう》だ。日本を外敵から守るためにフランス式の調練も取り入れ、近代的な海軍すら創設した。なぜ戦いもせず降伏しなければならないのか！」という不満が幕臣の間にはあった。

これに対しても慶喜がもし反論（？）するとすれば次のようになるだろう。

「そもそも幕府の陸軍も海軍も、日本つまり天皇家をお守りするためのものだ。その武力を使って官軍（天皇家）に反抗するのは、本末転倒というものである」

これが慶喜の立場だが、これに対して榎本ら官軍に対する徹底抗戦に踏み切った幕臣の一派は次のような論理で対抗した。

「あれは薩摩《さつま》・長州が朝廷を掌中に収めて官軍と称しているだけだ。その証拠に、将軍がこれほど恭順の意を示しているのに、やたらと難癖をつけ、幕府をイジメ抜いているではないか。この不公正は断じて見逃すことはできん」

これが榎本の、いや榎本に代表される反薩長の論理であった。だからこそ新撰組も彰義《しょうぎ》かなかった。

隊《たい》も最後まで反抗し、榎本は幕府から官軍に引き渡される予定であった軍艦八隻を奪って逃走したのである。西日本は薩長の本拠地だから、とりあえず向かうところは東北方面し

臨時政府樹立し、幕臣の権利回復狙う

榎本はいわゆる「海軍畑」の人間である。

漂流してアメリカ船に救助され、日本に戻ったジョン万次郎（中浜万次郎）の塾で、英語と海外事情を学び、長崎の海軍伝習所ではオランダ海軍士官と勝海舟の指導を受け、海軍術を学び、オランダ留学生に選ばれる。

オランダでは海軍に関するあらゆる学問を研究し、実務・法務の両面での専門家となった。そして幕府がオランダから買い入れた軍艦開陽丸《かいようまる》を自ら指揮して、日本に帰国した。まさに前途洋々というのは榎本のためにある言葉であった。

その後、幕府海軍副総裁となって、鳥羽《とば》・伏見《ふしみ》の戦いに備えるために大坂に向かったが、最高司令官徳川慶喜は、戦わずして軍艦に乗り逃げ帰ってしまった。榎本らはあわてて後を追ったが、江戸湾に入ったところで、江戸城無血開城、海軍総引き渡しの命令を聞いたわけである。

手塩にかけて育てた艦隊という意識もある。

榎本は集団脱走の形でとりあえず北を目指した。

東北では、同じく「官軍」の姿勢に批判的な諸藩が「奥羽列藩同盟」を組織して抗戦していた。

こうした中、宮古《みやこ》湾に入った榎本は新撰組副長土方歳三《としぞう》と意気投合して、さらに北へ向かうことになる。

榎本が考えたのは、かつて勤務したこともある箱館《はこだて》（函館）の地を武力をもって占領し、ここに臨時政府を作ることであった。そして、ここを拠点に官軍の非道を訴え、踏みつけにされた幕臣の権利を回復する目論見《もくろみ》であった。この蝦夷《えぞ》臨時政府では「入れ札（選挙）」をもって代表を選んだが、総裁に榎本が当選したのは、順当な結果であった。また陸軍奉行には中浜塾以来の同志大鳥圭介《けいすけ》が、陸軍奉行並《なみ》には土方歳三が選ばれた。

最初のうち榎本軍は意気軒昂《けんこう》で、補給のために宮古湾に入港した新政府海軍の最新鋭戦艦（甲鉄艦）の分捕り作戦を実行したほどであった。味方の船を敵船に接舷《せつげん》させて斬り込み、船を乗っ取るというものであったが、榎本側の船の機関の調子が悪く、この作戦は失敗した。しかし、その奮戦ぶりはその時新政府海軍の春日《かすが》に乗船していた若手士官で、後の連合艦隊司令長官東郷《とうごう》平八郎が感嘆して書き残しているぐらいである。

だが物量ともに優位な新政府軍は、次第に榎本軍を追い詰めた。

ついに死を覚悟した榎本は、当時日本に一冊しかなかった『海律全書（海洋法総覧）』を新政府軍に送り届けた。「新生日本のために使ってくれ」ということだ。この後、土方は戦死し、榎本は降伏に追い込まれたが、『海律全書』の件に感動した新政府軍参謀黒田清隆《きよたか》（後に第二代内閣総理大臣）の奔走によって、死一等を減ぜられ、後にはその恩に報いるためか新政府に出仕し、文部大臣、外務大臣等を歴任して、明治の時代を生き抜いた。

佐久間象山《しょうざん》

海軍の必要性を警告

黒船来航が歴史を変えたことは、何度か述べた。ただ「教科書的理解」、平たく言えば教科書にそう書いてあるからそうなんだ、と思っているだけでは本当の歴史はわからない。ここはもう一度繰り返そう。しつこくて恐縮だが、ここは歴史の肝所《かんどころ》なのだから。

黒船とは何か？　それは欧米列強海軍の最新鋭の戦艦である。では、どこが最新鋭なのかといえば、これらの船は（全部が全部そうではないが）蒸気船つまり石炭を燃料に蒸気機関という強大なエンジンで動く船である。

では、それまでの帆船と何が変わったのか？　いや、黒船は何を変えたのか？

帆船の時代は、日本は「世界一安全な国」だった。海に囲まれているからである。帆船では大量の兵士を運ぶことも、重い大砲を積むことも難しい。特に大砲は重要だ。兵士を送ることなら船の数を増やせばよいが、大砲はそうはいかない、重過ぎては船が沈んでしまうし、沈まないまでも動きがにぶくなる。だからといって、帆船に積まれた小型軽量の砲では、地上の施設を破壊することは不可能なのである。ところが、黒船は違う。黒船は蒸気機関という強大なエンジンを搭載しているから、大砲も破壊力の強い巨大なものを何門も積める。つまり、黒船は洋上からの艦砲射撃によって地上の施設を、城だろうが町だろうが破壊できるのである。

日本の大砲は戦国時代で進歩が止まっている。江戸幕府も内乱を恐れて新たな兵器の開発を許さなかった。だから日本の大砲の弾は黒船まで届かない。よしんば届いたとしても、黒船は鉄で装甲されているから、傷もつかない。蒸気機関の強大なエンジンの力は船自体が重くなっても大丈夫だから、帆船では不可能だった防御も可能にしたのだ。

日本は四面海に囲まれている。国境線と海岸線が一致する（昔は領海という考え方はあまりない）。これは昔から変わらないのだが、黒船という「技術革新」は「海に囲まれているから安全」という日本の古代からの常識を「海に囲まれているからこそ危険」という一八〇度違ったものに変えてしまったのだ。船は「海で囲まれた国」ならどこからでも攻めることができるからである。

では、どうすればよいか？

欧米列強の手から日本を守るためには、海防（海の守り）を充実しなければならない。具体的には、大砲の性能をアップさせることだが、これだけではダメだ。相手は「動く砲台」だからである。当然、こちらも「動く砲台」つまり戦艦および海軍を作らねば日本の独立は保てない。この今から見ればあたり前のことをもっとも早く警告したのが、佐久間象山なのである。

画期的な「海防八策」を唱える

佐久間象山の「海防八策」。

一、沿岸の要所に砲台を設置すること。
二、オランダに銅を輸出するのを停止し、その銅で良質の大砲を作ること。
三、欧米に劣らぬ大船を作り海上を安全ならしむること。
四、海運にたずさわる役人を厳選して取り締まりを強化すること。
五、（海外の）造船技術を学び水軍（海軍）の養成につとめること。
六、全国津々浦々に学校を設け、国民すべてが学ぶこと。
七、信賞必罰をもって国家への民の信頼を高めること。
八、身分にとらわれない人材登用の道を開くこと。

現代語に意訳すれば以上のようになるが、何のことはない、言ってみれば「あたり前」のこと、である。

だが、これが象山の主君である信州松代《まつしろ》藩主で老中にもなった真田幸貫《さなだゆきつら》を通じて幕府に献策されたのは、天保《てんぽう》一三年（一八四二）つまりペリーの来航より一一年も前のことであ

ることを知れば、その価値がはっきりするだろう。皆が「泰平のねむり」をむさぼってい
た頃の話なのである。

この献策は幕府に完全に黙殺され、象山は「大ボラ吹き」と呼ばれた。世界中どの民族でもそうだが、日本人は特に言霊《ことだま》という信仰があって、縁起でもないこと、起きて欲しくないことは、それがいかに確実に予想されることであっても、口に出す人間を非難するという国民的悪癖がある。象山もその犠牲になった。いや、今もそうだ。多くの人々が象山の、この歴史上燦然《さんぜん》と輝く業績を、知らないのがその証拠である。

しかし、知者は知者を賢者は賢者を知る。歴史上の偉大な人物はやはり象山を高く評価していた。その一人が長州藩士で後に高杉晋作《しんさく》、伊藤博文《ひろぶみ》らを育てた吉田松陰《しょういん》である。

松陰は前にも述べたように、長州藩の山鹿《やまが》流軍学師範なのだが、戦国時代の軍学（軍事学）では国を守る役には立たないと、各地を遊学し、様々な師のもとで新知識を吸収する。特に象山に強い影響を受け、ついに海外へ密航しようと志を立てるに至った。

象山の思想は、単純な攘夷《じょうい》論ではない。外国の影響を排除して日本の独立を保つには、ガイジンを斬り殺したり公使館を焼き討ちしてもダメで、彼等の科学を学ばねばならないと考えたところに、象山の先見性があった。そのためには、日本人が海外へ「留学」して学ぶのが一番の早道である。ただ、鎖国体制下の日本においては、海外渡航は死に値する罪である。決行するのも応援するのも命懸けであった。松陰はペリーの黒船に密かに乗りつけ渡航を企てるが、日米関係悪化を恐れるアメリカ側の拒絶にあって失敗し捕えられる。

象山も罪に問われ閉門となった。そして象山は元治元年（一八六四）、「ガイジンなど斬り殺せばよい」という過激な攘夷論者に「国賊」として暗殺された。その「今なら誰が見ても正しい路線」は義兄弟の勝海舟に受け継がれることになる。ちなみに象山の養子格二郎《かくじろう》が父の仇《あだ》を討つため新撰組《しんせんぐみ》に入隊したことはあまり知られていない。

勝　海舟

一貫した思想

西郷隆盛《たかもり》、桂小五郎、高杉晋作《しんさく》、坂本龍馬《りようま》等々、多士済々《せいせい》の維新の志士の中で、誰が第一等かといえば、様々な議論があろうが、私は勝海舟を推す。

その理由は、その先見性と一貫性にある。他の面々は「このままでは日本はダメになる」という憂国の志をもってスタートしたところは同じだが、方法論が誤りだったり、藩のワクにとらわれたり、いわば「フラフラ」しているのだが、海舟は最初から最後まで、その思想は動かない。彼の立場を一言で言えば「これからは幕府だの藩だの狭い立場を主張している場合ではない。日本人として日本の将来を考えて団結すべきだ。また攘夷《じようい》は、積極的に欧米列強に学び、彼等と同等の武器（大砲）や海軍を自力で開発してこそ達成できる。無闇に外国人を斬り殺せばいいというものではない」。

しかし、一方で勝ほど評判の悪い男もいない。彼は幕臣である。ところがその勝のやったことは幕府をこの世から消すことであった。その立場から言えば当然で「幕府という組織ではもう欧米列強には対抗できない。だから新生日本のためには消えてなくなるべきだ」ということである。その幕府の「幕引き」にあたって、余分な犠牲者が出ないように、江戸城無血開城に尽力し見事実現させている。しかも、それ以前に「一番弟子」の坂本龍馬をして大政奉還という無血革命すら成功させている。つまり勝の奔走によって多くの幕臣その家族そして一般市民が死なずにすんだのだが、生き残った連中は決して感謝しない。それどころか勝のことを「主家を売った裏切り武士」「戦いもできない臆病者《おくびょうもの》」と散々に罵《のの》ったのである。勝は「妻子までがオレに不服だったよ」と苦笑まじりに（？）書き残しているほどだ。

　佐久間象山《しょうざん》と勝海舟では海舟の方が一二歳年下なのだが、縁あって海舟の妹が象山に嫁いだため、二人は義兄弟ということになった。勝の本名は義邦《よしくに》（後に安芳《やすよし》と改名）で海舟は号だが、この号は佐久間象山が名付け親である。勝の書斎に象山が「海舟書屋」という額を揮毫《きごう》して贈ったところ、勝はこれが大変気に入って自らの号としたという。「海舟」それはまさに「海軍」そして「通商」を象徴する言葉であり、勝の一生の目標を暗示するものであったからこそ、それを号としたのであろう。

　象山は理論家だったが実務は苦手だった。また海外へ留学するのにも海軍技術を一から学ぶのにも、いささか年を取り過ぎていた。

　勝はまず海軍から始めた。

目覚めの遅かった幕府もようやく海軍育成の必要性を感じ、当時欧米諸国の中で唯一国交のあったオランダに依頼し、オランダ海軍の士官が日本人に海軍技術を教える学校を作った。長崎海軍伝習所がそれであり、ここに勝は海軍士官としての第一歩を踏み出したのである。

大政奉還のプロデューサー

長崎海軍伝習所で海軍術を学んだ勝は、後に咸臨丸《かんりんまる》の艦長となってサンフランシスコまで往復している。もっともこの航海は荒天続きで、勝は船酔いに悩まされロクな働きは出来なかったという。それでも日本人が太平洋横断を初めて実行したという咸臨丸の意義は極めて大きい。

だが、勝はこんなことでは到底満足しなかった。彼の理想は同じ島国であるイギリスのように、強力な海軍を持ち通商を盛んに行うような、欧米列強に対抗できる国家に、日本を変えることであった。

そのためには幕府だの藩だの言っている場合ではない。

一通り海軍術を身につけた勝が、次に実行したことは、これを広く日本人全体に学ばせることであった。勝は幕府の首脳を口説いて、神戸に「海軍学校」を作らせた。神戸海軍操練所である。これは、幕府が幕府の費用で作った「国立」ならぬ「幕立」学校だから、昔の考え方では幕臣以外入学させてはならないはずだ。
ところが、勝はかまわず有為の人材をどんどん入学させた。塾頭（生徒総代）は一番弟子の坂本龍馬だ。この時点で龍馬はまだ脱藩浪人である。要するに身分などはどうでもいい。実力と国を憂える志さえあればいいのだ。

龍馬はここで後に海援隊を組織するための基礎を学ぶことになるのだが、こうした勝の開明的な姿勢は、幕府の守旧派にとっては腹立たしいものだった。守旧派にとってみれば勝とは「主家の金を使って、他藩の者に海軍術を教えている裏切り者」ということになるわけである。

勝は左遷された。勝の生涯を見ると、左遷、抜擢《ばってき》また左遷の繰り返しである。しかし、日本の危機が深刻化するにつれて、情勢は勝を必要とした。

幕府と長州が戦い、最後に幕府が敗れた時、講和の使者となったのも勝だった。鳥羽《とば》・伏見《ふしみ》の戦いに幕府が敗れ、官軍が江戸に押し寄せた時も、旧知の西郷隆盛と談判して江戸城無血開城を実現させたのも勝だった。

それより何より、坂本龍馬をして大政奉還という無血革命を実現させたのも、最近の研究では勝の示唆によるものという説が有力だ。つまり大政奉還はプロデューサー勝海舟、ディレクター坂本龍馬ということである。

勝は「アクの強い」性格である。「義弟」佐久間象山も見識は抜群ながら「尊大」だと嫌われた。勝は尊大ではないが、敵と味方をはっきり区別する。勝が、新撰組《しんせんぐみ》の近藤、土《ひじ》方《かた》らに「甲州を取ってはどうか」と甲陽鎮撫《ちんぶ》隊《たい》編制を勧めたのも、明らかに主戦派の彼等を江戸から追い出すためであった。つまり「ペテン」にかけたのである。だが、それはあくまで江戸を火の海にしないためであったことも事実だ。勝というのはそういう人間なのである。

坂本龍馬《りょうま》

身分の壁なくすため尊王《そんのう》思想に

「近藤勇《いさみ》」の項でも述べたように、幕末に活躍した人々のことを知るには、その出身階級を知ることが重要である。今の日本は階級社会ではないので、階級社会の持つ意味がなかなかピンとこない。そこでどうしてもこの側面での探究がおろそかになってしまうのだ。近藤勇は天領（幕府直轄領）の出身で「いざとなったら将軍様のために働く」という意識を持っていた。しかも、天領では百姓が剣術を習うという、他の大名領では決していい顔をされないことをむしろ奨励していた。だからこそ近藤・土方《ひじかた》が育ったのである。

一方、土佐は少し事情が複雑だ。土地の領主山内《やまうち》家は関ケ原の「勝ち組」であり、幕府に忠実な家柄だが、その前の領主であり関ケ原で没落した長曾我部《ちょうそかべ》家の遺臣たちは、後から入ってきたこの「山内侍」に一段低い身分「郷士《ごうし》」として扱われた。龍馬の家は町人郷士といって、商家出身の者が郷士身分を獲得したという形になっているが、「先祖は歴とした武士だが今は郷士」ということには変わりない。封建社会というのは身分差別がやかましい世界である。そして、もう一つ大切なことは、身分の壁は普通は越えられないということだ。現代なら実力があれば出世はできる。戦国でもそれは同じだ。しかし、江戸時代はそうではなかった。「バカ殿」でもあくまで「殿」であって、優秀な人間がとって代るというわけにはいかない。しかし、乱世になればすべては変わる。

「百姓近藤」は剣の実力によって階級を飛び越えようとした。しかし龍馬はむしろ階級そのものを無くそうとしたのだ。これが二人の大きな、そして決定的な違いでもある。

当時、そのような身分の壁を越える思想は、尊王思想しかなかった。つまり「天皇の前では将軍も大名も武士も一人の臣《しん》に過ぎない」というもので、龍馬が初め土佐勤皇党に共感を示したのも、そのためだろう。この当時から始まり大流行した人の呼び方に「君《くん》」というのがある。これは同志として対等ということを示す呼び方なので、佐幕派の新撰組《しんせんぐみ》であろうと勤皇派の海援隊であろうと「坂本君」「中岡君」で呼ぶということは共通していた。少し先輩だと「〇〇先生」という呼び方になるが、こうしたところでも幕末というのは、それまでの江戸時代とはまったく違っていた。だが、その龍馬が勝海舟に会い、その知遇を得ることによって、たとえばアメリカという国では大統領は世襲ではなく人民の入れ札（選挙）によって選ばれていることを知る。そのことを知った時の衝撃が、龍馬を変えた。この国の進むべき方向がはっきりと浮かんだのである。それは組織としての藩という枠組み、武士や町人という身分の枠組みを越えた、まさに一つの国家としての日本を建設することだったのである。

大政奉還と薩長《さっちょう》連合

慶応三年（一八六七）六月、海援隊長坂本龍馬は土佐の後藤象二郎《しょうじろう》を連れて、長崎を出港し兵庫へ向かった。

その船中で、龍馬は今後日本が進むべき方針を八ヵ条にまとめて（船中八策）後藤に示した。

現代語訳すると次のようになる。

一、政権を幕府から朝廷に返還し、朝廷の下に日本を統一すること
二、議院を設け議員を置き、すべてはここで協議の上決めること
三、天下の人材を登用し無用の官は廃止すること
四、外国と広く交際し対等の条約を結ぶこと
五、無窮の大典（憲法）を作ること
六、海軍を増強すること
七、近衛《このえ》兵を置き帝都を守ること
八、外国との為替レートを改め不平等のないようにすること

現代の目から見れば当たり前のことである。人によっては「海軍増強」「近衛兵」が引っかかるかもしれないが、この時代は「黒船」という欧米列強の海軍に、日本の独立が脅かされていた時代である。強力な海軍がなければ独立は守れないし、そのためにも国家の中核である朝廷（天皇）はしっかりと守る必要がある。この時代は、各藩が幕府の命令で御所を警備していただけで、天皇直属の兵はいないのだから。

また「あたり前」のことに見える人は、逆を考えて欲しい。これが「献策」になるということは、まだこの内容は実現していないということなのだ。つまり、慶応三年の日本は「まだ幕府が政権を握っており議会など影も形もなく、無用の官がはびこり有為な人材はなかなか登用されず、国家の基礎である憲法もなく、海軍は微力で外国と対等な条約も結べず、不公正な交換レートに悩まされていた」――ということなのである。

龍馬は「師」の勝海舟、そしてその勝のよき理解者であった幕臣大久保一翁《いちおう》から、平和裡《り》に「政権交替」を実現するための方策として「大政奉還」のアイデアを示唆された。そしてそれを何とか幕府に献策しようとしたが果たせず、後藤象二郎を通じて土佐藩主山内《やまうち》容堂《ようどう》から幕府に献策してもらおうと考えていた。そのために骨子をこの「八策」の形で後藤に示したのである。

この試みは成功した。将軍慶喜《よしのぶ》は容堂の提案を受け入れ大政奉還は実現した。

ところが、龍馬のもう一つの功績「薩長連合」の形成は、成立してしまうと龍馬の意図とは逆に動いた。薩長はあくまで「幕府討つべし」と朝廷から倒幕の勅（命令）を受けたのである。「大政奉還」という無血革命路線と「薩長連合」という倒幕路線、この両方にからんでいたことが龍馬の偉大さを証明しているが、不幸なことは幕府の一部がこのことによって龍馬を「幕府にとって邪魔な存在」と誤解したことである。暗殺はこうして起こった。テロは常に空しいが、龍馬の場合は特にそうだ。

清河八郎

逆境の中で復帰策練る

「清川」とも書く。出羽《でわ》（山形県）の産。

坂本龍馬《りようま》などと同じく郷士《ごうし》の出身である。

しかし、同じ郷士でも龍馬は商家の出だが清河は百姓家つまり名主《なぬし》の息子である。「旗本八万騎」が典型的だが、先祖代々の家禄《かろく》をもらっている人は努力しない。寝転んでいても役職に就けるし報酬も入ってくる。そして、そういう仕組みをできるだけ温存しようとするから、どうしても「守旧派」になる。

郷士は違う。郷士はそのままでは苗字帯刀《みようじたいとう》という「特権」を与えられた「名誉武士」に過ぎない。日本人もかつて「名誉白人」などと呼ばれたが、実際には「差別」である。この「名誉」を取って本物の武士になるためには人一倍の努力が必要だ。維新の志士の中にはかなりの郷士がいるが、これは何千人何万人のうちの一人であることを忘れてはいけない。乱世とはいえ、いや乱世だからこそ、よほど優秀でなければ歴史の表舞台には出て来られないのである。

清河は文武共に優秀であった。

剣は千葉周作に学び北辰《ほくしん》一刀流の免許を持ち、学問は千葉道場隣りの東条一堂の塾で学んだ。漢学、国学が中心であった。

時勢の影響を受けた清河の信念は尊王攘夷《じょうい》にあった。実は、千葉道場も東条塾も水戸《みと》藩士の留学生が多く、ここで学んだ者は一度は水戸流の極めて排他的な攘夷論の影響を受けた。

坂本龍馬も北辰一刀流を学んだから、初めは水戸流攘夷思想にカブレ勝海舟を斬りに行ったのである。龍馬は勝に説得され、本当の意味での「攘夷」つまり開国して国を富ませ兵を強くする（富国強兵）ことによって、諸外国に対抗していくという道を知らされた。

しかし、清河は最後まで「ガイジンなど斬り殺してしまえばいい」という狭い攘夷論から抜け切れなかった。そのような過激な論を日頃口にしていたものだから、万延元年（一八六〇）アメリカ公使館通訳ヘンリー・ヒュースケンが斬殺《ざんさつ》された時、その犯人ではないかと疑われ江戸を捨てることになる。

各地を放浪した清河は、薩摩《さつま》藩の尊王攘夷派と気脈を通じ、薩摩を主体としたクーデターをはかるが、これを嫌った島津久光《ひさみつ》（藩主忠義《ただよし》の父）によって討手が差し向けられ、この計画は失敗する。久光の命により薩摩藩士が同じ薩摩藩士を斬り殺したというのが、この時のいわゆる寺田屋事件である。

清河は頭の良い男だった。幕府にもにらまれ薩摩にも白眼視されるというこの逆境の中で、自分の「罪」を帳消しにし、なおかつ歴史の表舞台に復帰できるための絶妙なアイデアを考え出した。それが、後の新撰組《しんせんぐみ》誕生につながることになる浪士組の結成である。

新撰組の生みの親

幕末というのは奇妙な空気があった。もし江戸中期あたりだったら、清河は完全な「お尋ね者」で、公然と活動することなどまず不可能である。しかし、この時代は「尊王攘夷」で「憂国の士」であれば、多くの人が多少のことには目をつぶった。勝海舟の後援者でもあり坂本龍馬にも目をかけていた越前《えちぜん》藩主松平春嶽《しゅんがく》が、清河と幕府の仲介の労をとったのも、この時代のそうした空気がなければ有り得ることではない。だいたい藩主と郷士が直接会うことすら、江戸中期にはなかったのだから。

清河は策士であった。幕府にコネができると、早速浪士隊設立のことを建白した。幕府の悩みは将軍家茂上洛《いえもちじょうらく》（これも江戸中期には有り得なかったこと）の際、京都の勤皇派（＝倒幕派）の浪士に襲撃されないかということであった。何度も言っているように、こういう時、将軍を護衛するのが「旗本」の本来の役割なのだが、長い泰平で彼等はまったく役に立たない。そもそも京ばかりでなくお膝元《ひざもと》の江戸ですら尊攘派浪士のテロが横行し治安を維持できないのである。清河はその幕府の弱味につけ込み、いっそのこと彼等を幕府で雇ってしまい将軍の護衛をさせればいいではないかと口説いたのである。この「毒をもって毒を制す」作戦に幕府は乗った。逆に言えばそれほど切羽つまっていた。

だが清河には別のもくろみがあった。当座は幕府の味方のふりをして人を集める。そして幕府の費用で京に入ったところで、「われわれは勤皇倒幕のさきがけとなるべきだ」と彼等を説得し、倒幕のための浪士隊にしてしまおう、というとんでもない陰謀である。それゆえ当初は定員は一〇〇人ほどだったのを、その三倍もの人を集めた。多ければ多いほどいいからだ。だからこそ、「無名道場」の試衛館《しえいかん》にまでお呼びがかかったわけで、確かにこの点で清河は逆説的ながら「新撰組の生みの親」である。

清河は得意満面だった。「幕府のバカどもめ、まんまとだまされやがって」というところか。実際清河の意図は浪士組が京に到着し、清河が大演説をぶつまでまったく悟られることはなかった。ここで近藤・土方《ひじかた》らが清河と袂《たもと》を分かったことは既に述べた。

ところが幕府もさるものだ。今度は清河をだまし返すことにした。朝廷の親幕府派公家《くげ》を動かして、江戸が外国の攻撃にあう可能性があるから至急引き返せ、という命令を朝廷から出させた。信じた清河はただちに浪士組を率いて江戸に帰った。

帰ったところへ幕府は刺客を差し向けた。

もともと浪士組上洛のおり、幕府側の監視役として同行していた佐々木只三郎《ただきぶろう》である。夜道で旧知の佐々木に声をかけられた清河は、佐々木が刺客だとはまったく気づかなかった。自分が人に「だまされる」とは夢にも思わなかった。「策士、策に溺《おぼ》れる」とはまさにこのことである。

佐々木只三郎《ただざぶろう》

文武両道の理想の旗本

唯三郎とも書く。

坂本龍馬《りょうま》も清河八郎もこの男が「斬った」。

佐々木は旗本だが、生まれついての旗本ではない。会津《あいづ》藩士の三男坊に生まれ親戚《しんせき》筋の旗本の養子となったのである。

近藤・土方《ひじかた》は百姓の出であるがゆえに、「一二〇パーセントの武士」としてふるまったが、佐々木も生まれついての旗本でないだけに「一二〇パーセントの旗本」としてふるまった。逆に言えば、多くの人々は佐々木に「理想の旗本」を見た、ということである。

では理想の旗本とは何か？　当然ながら文武両道の達人ということだ。この時代の旗本は剣術がからっきしダメか、剣術ができても学問ができない人間が多かったが、佐々木は両方ともできた。剣は神道精武流、槍《やり》は宝蔵院流、国学も学び優秀な成績を収めた。

その佐々木が見廻組《みまわりぐみ》という、旗本の子弟を中心とした新たな「新撰組《しんせんぐみ》」の組頭をつとめることになったのは、やはり清河八郎との「交流」がきっかけだろう。

「清河八郎」の項でも述べた通り、清河は最初は「将軍の護衛をする」という触れ込みで、幕府の了解の下に浪人を集め、浪士組を作った。この浪士組が上洛《じょうらく》した際、幕府から目付役（取締並《なみ》出役）として同行したのが、佐々木の「デビュー」だった。

清河は京に着いたとたん「倒幕派」に鞍替《くらが》えをする。佐々木は激怒したに違いない。しかし、ただちに斬り殺したりはしなかった。実際、この時、幕府がそういう行動に出ていたら大騒ぎになって収拾がつかなかったろう。

幕府は、朝廷の名をもって清河らを江戸へ呼び戻す措置を取った。幕府にも知恵者がいたのである。

そして、江戸という幕府の「お膝元《ひざもと》」に清河が入った時に、暗殺指令が下り、佐々木が実行役に指名された。

清河はそんなことは露知らず、あくまで幕府をだましおおせると信じていた。

そんなある夜、清河は道を歩いていた。

そこへ佐々木が現れた。もちろん殺しに来たのである。だがそのことに清河はまったく気が付かなかった。佐々木も気付かせなかった。かぶっていた笠《かさ》を取るために、いや取るためと見せて佐々木は紐《ひも》に手をやった。相手が笠を取るなら、こちらも取るのが礼儀である。だが、それは佐々木のだましの手だった。紐をほどくというところに清河の意識が集中した瞬間、佐々木はその隙を逃さず斬りつけた。清河とて北辰《ほくしん》一刀流の達人だが、一合もむくいることなく、その場に倒された。作戦と、殺気をまったく感じさせなかった佐々木の技量が、清河の腕を上回ったのだ。これほどの男を放っておく手はない。幕府は見廻組を佐々木に任せた。

龍馬を斬る

龍馬を「斬った」のも佐々木である。正しくは暗殺部隊の指揮を取ったというところか。暗殺当時は新撰組の仕業だと思われていた。現場に残された鞘《さや》を「これは新撰組の原田左之助《さのすけ》のものだ」と伊東甲子太郎《かしたろう》が証言したことがある。だから、官軍が近藤勇《いさみ》を板橋で捕えた時、近藤は土佐藩の主張で斬首《ざんしゅ》という過酷な刑に処せられてしまった。しかし、明治後、実は見廻組の仕業だということが明らかになった。実行犯の一人今井信郎《のぶお》が告白したからである。

その証言によれば、刺客は佐々木以下七人の見廻組隊士で、二階に踏み込んだのが渡辺吉太郎、高橋安次郎、桂隼之助の三人だった。つまり直接手を下したのはこの三人ということだ。この三人は共に京都所司代付剣術師範大野応之助の門弟で、特に桂は所司代所属の与力でもあった。所司代は幕府創設の頃作られた組織だが、前にも述べたようにあまり役に立たなくなっていた。だからこそ京都守護職が設けられたわけだが、古い組織の中にも人材はいる。旗本「八万騎」が役に立たないので新撰組ができたわけだが、それに対して旗本（幕臣）が巻き返しに出たのが見廻組だ。となれば、その中に「京都守護職何するものぞ」と考える所司代系の人間が入っているのは当然といえよう。つまり、幕府の中にも京都守護職―新撰組という新興勢力と、京都所司代―見廻組という伝統勢力の対立があるのだ。しかし、その伝統勢力の中でも本当に幅をきかせているのは、佐々木のように生まれつきでない「旗本」である。これが「変革期」ということだろう。

龍馬が殺されたのは、彼等「伝統勢力」が龍馬を幕府にとって「害」があると考えたからだ。実際にはまったく逆で、龍馬はできるだけ同じ民族同士が争うことなしに新しい世の中を作るべきだと考えていたから、むしろ生かしておいた方が幕府にとって有益だった。それがわからなかったのが幕府という組織の「限界」であった。だが、龍馬が特に狙われる理由はあった。この前年、龍馬は京の寺田屋に泊まっている時、幕吏に襲われている。後に妻となる寺田屋お龍《りよう》が風呂《ふろ》から全裸で飛び出し急を告げたという、あの事件である。これは暗殺計画ではなく、伏見《ふしみ》奉行所による逮捕劇であったが、この時龍馬は高杉晋作《しんさく》から土産にもらったピストルで応戦し幕吏の一人を殺してしまったようなのだ。龍馬にしてみれば「正当防衛」であろう。しかし、「官の論理」で言えば「発砲して抵抗し役人を殺した逃亡犯人」である。こう断定してしまえば、「警察」が出す結論は今も昔も同じだろう。「見廻組の暗殺」とはそれだったと、私は考えている。その佐々木も鳥羽《とば》・伏見の戦いで銃弾を浴びて、その傷がもとで死ぬ。新撰組と同じく火器の差で敗れたのだ。もし生き残っていたら土方歳三《としぞう》と同じく洋装断髪に踏み切ったかどうか。それは永遠の謎である。

吉田松陰《しょういん》

二四歳で江戸に

吉田松陰と勝海舟は、共に佐久間象山《しょうざん》の薫陶を受けたから、二人は「相弟子《あい》」とも言える。しかし、その後の生き方はまるで違う。一体どうしてそうなったのか？

その謎を解く鍵《かぎ》は松陰の「別号」ともいうべき「二十一回猛士《もうし》」にある。つまり松陰は亡国の危機にある日本を救うため「二十一回」の「猛（過激な行動）」に出るというのである。なぜ「猛」なのかといえば、それは「現状維持」「問題の先送り」で真の改革から目をそらしている人々を覚醒《かくせい》させるためであった。では、なぜ「二十一」なのかは、実家の姓「杉」が「十と八（これで木）と三」に分解できるから足して「二十一」になるという説がある。要するに「二十一」というのは「数多く」ということでいいと思う。

後から振り返ってみれば最初の「猛」は長州藩からの脱藩であった。少し後の坂本龍馬《りょうま》の頃には脱藩など大した罪には問われなくなったが（それでも犯罪）、松陰の頃は家がとりつぶされ親戚《しんせき》にも累が及ぶほどの大罪であった。滅多にやれることではない。そのきっかけもいかにも松陰らしい。藩きっての秀才で藩主のお気に入りだった松陰は、あるとき東北旅行を願い出た。誘ったのは親友の肥後浪士宮部鼎蔵《みやべていぞう》である。物見遊山ではない。ロシア船の脅威にさらされている現地を視察し、合わせて多くの学者や志士に会うための研修旅行である。藩主は許してくれた。あとは正式な許可証をもらうばかりだ。ところが急用で藩主が帰国してしまった。許可は降りているのだからと江戸藩邸に発行を求めたが、藩主の「ハンコ」が無ければダメだとどこかの国の官僚のようなことを言う。これで松陰はキレた。官僚制度のバカバカしさに対する怒りと、国のために働く親友との約束を守らねばならぬという心が、松陰を脱藩という過激な行動に走らせたのである。

長州藩毛利家の家風の中の美点は、若者の過激な行動に対して寛容なところだった。他藩ならもっと厳しく罰せられるところだったが、藩籍の剝奪《はくだつ》だけで済んだ。つまりここで松陰は正式には浪人となったのである。だが藩主もあくまで寛大だった。松陰に「一〇年間の遊学」の許可を与えたのである。「一〇年後には戻って来い」ということだ。この時、松陰二四歳。喜び勇んで江戸に向かった彼を待っていたのは、黒船の来航であった。

黒船の来航自体は松陰にとっては驚きでも何でもなかった。師佐久間象山が明確に予測していたからである。腹立たしいのは、この「予測された事態」に対する幕府の無能さだった。象山が何度も警告していた時は完全に無視したくせに、いざ眼前に外国戦艦が現れると、まるで天地が引っくりかえったようなあわてぶりである。

こうなったらやることは一つしかない。象山の教え通り外国へ「留学」し、「敵に学ぶ」ことだ。しかし、海外渡航は死罪に処せられる。だが、「猛」はなされるべきである。

已《や》むに已まれぬ大和魂《やまとだましい》

黒船は一年後の再訪を約して日本を去った。

幕府は最終回答を「とにかく一年後にしてくれ」と先送りしたのである。その一年間、有効な対策が何も練られなかったのは、不平等条約が結ばれたことを見ても明らかである。幕府というのはそういう「政府」だったのだ。

松陰が危機感を抱くのも当然である。

一年後、再びやってきた黒船に、松陰は友人の金子重輔《しげすけ》と共に小舟で乗りつけた。しかし、幕府と条約を結んだばかりのアメリカは関係悪化を恐れ密航を拒否した。二人はボートで海岸まで送ってもらったが、不幸なことに乗りつけた小舟の方は海に流されてしまっていた。そこには象山から贈られた送別の詩など、密航の証拠になるものが入っている。松陰は自首して出た。こそこそ隠れるよりも自分のした事を堂々と世に問おうという心づもりであったろう。

これ以後、松陰は公式には「罪人」となる。長州に護送され、行動の自由はなくなった。だからこそ勝海舟のように「藩」を越えた活動ができなかった。しかし長州藩はあくまで寛容であった。最初の二年間は獄につながれたがその後松陰が私塾を開くことを許した。松下村塾《しょうかそんじゅく》である。私は萩で復元されたこの塾を見学したことがある。おそらくどんな人でも驚くだろう「こんなに小さいのか！」と。納屋を改造したほんの二間ばかりの塾である。しかし、ここから高杉晋作《しんさく》、井上馨《かおる》、山県有朋《やまがたありとも》、伊藤博文《ひろぶみ》、前原一誠《いっせい》といった明治維新をなしとげた人々が輩出した。その教育とは、学問以前に人物を作ることであった。松陰は天成の教育者である。その「猛」も世の中の人間を覚醒させるという「大きな教育」のために発せられたのだ。勝海舟も学校を作った。それは外国に対抗するための技術を教える学校であった。松陰の学校は技術よりも志を教える学校であった。その教育期間は最も長く数えてもわずか一年余りである。

その期間に、あれだけの人材が育ったのだから大したものだ。だが、松陰の運命は暗転する。大老井伊《いい》直弼《なおすけ》が就任し、勤皇派への大弾圧が始まったのだ。井伊も「開国」を決断し、松陰も「留学」を志したのだから、この点については意見の相違はない。それなのに井伊が松陰を罰したのは「お上の御政道に口を出すばかりか、将軍家に対して反逆の意志を持っている」という判断である。これは井伊の誤解ではない。松陰は倒幕の志を抱いていた。そして取り調べのため江戸に召喚された時、役人の前でそのことを堂々と主張した。またしても「猛」を発揮したのである。

当然、幕府は松陰を斬首《ざんしゅ》の刑に処した。辞世「身はたとひ武蔵《むさし》の野辺《のべ》に朽《くち》るとも　とどめおかまし大和魂」は有名だが、私はもう一つの歌「かくすればかくなるものと知りながら已むに已まれぬ大和魂」の方が、松陰の生涯をよく象徴していると思う。享年三〇、今の数え方ならわずか二九歳である。その「猛」は、一番弟子の高杉晋作に受け継がれることになる。

高杉晋作《しんさく》

上海で「大攘夷《じょうい》」に目覚める

「動けば雷電《らいでん》の如く、発すれば風雨《ふうう》の如し」

松下村塾《しょうかそんじゅく》以来、弟分として仕えた後の総理大臣伊藤博文《ひろぶみ》が、「アニキ」の晋作を評した言葉である。

師吉田松陰《しょういん》は、晩年を「罪人」として過ごしたため行動の自由がなかったが、高杉は違う。彼は「羽の生えた猛士」である。

その師松陰の罪が取り消されることになった。井伊《いい》大老が暗殺され幕府が「安政の大獄」の誤りを認め、朝廷が勅許（天皇の許可）をもって彼等憂国の士の名誉を回復したのである。

高杉は勇躍江戸に乗り込み、当時の「罪人墓地」であった回向院《えこういん》の墓から師の遺骨を掘り出し、改葬のため郊外の若林村（現世田谷区若林、松陰神社がある）へ向かった。途中に川があり橋がかかっていた。橋の上は三つにしきられ、中央は「お留橋《とめばし》」といった。将軍以外は渡ってはならぬ神聖な橋だ。

だが、晋作は師の棺桶《かんおけ》を背負った小者に、中央の橋を渡るように命じた。仰天したのは随行していた伊藤である。そんなことをすればどんなお咎《とが》めがあるかわからない。だが高杉は言い出したらきかない男だ。同門の吉田稔麿《としまろ》は高杉を「放れ牛」つまり「暴れ馬」にたとえたことがある。仕方がない。伊藤は高杉の言う通り馬に乗ったまま「お留橋」に入った。はたして監視の役人が血相を変えて飛んできた。「控えよ、お留橋であるぞ」と叫ぶ番人に、高杉は逆に怒鳴りつけた。「勅命によって吉田松陰先生の御遺骸《いがい》を運ぶのだ。文句があるか」

罪を許したのは勅命に違いないが、お留橋を渡れなどという勅命はない。だが高杉は堂々と名乗りを上げ強引に押し渡ってしまった。無惨にも処刑された松陰の「復讐《ふくしゅう》」をなしとげ、幕府の権威を失墜させたのである。

この時代の人物が一流であるか二流であるか見分ける目安の一つに「攘夷」がある。その人物の信条がただ闇雲にガイジンを叩《たた》き斬るという「小攘夷」か、それとも「敵に学ぶ」つまり開国を視野に入れた「大攘夷」か、ということである。言うまでもなく攘夷の本来の目的は「外国の干渉を排除し日本の独立を守る」ということであるから、外国の優れた技術を学ばねばどうしようもない。松陰もアメリカへ留学しようとしたくらいだから一流の志士である。ところが高杉はその師の薫陶を受けながら初めは狭量な攘夷論者であった。その考えが変わったのは、友人桂小五郎の勧めで実際に上海に行き現地で二、三ヵ月ほど滞在した時である。欧米列強の文明の力を痛感したこの時から彼は松陰流の「敵に学ぶ」態度に転じる。また伊藤も初めは「小攘夷」論者であったが、師の夢を果たす形でイギリスへ留学して「大攘夷」つまり攘夷の精神をもって開国する必要性を悟るようになる。ところが、藩全体はそうではなかった。無謀にも関門海峡を通過する外国船に無差別攻撃をかけた。彼等は当然怒って四ヵ国連合を組み下関に向かった。馬関《ばかん》（下関）戦争の勃発《ぼっぱつ》である。

豪快な「放れ牛」

英、米、仏、蘭（オランダ）の四ヵ国連合艦隊は合計一七隻、イギリス海軍のキューパー提督が総司令官であった。

長州は惨敗した。当然の、しかも予測できた結果である。しかし負けてみてようやく彼等は目が覚めた。「小攘夷」の不可能なことをである。

高杉はどうしていたか？　藩の方針と対立し脱藩したため獄につながれていたが、藩はこんなとき頼りになるのは高杉しかいないと、臨時に「家老」の身分を与えてイギリスとの和平交渉に送り出した。イギリスは戦勝国を代表して長州に賠償金の支払いと、彦島（関門海峡の入口にある小島）を租借させよと強引にせまった。だが高杉は決して屈しない。

賠償金問題は幕府の責任と言い逃れ、彦島租借については粘りに粘って、ついにイギリスにその要求を撤回させた。この時、高杉の奮闘がなければ彦島は日本の「香港」になっていたのである。

高杉は伊藤とは違って上士（上級武士）の出身である。しかし実際に様々な敵と戦って痛感したのは長年高禄《こうろく》を食《は》んで来た上士に頼りになるのはあまりいないという事実であった。ここのところ「旗本八万騎」が役に立たなくなっていた幕府と、皮肉なことに事情は同じで、高杉はこの現状を打開するために、百姓、町人でも志のある者は参加を許すという「長州の新撰組《しんせんぐみ》」奇兵隊を作り上げた。ちなみに奇兵隊開闢《かいびゃく》総督というのが、彼が最も好んだ肩書きであった。

だが情勢は急変する。幕府の長州征伐に屈した人々は恭順派を作り、高杉ら倒幕派を弾圧した。高杉が九州に逃れると、恭順派は藩を掌握し、藩主父子も事実上の軟禁状態に追い込んだ。

高杉は決起した。下関に戻り伊藤らと共に奇兵隊など諸隊にクーデターを呼びかけ、たまたま長州に亡命していた三条実美《さねとみ》（のち最後の太政大臣）に「これから長州男児の肝っ玉をお目にかける」と豪語し、わずか八十余名で兵を挙げた。敵は数千である。しかし数千といっても、その大半は恭順派のやり方に不満を持っていた。だから恭順派の幹部さえ倒してしまえばクーデターは成功するというのが、高杉の読みだったのである。その計画は図に当たった。激しい戦闘の末、恭順派を倒した高杉は藩主父子の軟禁を解き、藩を倒幕の方向へ団結させたのである。

「放れ牛」高杉は「遊び」の面でも豪快であった。藩の公金数千両を遊郭で一夜にして使ってしまったこともある。こうした公私共に「猛」な生活は体をむしばんだのか、とうとう結核を患った。

当時、結核は有効な治療法のない「死病」であった。明治維新の前年慶応三年（一八六七）、坂本龍馬の死の七カ月前、晋作は下関で病死した。享年二九。師の松陰よりも一年短い生涯だった。

桂小五郎

敵でも斬らない剣の達人

後の木戸孝允《たかよし》。長州藩士で高杉晋作《しんさく》よりは六歳年上で、共に上士（上級武士）の出身であった。吉田松陰《しょういん》の松下村塾《しょうかそんじゅく》出身者は軽輩の武士がほとんどだが、桂と高杉は別格で、上士でありながら「罪人の主宰する私塾」に参加した。つまり桂は全塾生の兄貴分的な存在であった。

後に江戸に自費留学し、江戸三大道場の一つとされる斎藤弥九郎《やくろう》の練兵館で塾頭をつとめた。剣の達人となったということだ。他流試合の経験も豊富で負けたことはなかったというから、おそらく維新の志士の中でも、一、二を争う腕前であったことは間違いない。

にもかかわらず桂は、たとえ敵でも決して斬ろうとはしなかった。斬るよりは逃げることを選んだ。付いた渾名《あだな》が「逃げの小五郎」である。

幕末は狂気と流血の時代であった。

そしてその乱世を終わらせた志士たちは、維新前はほとんどが「犯罪者」として扱われていた。なぜなら「政府」とは幕府のことであり、「倒幕」とはその政府を転覆させることであるからだ。

「政府転覆を狙う輩《やから》」となれば現代の法律でも有罪である。だから彼等の置かれた立場は実に厳しいものであった。少しでも油断すれば逮捕されるし、逮捕されれば激しい拷問と処刑が待っている。あの「池田屋事件」の同志である桝屋《ますや》こと古高《ふるたか》俊太郎は、新撰組《しんせんぐみ》の土《ひじ》方歳三《かたとしぞう》の拷問を受け、京都焼き討ち計画を自白させられた。そして六角獄につながれたが、皮肉にもその京都が本当に火事になった時、通常ならお解き放ち（戻ってくることを条件に一時釈放する）になるところを、無惨にも斬り殺されてしまった。そういうことがあるから坂本龍馬《りょうま》も寺田屋で奉行所の役人に包囲された時、ピストルを撃ちまくって抵抗したのである。相手も場合によっては殺すつもりでかかってくる。このような状況の中で、一人も殺さず脱出するのは極めて困難なことである。

だが、桂は殺すどころか傷付けることすら滅多にせずに、常に追及の手をかわしたのである。

もちろん、臆病《おくびょう》だったのではない。

文久三年（一八六三）八月一八日の政変で長州藩勢力が京から一掃された時も、その回復のために長州藩の過激派が巻き返しをはかった禁門の変の敗北後も、桂は一人京にとどまって長州の立場を主張し続けた。これがどんなに危険なことであったか。この「禁門

（蛤御門《はまぐりごもん》）の変」を今でこそ「変（変事）」というが、それは長州が最終的に勝者となったからである。その時点では、薩摩《さつま》、会津《あいづ》合同軍が守る御所へ、長州が攻撃を仕掛けたのだから、これは「乱（反乱）」であり、長州はその時点で「朝敵（天皇家の敵）」であり「賊軍」だ。長州人は発見次第殺してもかまわん、いや殺すべきだ、という空気の中で桂は唯一敢然と京に残ったのである。それが可能だったのは、一人の有力なサポーターがいたからに他ならない。芸妓《げいぎ》幾松《いくまつ》、後の松子夫人である。

「西郷、もう大抵にせんか！」

「朝敵（天皇家の敵）」として幕府からも他藩からも追われる身になった桂は、本来は長州藩京都留守居役《るすいやく》という重職にある身ながら、乞食《こじき》姿に身をやつして二条大橋の下の掘立小屋に潜伏していた。

この時、こっそりと握り飯を運んだのが、京都三本木の美人芸者幾松である。発見されればともに殺される状況の中で、二人の逢瀬《おうせ》は続いた。

この時はとうとう京にいられなくなり、但馬国出石《たじまのくにいずし》まで逃げてしばらく潜伏したが、坂本龍馬らの尽力で薩摩藩は次第に倒幕色を強め、ついに禁門の変では同盟を結んだ会津と手を切り、長州と手を握ることになった。この時、長州側の代表として薩摩との連合の交渉にあたったのが桂である。交渉は難航したが、ついに両者の歩み寄りで薩長連合が成立した。

　桂は義理堅い男でもあった。箱館五稜郭《はこだてごりようかく》で土方歳三と共に最後まで戦い死んだ中島三郎助《さぶろうすけ》という男がいる。もともとは浦賀奉行所の与力で特に軍艦のことに詳しかった。桂は藩から軍艦の研究をするように命じられ、途方に暮れて中島を訪ねたところ、中島は幕臣の身でありながら快く桂の入門を許し色々と教えてくれた。いわば「敵」に軍事機密を教えてくれたのである。それが日本のためになると信じての行動だった。

　桂はこれに生涯感謝し、中島の死を悼み遺族の面倒を見た。「もっと早く版籍奉還、廃藩置県が行われていたら」というのがその成立に力を尽くした桂の生涯の愚痴のタネだったという。「大政奉還」は将軍家が天皇家に政権を返すことだが、これでは将軍家も大名家も存続する。真の改革のためには各大名家が天皇家に土地と人民（版籍）を返すことだ。こうなれば、薩長も会津もない、すべて旧藩士であり日本国民となる。

　桂はこうした改革の先頭に立っていた。一刻も早く憲法を制定すべしと常々主張していたのも桂だった。維新後は木戸孝允と改め、恋人幾松を正妻に迎えたが、明治維新という「革命」を近隣のアジア諸国特に朝鮮に「輸出」しようとした西郷隆盛《たかもり》らの路線と対立するようになった。

　また四民平等社会を指向する木戸に対し、西郷は武士階級の存続を望んだ。これが西南戦争へと発展する。西郷軍が熊本城を包囲すると、木戸は病気（ガンだという）に冒されていたが最後の力をふりしぼって熊本城救援作戦を指揮し、見事に成功した。しかし、その心労もあってか病状は急速に悪化し昏睡《こんすい》状態となった。

その最期の言葉は「西郷、もう大抵にせんか！」だったという。そして西郷の死に先立つこと四ヵ月、明治一〇年（一八七七）五月二六日に死んだ。四五歳という若さであった。愛妻の幾松改め松子夫人は即日髪を下ろして仏門に入り、木戸の菩提《ぼだい》をとむらった。そして九年後、四四歳で後を追うように病死した。

島津斉彬《なりあきら》

進取の気性で開国唱える

幕末の薩摩《さつま》藩主で諸大名の中で最も英明と評判の高かった人物である。

薩摩というのは不思議な国で、海に面している土地柄か極めて開明的な進取の気性がある一方で、徹底的な男尊女卑を貫くような保守的なところもある。

斉彬は「進取」の代表者のような人物で、その気質は曾祖父《そうそふ》の重豪《しげひで》から受け継いだものであった。そしてこのことはプラスであると同時に大きなマイナスも彼に与えた。

プラス面は、世界に向かって大きく目が開かれたことである。再三述べているように、この時代の一流の人物は狭量な「小攘夷《じょうい》」ではなく、開国して富国強兵につとめる「大攘夷」こそ日本を救う道と考えていた。

だが初めからそう信じ、一貫して行動した人間となると、数えるほどしかいない。そして斉彬は、一四歳年下の勝海舟などよりずっと早く、この国をいわゆる「明治維新」の方向へ持っていくべきだと信じ、活動していた。

ところが、斉彬は藩主の嫡男に生まれながら、なかなか藩主になることができなかった。それは、父斉興《なりおき》に嫌われていたからなのである。

では、なぜ斉興は実の息子斉彬を嫌ったのか？

斉興にとっては祖父である重豪は、薩摩に様々な近代的事物をもたらした。ところがそうしたものは洋書一冊だけでも多額の金がかかる。そこは「殿様」で後先のことを考えずに資金をつぎ込んだために、薩摩藩の財政が一気に破綻《はたん》してしまったのである。

一番ひどい時は五〇〇万両の借金があったという。薩摩は七七万石ではあるが、仮に「一石＝一両」とすると、年間収入七七万両の国が五〇〇万両の借金を負っている計算になる。もちろん七七万両は参勤交代などの諸経費、あるいは藩士の禄米《ろくまい》（人件費）にも使われるから、借金の返済にあてられる金は収入の一割もない。仮に五万両返済できたとしても、五〇〇万両の借金に比べればまさに「焼石に水」だ。

ところが、斉彬の父斉興はこの状態から藩の財政を見事に建て直し、黒字に転換させたのである。これはおそらく江戸時代の大名家の中で最も見事な財政再建である。その秘訣《ひけつ》は通常の歳出削減および物産の専売化などの他に、薩摩が事実上「植民地」にしていた琉球《りゅうきゅう》（沖縄）を仲介とした密貿易の実施にあった。そして斉興の右腕となってこれを指揮したのが元茶坊主の経済官僚「笑左衛門《しょうざえもん》」こと調所広郷《ずしょひろさと》である。

しかし、ようやく財政再建なって一息ついたのも束《つか》の間《ま》、子の斉彬が祖父と同じことを始めた。斉興は怒った。

正確に言えば「同じ」ではない。重豪のはただの「趣味」だったが、斉彬が洋学に励み藩の近代化に乗り出したのは、藩を改革し日本を変えるためである。ところが「西洋化＝浪費」としか見えない斉興には、そのことがまったく理解できなかったのだ。

次々と改革路線を実行

斉彬には久光《ひさみつ》という弟がいた。大の西洋嫌いで母はお由羅《ゆら》という斉興の愛妾《あいしょう》であった。主君が兄弟のうちどちらを気に入っているか、ということは必ず家中に伝わる。そうすると、その「お気に入り」に迎合し出世しようなどという連中が必ず出てくる。いわゆる「御家騒動」である。

真相は未だによくわからないが、少なくともこの時に斉彬の子女が次々に若死にし、それを「お由羅派」の仕業と信じた忠義の士が、お由羅や久光を暗殺しようとして失敗し処刑されたことは事実である。

斉彬の英明さを買っていた老中阿部正弘《あべまさひろ》はこの混乱を逆手にとって、ようやく斉興を引退に追い込み、斉彬を藩主とした。斉彬は水を得た魚のように、次々と改革路線を実行した。造船、製鉄を開始し、洋式の軍隊調練を行い、火薬、大砲、小銃などの兵器だけでなく、外貨をかせぐためガラス製品、陶磁器まで生産した。現在でも鹿児島名産の「薩摩切《きり》子《こ》（ガラス器）」はこの時開発されたものである。これら一連の施設は「集成館」と呼ばれたが日本初の近代工場群といっていいだろう。明治維新のスローガンであった「富国強兵、殖産興業」は斉彬によって、一足早く薩摩藩内で実現したのである。

また、斉彬は人材を見抜く目も一流であった。下級武士に過ぎない西郷隆盛《たかもり》を藩の要職に抜擢《ばってき》したのも、その西郷を勝海舟に引き合わせたのも斉彬であった。後の江戸城無血開城は、薩摩藩主が斉彬でなければ有り得なかったかもしれない。

中央政界に登場した斉彬の前に立ちはだかったのは、大老井伊直弼《いいなおすけ》であった。優秀な一《ひとつ》橋《ばし》慶喜《よしのぶ》を将軍に推した斉彬や越前藩主松平春嶽《しゅんがく》に対し、大老井伊は紀州の徳川慶福《よしとみ》（後の一四代将軍家茂《いえもち》）を強引に将軍に決定し、一橋派への弾圧を策した。

危機感を抱いた斉彬は、日本改革のクーデター実行を決意し、最も信頼できる部下西郷を京に派遣し受け入れ体制を整えさせ、自らは集成館で製造したライフルで武装した精兵三〇〇〇を率いて上洛《じょうらく》を企てたのである。真夏の盛り、上洛のための総合演習を実施していた斉彬は突然倒れ、わずか一週間ほどでこの世を去った。享年五〇。

その突然の死は毒殺であるという観測が昔からある。それも幕府ではなく身内によるものだというのである。確かにこの当時まで生きていた斉興にとって、あるいは西洋文明の優れた点がまったく理解できない久光にとって、斉彬の行動はまったくの「愚挙」としか見えなかったのだろう。身内に理解されなかったこと、これが斉彬の最大の悲劇かもしれない。そして薩摩藩の実権は「大の西洋嫌い」久光に移ることになる。

西郷隆盛《たかもり》

大きく叩《たた》けば大きく鳴る人

維新の志士の中で誰が「第一等」かということについて、私は勝海舟を推した。

それは勝が「日本をいかに変えるべきか」という問題について常に一貫して先を見通した行動に終始しているからである。つまり、その一貫性、先見性の故《ゆえ》なのだが、人間というものの価値はそれだけではない。人格、人望というものもある。

そして、人望という点から見るならば、西郷隆盛が志士の中で最高だろう。この点では勝海舟も西郷の足元にも及ばない。

その勝が西郷を評して「高士《こうし》」と言っている。「無欲で人格高潔な人」という意味だ。

勝があまりに西郷を褒めるので、一番弟子の坂本龍馬《りょうま》は紹介状を書いてもらって西郷に会いに行ったことがある。これが二人の初対面だったのだが、帰ってきた龍馬に勝が「どうだった？」と聞くと、龍馬はこう答えたという。

「わからん男だ。小さく叩けば小さく鳴り、大きく叩けば大きく鳴る。もし馬鹿なら大馬鹿、利口なら大利口でしょう」

まさに西郷という人物を見事に言い当てた名評である。

西郷は単なる「いい人」ではない。幕府を倒すことが日本にとって必要だと信じたら、そのために恐るべき大陰謀もたくらむし、逆に弱者に対する大いなる愛情もある。まことに深い海のような大きい人物なのである。

その西郷が自殺を決意したことがある。

自殺といっても、正確に言えば殉死である。自分を引き立ててくれた生涯の恩人であり、主君でもある島津斉彬《なりあきら》の訃《ふ》報《ほう》を受け取り、愕然《がくぜん》とした西郷の脳裡《のうり》に浮かんだのは、まずそのことであった。

しかし、このことはすぐに思い直した。むしろ生き残って主君の志を継ぐこと、つまり日本を欧米列強に負けない国家にすることこそ、本当にやるべきことだと気が付いたのだ。

ところが、その最大の障害は「島津斉彬」の項でも述べたように、藩の実力者となった久《ひさ》光《みつ》(藩主の座は久光の実子忠義《ただよし》が継ぎ、久光はその後見人として実権を握った)であった。久光は、大老井伊直弼《いいなおすけ》の専横を阻止しようとした斉彬に比べて、極めて妥協的だった。直弼が反対派を次々に弾圧し始めると、対立していた京の近衛《このえ》家は勤皇僧月照《げっしょう》の身柄を西郷に預けた。薩摩《さつま》でかくまってくれ、ということだ。ところが藩の方針は一変し、月照をかくまうどころか藩外へ追放し、国境を出たところで斬り殺す、ということに決した。西郷は月照の身の上に対する同情と、近衛家に対しての責任感、そして使命を全うできなかった謝罪の気持ちからついに月照と抱き合うようにして、護送船の上から海中に身を投じた。もちろん、逃げるつもりなどない。死ぬつもりだった。そして月照は死んだが、西郷は息を吹き返した。だが藩は西郷を「死人」として島流しにすることに決定した。

新しい国家建設のため「倒幕」選ぶ

西郷は生涯において二度も藩によって島流しにされている。藩主の実父島津久光の仕業である。西郷は、極端な保守家で兄の斉彬には足元にも及ばない久光を嫌い抜いていたし、久光は久光で西郷が大嫌いだった。西郷は、久光などろくな人物ではない（実際そうなのだが）という態度を露骨に示すからである。初めの流罪はともかく二度目の流罪は、ずっと吹きっさらしの牢《ろう》に閉じ込めておくというもので、まさに「早く死ね」と言わんばかりのものだったが、西郷は耐えた。そして久光の行列を馬で横切った外国人が、薩摩藩士に斬り殺されるという生麦《なまむぎ》事件を経て、薩摩とイギリスが戦争（薩英戦争）となり、久光の「小攘夷《じょうい》」路線が黒船の大砲で吹き飛ばされると、西郷の出番が回ってきた。久光はあくまで反対だったが藩内をあげての復帰要請に抗し切れなくなったのである。

復帰した西郷は、それまで公武合体つまり幕府寄りの姿勢をとっていた薩摩藩を武力倒幕への方向へと大きく転換させた。

坂本龍馬の仲介で、長州と薩長同盟は結んだが、大政奉還（無血革命）路線には必ずしも同意せず、むしろ朝廷工作をして倒幕の密勅（天皇の秘密指令）を受けた。天皇の命令とはいっても、この時点で明治天皇はまだ少年の身だったから、これはあくまで薩長の意向を受けてのものである。

ではなぜ「高士」西郷が倒幕という過激な道を選択したのか？

それは、大政奉還は内戦を防ぐという点では大変結構なのだが、徳川家の勢力温存につながり、新しい国家建設の障害になるという恐れが出て来たからなのである。

将軍徳川慶喜《よしのぶ》を排除し徳川勢力を叩きつぶさねば、新しい世の中は実現できない。西郷はそう考えていたし、結果的にはそれが正しかった。そこで倒幕派は大政奉還の直後、慶応三年（一八六七）の小御所《こごしょ》会議において慶喜に辞官納地すなわち将軍職を辞め領地も朝廷に返上させようとした。これに対して、それでは大政を奉還した慶喜に対して過酷だと断固反対したのが土佐藩主山内容堂《やまうちようどう》である。容堂の反対に議論は一度幕府有利に流れようとした。会議で倒幕論を主張していた公家《くげ》の岩倉具視《ともみ》は困り果て、休憩時間に西郷に相談した。西郷はあのギョロリとした眼を光らせて言った。「短刀一本あれば充分でしょう」と。あくまで容堂が自説をひっこめないなら刺し殺せばいい、ということだ。この言葉に岩倉も決死の覚悟を定め、その思いは容堂にも伝わり、会議は倒幕論を採択した。ここにおいて明治維新の大改革路線は成立した。西郷の決意がなければ、明治維新は徳川慶喜を「大名会議」の議長とした、廃藩置県も四民平等もない中途半端なもので終わっていたかもしれない。その西郷がなぜ西南戦争で「賊軍」の首魁《しゅかい》となったのかは、とても書き切れない。いずれ機会があったら記すことにしよう。

大久保利通《としみち》

出世のためにはおべっかも

ゴルフが好きでもないのに、上司がゴルフ好きだということで、わざわざ習う人がいる。こうした人間を尊敬するか、しないか、と問えば大方の人間は「尊敬しない」と答えるだろう。

だが、大久保が世に出るにあたって、したのはまずそのことだった。名君島津斉彬《なりあきら》の死後、薩摩《さつま》藩の実権を握った久光《ひさみつ》の趣味は囲碁であった。そこで大久保は久光の碁の師匠である寺の住職に教えを乞《こ》い、毎日三里（約一二キロメートル）の道を通った。その熱心さに、住職は碁の相手として大久保を久光に推薦した。大久保はこうして久光に気に入られ、側近として重用されるようになった。

こうした大久保の生き方を人々は軽蔑《けいべつ》した。実は大久保の父次右衛門は遠島の刑に処せられたことがあった。それは兄の斉彬をさしおいて弟の久光に家督を継がせようとする動きに反対し、いわば「正義」のために動いたのに、久光派に陥れられたからである。それなのに、その息子の利通（当時はまだ一蔵《いちぞう》と呼ばれていた）は、久光におべっかを使って出世しようとしている。「父の名を汚すとんでもない奴だ」ということである。

　しかし、大久保の「おべっか」には目的があった。

　そもそも西郷隆盛《たかもり》と大久保は幼なじみで親友同士であった。西郷の方が三つ年上だが、奇《く》しくも同じ町内の生まれで（司馬遼太郎はこんな偉人同士が御近所の生まれとは維新史上の奇跡だと言っている）、「吉之助《きちのすけ》、一蔵」と呼び合って育った。ただ親友同士にありがちなことだが、性格は正反対であった。あくまで純粋に理想を追求する西郷に対し、大久保は現実主義者であった。その二人の性格の相違が最も端的に表れたのが、この久光への接し方だ。

　西郷は純粋である。ということは、しばしば「計算」を忘れる。久光は器量の点において斉彬の足元にも及ばないのは事実だ。だがそれを「正直」に態度に出してしまえば嫌われるのも当然だ。その結果が二回の島流しである。

　一方、大久保はこう考えた。好き嫌いは別にして現在藩の実権を握っているのは久光である。久光を動かさないことには藩は動かない。藩を動かさなければ新しい日本を作ることなど夢の夢だ。確かに久光は斉彬に比べれば数段劣る人物だが、それを口にしたところで斉彬が生きて帰ってくるわけでもない。だから、とにかく久光のふところに飛び込むことが一番大切だ。そのためにはあらゆる機会を利用する――これが大久保の「おべっか」

の目的であった。

西郷が島流しにされた時薩摩の中枢にあり、この復帰を常に実現させたのも大久保である。しかし大久保だけでは現実と妥協することも多く、ドラスティックな改革は進まない。それは西郷の仕事だ。この点で二人はまさに双方の欠点を補い合う名コンビといえよう。

官僚制度の基礎つくる

大久保が島津久光に取り入ったのは、あくまで日本改革のためであって、出世は眼中にない。したがって大久保は、維新の業が煮詰ってくると、久光が最も嫌っていたこと、廃藩置県を断行した。

久光は頑迷な保守主義者であり、維新後は四民平等、男女共学、洋装断髪などすべての改革がケシカランと、政府に意見書を提出したほどの「反動」であった。特に、廃藩置県が気に入らなかったのは、これが実施されると久光と大久保の間は「主従」でなくなり、同じ「日本国民」となってしまうからだ。

しかし、大久保は自らも洋装断髪に踏み切り、封建領主の既得権を次々と廃止した。久光の怒りも気にならなかった。もともと大久保も久光は「ダメ」とわかっていたが、藩の実権を握っていたので、あえて「猫」をかぶっていたのだ。実権を失った久光に「忠節」を尽くす気など、まるで無かった。この点では西郷と同じ気持ちだったのである。

その大久保と西郷の運命を分けたのが、明治初期に行われた岩倉具視《ともみ》を団長とする欧米視察だった。後に維新の三傑と呼ばれた「西郷、大久保、木戸」のうち、西郷だけがこれに参加せず、留守を守る形となった。

その間に、征韓論《せいかんろん》問題が起こった。征韓論は国内士族の不満を朝鮮半島への侵攻によってそらすことが主目的などと、かつては定義付けられていたが、私は日本の明治維新を朝鮮半島や中国にも「輸出」するのが、西郷の真意であったと考えている。しかし、帰国した大久保らは一致して反対した。どんな目的にせよ今は外征などやっている場合ではない。憲法を制定し国家を整備すること、すなわち内治優先こそ正しい路線だという姿勢である。そして、大久保はそうした体制を築き上げるには、まず優れた官僚制度を作って、国を発展させることが肝要だと考えた。

現在の官僚制度も、基本は大久保の考えたものの延長線上にある。とにかく日本は、会社もない大学もない工場すら数えるほどしかないという状態だったのだ。だからこそ一般の中からエリートを選出し、そのエリート（＝官僚）が絶大な権力をもってすべてを仕切るということが必要だったのだ。「天下《あまくだ》り」というシステムも、こういう「ないない尽くし」の世界では極めて有効な人材活用法である。もちろん、今の日本ほど民間活力がある社会では、こんなシステムはかえって有害だが、開発途上国であった日本が素早く先進国に追いつくためには、これしかなかったことも事実である。ところが西郷にはそれがわからなかった。あるいは「永久革命家」として、わかろうとしなかったのかもしれない。西郷は不平士族にかつがれて、西南戦争を起こし「賊軍」として死んだ。一方、大久保は「征韓論を利用して西郷を追放した悪人」として、不平士族の残党に東京紀尾井《きおい》坂で暗殺された。維新の三傑はわずか一年の間に相次いでこの世から姿を消したのである。

山内容堂《やまうちようどう》

日本改革のため、身分にとらわれず人材登用

土佐藩第一五代藩主、本名は豊信《とよしげ》で容堂は号である。初め「忍堂《にんどう》」と号していたが、幕末の水戸《みと》学の大家藤田東湖《とうこ》に、「人の上に立つ者は忍ぶことより、衆を容《い》るる（人材を活用する）ことこそ大切だ」と批判され、「容堂」と改めた。島津斉彬《なりあきら》、松平春嶽《しゅんがく》、伊達《だて》宗城《むねなり》らとともに幕末の四賢侯という。

若い頃は酒好きの不良少年であったが、本家に人が絶え、分家から本家に入って藩主となると人が変わったように学問に励んだ。ただし、酒好きは生涯変わらず外出する時も酒を入れた瓢簞《ひょうたん》を必ず持っていたという。

「賢侯」とは「名君」の意味だが、では「名君」と「賢侯」とはどこが違うのか？

これが江戸中期以前なら、米沢《よねざわ》藩の上杉鷹山《ようざん》のように、藩の財政再建を成し遂げた藩主こそそれであろう。しかし、この時代は違う。今後の日本はどうあるべきかを真剣に考え、

それに合わせて藩政をいかに改革したかが物差しになる。だから「名君」とは言わず「賢侯」と呼んだのだろう。

容堂と藤田東湖が初めて会った日、当然酒を飲みながらの国政談義が始まったが、容堂の「今の大名はどうすべきか？」との問いに対し、東湖は「御謀反《ごむほん》が上策に候」と直言した。周囲の人々は真っ青になったが、容堂は苦笑し特に咎《とが》めなかった。

こんなことを江戸中期に言ったら、まず切腹ものである。幕府の疑惑を避けるため、藩主自身に手討ちにされていたかもしれない。だが、東湖の真意は、日本改革のためには幕府と衝突することも止むを得ないということであり、容堂もそれがわかったからこそ咎めなかったのだ。

容堂の改革は、まず身分にとらわれない人材登用から始まった。

そのやり方がいかにも容堂らしい。

黒船来航の時、ペリーの持ってきたアメリカの国書が日本語に訳され、土佐藩にも回ってきた。そこで容堂は、家老たちにそれを見せて、意見を出せと命じた。ところが、家老たちは意見どころか、その文書をまともに読むことすらできなかった。「坂本龍馬《りょうま》」の項でも述べたように、土佐藩には厳しい身分差別がある。武士（山内家の家来）と郷士《ごうし》（長《ちょう》曾我部《そかべ》家の遺臣）との対立である。一歩、藩の外に出れば郷士も「土佐藩士」として統制の対象になるのに、藩内では一切高い役目につかせず道端で会えば土下座させる、それが土佐藩山内家の関ヶ原以来の「政治」であった。そして武士つまり家禄《かろく》をもらっている正式な土佐藩士の間でも、関ヶ原以前の身分に基く厳重な序列があった。だが、容堂はこの時、この国書を理解し立派な意見書を提出してきた馬廻《うままわり》クラスの武士を、多くの家老をさしおいて、藩の参政（筆頭家老）に任じた。吉田東洋というのが、その男の名である。

無血革命を建白

幕末は、幕府でも長州でも土佐でも、先祖代々高禄を貰《もら》い続けていた高級武士（上士）は、ほとんど物の役には立たなかった。容堂が抜擢《ばってき》した吉田東洋も、元長曾我部家臣の家柄で上士とはいえ、江戸中期だったら絶対に首席の家老にはなれなかった。

東洋は藩政改革に多大の功績を上げた。詳しくは「吉田東洋」の項で記すが、その東洋は藩内の反対派によって暗殺されてしまう。暗殺したのは、武市《たけち》半平太をリーダーとする土佐勤皇党であった。勤皇党がなぜ東洋を暗殺したかといえば、その急進的な倒幕論を東洋がしりぞけたからである。

では、なぜしりぞけたかというと、そこには容堂の意図が強く込められていた。

土佐藩山内家はもともと外様《とざま》大名ながら徳川家の高恩をこうむった家柄である。関ヶ原の直前に行われた小山《おやま》（栃木県）の軍議で藩祖山内一豊《かずとよ》は去就に迷う多くの大名の中で、真っ先に家康に味方すると手を挙げた。この「功」が買われて一豊は六万石から二四万石の主へと大出世を遂げたのである。それもこれも家康が「一豊の功は戦場での軍功にまさる」と評価してくれたおかげである。そうした先祖の恩の他に、容堂自身も幕府に、分家の当主から本家の当主になることを認めてもらったという恩をこうむっている。

容堂も「賢侯」と呼ばれるほどだから、日本がこのままの体制であってはいけないということは、よくわかっていた。しかし「二重の恩」をこうむった幕府に反逆することはできない。そこで容堂は常に公武合体を政治目標としていた。

逆に言えば、武市ら勤皇党の動きは容堂にとっては過激でありすぎ、決して認められないものだったということだ。

坂本龍馬も初めは武市の影響を受けて、勤皇党の一員として動いていた。しかし勝海舟に師事することによって、むしろ平和裡《り》に日本を改造することを目指すようになった。つまり、この点で容堂の路線と龍馬の路線ははからずも一致したのである。

大政奉還という「無血革命」のアイデアは、勝が龍馬に示唆し、龍馬がそれを具体的な提言の形で後藤象二郎に示し、後藤がこれを容堂に伝えるという形で正式な建白書となった。将軍慶喜《よしのぶ》にこれを建白したのは容堂である。

慶喜は容堂の建白をすぐに受け入れ大政奉還を実行した。しかし、薩摩《さつま》・長州はあくまで武力倒幕を目指し、慶喜に対し「辞官納地」つまり「将軍を辞め領地も返上せよ」という過激な要求を突きつけようとした。その是非を問う小御所《こごしょ》会議で最後までそれに反対したのも容堂だ。しかし、時代の流れは「それはあまりに過酷」という容堂の「正論」を押し流した。そして、そのことによって新生日本の改革はよりドラスティックに進んだ。まさに歴史の皮肉だが、変革期には時々こういうことがある。

吉田東洋

忘れられた財政改革の功労者

歴史の変革期には犠牲者が必ず出る。

変革期というのは、変えようとする力と変えまいとする力がぶつかり合う時だからだ。

ただ問題は、単に殺されるだけでなく、その業績まで否定されてしまうような人々も必ず出るということだ。言わば「歴史上の犠牲者」である。そういう人は往々にして、その名すら忘れられていることが多い。

読者でも、幕末の土佐出身の偉人の中で、坂本龍馬《りょうま》、山内容堂《やまうちようどう》、後藤象二郎《しょうじろう》の名は知っているが、吉田東洋は知らないという人の方が多かろう。ひょっとしたら武市《たけち》半平太の土佐勤皇党が暗殺した相手として、その名を記憶している人はいるかもしれない。だが、それでは東洋は時代の流れに抵抗した「反動」でしかないことになる。

事実はまったく違う。

土佐藩が幕末における雄藩（特に優れた藩）でありえたのは、一に東洋の藩政改革（財政再建）が成功したからである。そして、もう一つ、東洋は決して頑迷な「小攘夷《じょうい》」論者ではなかった。むしろ外国に学び海軍を増強し通商を盛んにするという「大攘夷」の人でもあった。

にもかかわらず、その歴史的評価は不当に低い。ここに東洋の悲劇がある。

一体なぜこんなことになってしまったのだろうか？

その理由を探る前に、誰もが否定できない東洋の功績を振り返っておこう。それは破綻《はたん》しかけていた土佐藩の財政を完全に建て直したことだ。

そもそも幕末に雄藩として表舞台に登場した大名家には、一つの共通点があった。それはいずれも藩政改革に成功した藩ということである。江戸時代の幕藩体制というのは戦国末期の制度をそのまま固定したものだった。たとえば東洋は馬廻《うままわり》二〇〇石の家柄だったが、馬廻というのは戦場にいて主君の護衛にあたる役職である。しかし泰平の世には戦争などないから、結局毎日帳簿をつけるなど実際には事務職として働いている。しかも「給料」二〇〇石というものは先祖代々変わりない。江戸の「三〇〇年」は平均すればインフレの時代であろう。仕事のない余剰人員を多く抱えているのに、収入はのびず、支出は増える一方という状態だ。これではどんな藩でも破綻する。いや幕府もそうだ。しかし幕府は金銀山を直轄領としており、通貨の発行権も持っている。貨幣改鋳（通貨の金銀含有量を減らし発行数を増やすのだからインフレになる）という手も使える。本当に財政再建をしたいなら、年貢（農業収入）完全依存型の財政構造を変え、商業重視にするしかないのだが、幕府は前記のような「逃げ道」があったためついにこれを成し遂げられなかった。逆に「逃げ道」のない各藩は、いわば欧米型の重商主義国家に変身する必要があった。そしてそれに見事に成功した藩を、われわれは雄藩と呼んでいるのだ。

実力本位の登用を行ったが——

東洋が考えていたのは、土佐藩「百年の計」であった。幕府に対して意見が言えるのも、確固たる基盤があってこそだ。その藩政改革の二本柱は、財政再建と人材登用であった。

これまでにもしばしば述べたような、江戸中期における藩の財政再建とは、結局のところ緊縮財政つまり倹約しかなかった。農業依存経済の下では、産業振興は難しいし、鎖国をしているから海外貿易もできない。

ところが、幕末は違う。もはや「鎖国」というタブーは破られつつあった。東洋が、外国をヒステリックに排除しようとする小攘夷論者でなかった証拠の一つに、ジョン万次郎との交流がある。詳しくは「ジョン万次郎」の項で述べるが、土佐中浜の漁師だった万次郎は海上で遭難しアメリカ船に救助され、向うで学問、技術を身につけて故郷に帰ってきた。海外渡航者は死刑というのが、江戸幕府の鉄の掟《おきて》だったが、黒船来航以来日本はそんなことを言っていられる状態ではなくなった。そこで万次郎の「罪」を許し、むしろ国家のために役立てようということになったのである。そして許されて故郷に帰った万次郎を、東洋は自邸に招いて海外事情を詳しく尋ねたのだった。

東洋の政策は一般に「航海遠略策」と呼ばれるもので、国（藩）が海軍と商船隊を持ち外国と積極的に貿易に励み、国を富まし兵を強くし外国と対抗していこうというものだ。明治維新のプロトタイプ（原型）と言い得るものである。彼はこの方針で積極的に人材を登用育成した。義理の甥《おい》でもある後藤象二郎がその一番弟子で、この他にも福岡孝弟《たかちか》、乾《いぬい》（板垣）退助、そして岩崎弥太郎《やたろう》がいる。岩崎は三菱《みつびし》財閥の創始者として有名だが、まさに吉田東洋の夢を民間レベルで実現した人物といえよう。坂本龍馬の海援隊創設も、勝海舟以前に吉田東洋の影響あったればこそと評する人もいるのである。

思い切った人材登用をするためには、身分の壁などかまっていられない。だから東洋はこれも改め実力本位の制度を作った。当然、門閥制度にあぐらをかいていた上級武士層には憎まれる。だが、下級武士には喝采《かっさい》をもって迎えられるはずだったのに、後藤ら（「新おこぜ組」と呼ばれた。なぜ「おこぜ」かは「後藤象二郎」の項で記す）以外は、むしろ東洋排斥に回った。それは多くの下級武士が「天皇の前には藩主も家来もない」という、より過激な平等思想でもある勤皇論に染まっていたからだ。その立場から見れば、東洋は「攘夷」を行わず、天皇の意思にもそむく「大悪人」であった。こうして土佐勤皇党の過激派によって東洋は暗殺された。容堂が土佐勤皇党を憎みリーダーの武市を切腹に追い込んだのは、こういう背景がある。一つ確かなことはそのことで東洋の功績が消されてしまったことである。

武市《たけち》半平太

排外的な「小攘夷《じょうい》」論者

半平太は通称で本名は小楯《おだて》、号は瑞山《ずいざん》。歴史学者は武市瑞山と呼ぶ人が多い。坂本龍馬《りょうま》と同じく土佐の郷士《ごうし》階級の出身である。ただし彼自身は五〇石ほどの扶持をもらう下級武士であった。

叔母《おば》の菊《きく》は国学者として有名な鹿持雅澄《かもちまさずみ》の妻で、その縁から若い頃から国学に親しんだ。この時代の国学という学問は少し「曲者《くせもの》」である。『万葉集』や『源氏物語』といった「のどかな」ところならいいのだが、『古事記』『日本書紀』あたりだと、とたんに政治色を帯びる。

たとえば『日本書紀』には「神功《じんぐう》皇后の三韓《さんかん》征伐」という「神話」があるが、これが真実だとすると、「朝鮮半島は古来日本に服属していた固有の領土だ」ということになってしまう。日本が古代朝鮮半島に「進出」していたのは事実だとしても、少なくともこの点に関しては、私は「オハナシ」だと思っているのだが、これに天皇家に対する信仰がからみ、これはすべて「真実だ」ということになると、それに異を唱えることは「朝敵」ということにもなりかねない。この時代の勤皇派が「おっかない」のはこのあたりにも原因がある。

半平太が最も得意としていたのが剣術であった。若くして小野派一刀流の免許皆伝となり、高知に道場を開くほどであったが、さらに江戸に出て三大道場の一つ桃井《もものい》春蔵の士学館に入り、たちまち塾頭となった。ちなみに三大道場の残りの二つは斎藤弥九郎《やくろう》の練兵館、千葉周作の玄武館《げんぶかん》で、練兵館の塾頭は桂小五郎で、玄武館の支部道場ともいうべき桶町《おけちょう》千葉道場の塾頭は坂本龍馬だった。前にも述べたように、この時代身分を飛び越えて表舞台に出るためには、剣の修行をするのが一番早道だったのである。

半平太は国学に親しんだためか排外的な「小攘夷」の論者だった。外国人は何が何でも討つべし、また勅許を得ないで開国に踏み切った幕府は倒すべし、という過激路線である。だが土佐藩主山内容堂《やまうちようどう》は熱心な公武合体論者だったから、初めは半平太の出番はなかった。ところが容堂が大老井伊《いい》直弼《なおすけ》の安政の大獄のとばっちりを食って、隠居に追い込まれたため、半平太は水を得た魚のように活動を始めた。

長州の久坂玄瑞《くさかげんずい》、薩摩《さつま》の樺山《かばやま》三円ら尊王攘夷派と連携し、土佐勤皇党を設立して藩論を統一し、薩長土三藩による倒幕体制を構築しようとした。これに対し、断固反対したのが、吉田東洋を中心とする藩内改革派である。ここにおいて半平太は、改革を嫌う藩内保守派と手を握り、当面の敵東洋を暗殺することによって実権を掌握した。

半平太ら土佐勤皇党の大きな欠点に、しばしば反対派をテロで葬るという傾向があった。ところが皮肉なことに、半平太にとっても敵である大老井伊直弼がテロによって倒されると、公武合体派の前藩主容堂が、また表舞台に出て来てしまったのである。

不敬罪で切腹に

公武合体派の容堂が復帰したとはいえ、ただちにその勢力が強くなったというわけではない。

時代の流れは尊王攘夷派に傾いていた。一度固まった藩論を変えるのは前藩主でも難しい。

情勢が変わったのは「八月一八日の政変」「禁門の変」を経て、最も強硬な尊王攘夷派の長州藩が、薩摩・会津《あいづ》連合によって京から駆逐されたことだ。

半平太が最も信頼していた久坂玄瑞も戦死した。土佐勤皇党に対する風当たりも強くなった。

容堂は、自分の信任していた吉田東洋を暗殺されたことで、その首魁《しゅかい》たる半平太を快くは思っていなかった。しかし半平太は一切そんなことは気にしない。

信念に凝り固まった人間にありがちなことだが、「正義」を行っているのだ、心にひるむところはないという態度を取り続けたのだ。

これは、そう思っていない人間から見れば、極めて傍若無人な態度に見える。君臣という関係からみればなおさらである。

それでも半平太は容堂に向かって直言した。

「徳川家への旧恩は旧恩として、もう貸し借りは済んでいる。今の世では、天皇家に対して忠義を尽くすことこそ、本分であるべきです」

攘夷への方法論はともかく、この主張自体は当時の感覚から言えば、妥当なものだが、人間は感情の動物でもある。容堂は「無礼者」とし半平太を牢《ろう》に入れた。

在牢は一年半にも及んだ。すぐに殺さなかったのは、あくまで吉田東洋暗殺の罪で処刑すべきだと考えていたからである。

しかし、その件については勤皇党の結束は見事で、激しい拷問にあっても誰一人自白をしなかった。勤皇党の大半は郷士以下の身分の低い者たちであって、彼等にとって身分の壁の破壊者である半平太は希望の星であったのだ。

容堂はついに暗殺事件の処罰については断念した。だが、証言が得られないだけで、半平太がその黒幕であることは事実であった。そこで容堂は半平太を「主君に対する不敬」の罪で切腹に処することにした。これは苦肉の策である。だからこそ斬罪《ざんざい》ではなく切腹になった。ちなみにこの「判決文」を読み上げたのは容堂の腹心後藤象二郎《しょうじろう》であった。

半平太が獄中で自らの心境を詠んだ詩がある。「花ハ清香ニ依《よ》ッテ愛セラレ、人ハ仁義

ヲ以《も》テ栄ユ　幽囚《ゆうしゅう》何ゾ愧《は》ヅヘキ、只《ただ》赤心《せき》ノ明《あきら》カナルナリ」。獄中での自画像を添えたものだ。意味は訳すまでもあるまい。赤心とは真心のことだ。

半平太は腹を通常の一文字でなく三文字に切って死んだ。剛直で熱血漢だが、いささか狭量で寝業のできない男は、その最期も真っすぐで妥協がなかった。享年三七。行友李風《ゆきともりふう》の「月形《つきがた》半平太」のモデルの一人でもある。

後藤象二郎《しょうじろう》

弁が立つ大人物

土佐藩士、吉田東洋の愛弟子《まな》で義理の甥《おい》にもあたる。師東洋暗殺後は代って参政（筆頭家老）をつとめた。

東洋のもとに参集する若手グループを「新おこぜ組」と呼んだ。「おこぜ」というのは土佐に産する貝の名で、これをふところに入れて海や山に出れば獲物がたくさんとれるという俗信があった。つまり、野心に満ちた収穫（出世）を求める若手グループという意味で、一種の「悪口」である。そしてかつて藩内改革を目指した若手グループに「おこぜ組」と呼ばれるものがあり、この運動が結局挫折《ざせつ》したことから、保守派はその失敗を期待しつつ後藤たちを「新おこぜ組」呼ばわりしたというわけだ。

その後藤のライバルというべき人物が、土佐勤皇党の武市《たけち》半平太だった。半平太の方法は天皇と下級武士が直接結び付き、一気に「革命」を推進するというもので、藩も幕府も飛び越えたものだ。これに対し後藤の意図は「賢侯」山内容堂《やまうちようどう》のもと、あくまで藩を改革し公武合体路線を進めるにある。両者の衝突は避け難い。

半平太は藩の路線を変えるために、容堂の片腕であった東洋を暗殺させた。その容疑で捕えられた半平太に、容堂からの切腹の申渡書を読み上げたのが後藤であったのも、裏にはこういう対立があった。後藤にしてみれば師の仇《あだ》を討ったつもりだったかもしれない。

坂本龍馬《りょうま》も初めは半平太と行動を共にしていたが、その過激なテロ中心の活動に疑問を感じ、訣別《けつべつ》した。そして勝海舟の薫陶も受けて亀山社中《かめやましゃちゅう》を作っていた龍馬は、後藤を通じて土佐藩に復帰し、「貿易会社」であった亀山社中は「土佐藩海軍別働隊」というべき海援隊に変わった。

半平太切腹後の土佐勤皇党は崩壊し、そのメンバーの多くは龍馬のもとへ集まったが、彼等は龍馬が「リーダーの仇」である後藤と手を組むことに反対した。

だが、龍馬はまず後藤の人物を確かめるべきだと、長崎で会談した。

龍馬は会談後「後藤はこれまで敵だと思っていたが、昔のことには何も触れず、未来のことだけ語っていた。なかなか大した人物だ。それに弁舌の才はあなどれない」と語り、意気投合した。

龍馬の盟友中岡慎太郎も、後藤は少し大風呂敷《おおぶろしき》（ホラ吹き）の傾向がある、と批判しながらも、その人物はほめている。

維新史では仇敵薩摩《きゅうてきさつま》と長州の薩長連合が有名だが、土佐藩内でもこのような仇敵同士の連合があった。

龍馬は海舟の「弟子」として既に名士であり、他藩の志士との交わりも深かったが、出身の土佐藩についてはあまり太いパイプがなかった。だが、後藤との連携によってそれが生まれた。

大政奉還もこの連携が無ければ実現しなかったかもしれない。

徳川慶喜《よしのぶ》に大政奉還説得

坂本龍馬を親代りに育て上げた実姉乙女は、龍馬が後藤と結んだと聞いて、「奸物《かんぶつ》と結ぶとは何事」という内容の叱責《しっせき》の手紙を送った。

これに対して龍馬は「私一人にて五〇〇人や七〇〇人の人を引《ひきい》て天下のお為するより、二四万石を引て天下国家の御為《おんため》致すが甚《はなはだ》よろしく――」と反論の手紙を送った。意味は訳すまでもない。亀山社中では天下を変えるには力不足だ。ここは二四万石（土佐藩）の力を借りなくては、ということだ。逆に言えばその二四万石を動かす力が後藤にはあるということだ。

龍馬の真意は、同じ「日本人」同士できるだけ血を流すのはやめようということだった。後藤の目的はあくまで改革の中で幕府（将軍）や土佐藩の影響力をどれくらい残せるか、というところにあった。龍馬は違う。龍馬の志は、いかにして平和裡《り》に「政権交替」ができるかというところにあった。この場合武力倒幕ということが、まったく視野になかったわけではない。ただ、戦争をするのは幕府が耐え切れなくなって爆発するまで待てばよい、という意見だった。この点、言いがかりをつけても将軍を窮地に追い込み、一挙に幕府を滅ぼしてしまおうとした薩長とはそこが違っていた。

だが、後藤のような立場の人間が大政奉還を推進したからこそ、それがうまく行ったという側面もあるから、政治というものは面白い。結局、大政奉還は、龍馬が後藤にアイデアを教え、それを後藤が山内容堂に伝えることによって土佐藩の藩論となり、容堂の名をもって将軍徳川慶喜に建白された。そしてこの建白書を二条城にいた慶喜のもとへ運んだのは、実は後藤なのである。

そして後藤は、容堂の代理として直接慶喜に大政奉還をすべしと説いた。

この時、後藤は何と言って慶喜に説いたのか。おそらく、これは幕府劣勢を挽回《ばんかい》する起死回生の策であり名を捨てて実を取るものだと説いたろう。「実」とは、大政奉還後も慶喜は列侯（大名）会議の議長として、権力は確保する、ということだ。だからこそ慶喜は決断したのである。もし龍馬が説得にあたり「日本のために身を引くべきだ」という形で訴えていたら、慶喜は受け入れたかどうかわからない。

しかし、大政奉還によって徳川の権力を温存し、土佐藩も主要な地位を占めるという後藤の作戦は、薩長の巻き返しによって失敗した。あくまで倒幕路線を堅持したい薩長は、「山内容堂」の項でも述べたように宮中小御所《こごしょ》会議で慶喜の辞官納地すなわち将軍を辞め領土を差し出すことを決定したからだ。

この辺が後藤の政治家としての限界を示している。ちなみに当時、幕臣で二人に直接会ったことのある永井尚志《なおのぶ》は「坂本は後藤よりも一層高大にて説く所も面白し」と評している。

中岡慎太郎

龍馬《りょうま》と連携、「薩長《さっちょう》連合」実現へ

坂本龍馬の盟友中岡慎太郎は、龍馬より三歳年下で土佐国安芸《あき》郡北川郷の大庄屋の家に生まれた。北と南の違いはあるが、清河八郎と経歴が似ている。

剣は武市《たけち》半平太に学んだ。その縁もあり、文久元年(一八六一)、武市が土佐勤皇党を結成すると、ただちに参加し有力な幹部となった。龍馬との出会いはこの頃のことだろう。

土佐勤皇党は、もともと長州そして薩摩《さつま》の尊王攘夷《じょうい》派と連携することを目的としていたから、中岡は長州の久坂玄瑞《くさかげんずい》らと親しい交わりを結んだ。だが、長州が京から追放された「八月一八日の政変」以後は、土佐藩内でも公武合体派の勢力が強くなり、前藩主山内容堂《やまうちようどう》は勤皇党を弾圧したため、中岡は脱藩し長州藩に亡命した。

同じく脱藩した盟友龍馬が勝海舟の弟子となり、海軍術を学習している間、中岡は長州軍の一員となり、一方で中村半次郎(桐野利秋《きりのとしあき》)ら薩摩藩士とも深く交わった。「八月一八日の政変」以後は、薩摩と長州は仇敵《きゅうてき》であったが、中岡は「土佐出身」という自由な立場を活用し、他藩の尊攘派の人々とも交流を深めたのである。

二人の性格もかなり違っていた。

新撰組《しんせんぐみ》を脱し御陵衛士《ごりょうえじ》を組織した伊東甲子太郎《かしたろう》が、京の寓居《ぐうきょ》に二人を訪ねたことがある。新撰組が狙っているから注意するよう警告に行ったのだ。

これに対し中岡は丁重に礼を述べたが、龍馬は横を向いてまるで無視しているようだったので、伊東は腹を立てたというのだ。

龍馬は時々他のことを考えていたり、細かいことは気にしないたちだったので、誤解されることがあった。一方、中岡は気配りの人であった。龍馬の妻お龍《りょう》は「中岡さんは面白い人でよく冗談を言った」と回想している。中岡といえば刀を持ち、にらみつけるような鋭い眼光の写真が有名だが、笑顔のものもある。実にいい笑顔だ。

中岡は、長州が京都奪回をかけた禁門の変には実戦部隊に参加している。だが馬関《ばかん》戦争には参加していない。単純な「小攘夷」が不可能であることに気が付いたのだろう。それは龍馬の影響に違いない。龍馬は中岡について「時々意見は対立するが、中岡以外に誰に相談できるというのか」と述べている。

薩長連合もこの二人の連携がなければ不可能だった。

当時、薩摩と長州が連合すれば幕府を倒せると、多くの人々が気付いていた。しかし、両者は「戦争」をしたばかりだ。遺恨は深い。だが勤皇の志は一致する。ならば手を結べるはずだと最初に考えたのは、龍馬でもなく中岡でもなく、福岡藩士月形洗蔵《つきがたせんぞう》であった（この人も「月形半平太」のモデル）。この月形と親しかった中岡が連合工作に関与し、さらに中岡の引きで龍馬が参加した。そこで、とんでもないことが起こったのである。

薩長和解の内実の功労者

とんでもないこととは何か？　薩長同盟の推進者月形洗蔵は福岡藩士だった。福岡黒田家は関ヶ原の戦いのおり藩祖黒田長政が大活躍し、五二万石もの大封を受けた藩である。したがって土佐藩以上に幕府に恩義を感じている家であった。

当然、勤皇倒幕などという思想は「悪」になる。そのために、洗蔵ら「筑前《ちくぜん》勤皇党」はまとめて粛清されてしまったのだ。これを「乙丑《いっちゅう》の獄」と呼ぶ。勤皇派の家老六人が切腹に追い込まれ、月形ら一四人の志士は斬首《ざんしゅ》に処せられるという、佐幕派最後の巻き返しともいうべき惨劇だった。言うまでもなく斬首とは武士と認めぬ措置である。

この結果、薩長連合のための工作は、中岡と龍馬がリーダーとなって進めることになった。幸いにして、二人は薩長の主な志士とは様々な機会を得て深い交わりを結んでいたので、この人脈を利用して何とか薩長を連合させようと奔走した。

ある時、長州の桂小五郎と薩摩の西郷隆盛《たかもり》を下関で会談させる話がまとまった。龍馬が桂を出迎えに出させ、海からの西郷の到着を待っていた。西郷は中岡が連れてくるはずだった。ところが漁船に乗って現れたのは中岡だけだった。西郷は佐賀関までは来たのだが、色々と理屈をこねて下関は素通りして京へ向かってしまったという。説明を受けた桂は憤然として「それみろ。こんなことだろうと思った」と吐き捨てたので、二人はとにかくなだめすかして、なんとか次の機会を待つことを納得させた。

そして、幕府の長州征伐計画に対して、急いで防備を固める必要のあった長州の立場を考え、薩摩名義で武器を買いそれを長州に転売するという妥協案を二人は提出した。当時、馬関戦争で「攘夷」を実行した長州に、最新鋭の武器を売ってくれるところはなかったので、薩摩の申し出は長州にとって感謝すべきことであった。

こうして地固めをしておいて、二人は桂を長州から連れ出し京の薩摩藩邸まで送り届けた。そこには西郷がいたから、このトップ会談で話は決まるはずだった。ところが何日かして行ってみると、話は全然進んでいない。双方意地とプライドが邪魔をして話を言い出せなかったのだ。「いつまで藩にこだわっとるんじゃ」と龍馬が桂と西郷を怒鳴りつけたのはこの時である。

後に、間近でそれを見ていた福岡藩勤皇党の生き残り早川養敬は「薩長和解は、坂本龍馬が仕遂げたというも過言ではないが、私は内実の功労は中岡慎太郎が多いと思う。華出《はで》なことは坂本に属するが、中岡ほど苦心した者はないと思う」と語り、村田蔵六（大村益次郎）は「実に天下の幸福と申すべし、貴兄方の御功績顕著として宇宙に輝き候」と中岡宛ての手紙で絶賛している。その中岡が、共に剣の達人であった龍馬と共に、同じ場所で殺されるとはまさに人間の運命ほどわからないものはない。

ジョン万次郎

黒船のおかげで好遇得る

土佐国中浜出身の漁師万次郎は、乗っていた漁船が嵐に遭って漂流していたところを、アメリカ船の船長に救われた。一四歳の時である。そのホイットフィールド船長の勧めもあって、ハワイからアメリカ本土に渡り、東海岸のフェアヘイブンで「ジョン・マン」の名で教育を受けた。そして働いて金を貯め、ハワイからアメリカ船で琉球《りゆうきゆう》沖まで行き、購入していた小舟で琉球に上陸した。薩摩《さつま》藩はこれを鹿児島まで護送し長崎で幕府に引き渡し、幕府は取り調べの後、嘉永《かえい》五年（一八五二）土佐藩に引き渡した。

こうして琉球上陸以来約二年ぶりに、万次郎は懐かしい故郷の土を踏んだ。

土佐藩はアメリカ事情に詳しい万次郎に、故郷の名から「中浜」の姓を与え中浜万次郎とし、藩校の助教として英学を教授させた。この生徒には坂本龍馬《りようま》や岩崎弥太郎《やたろう》（三菱《みつびし》財閥の創始者）もいた。

――こう書くとあたり前のようだが、実は万次郎は極めて幸運だった。日本は鎖国をしていた。この時代、海外に渡航した日本人は例外なく死刑に処せられた。もっとも江戸中期以降はその実例はなかったが、たとえ漂流という不可抗力で「渡航」したとしても、海外へ行けば帰ることを許さず、もし帰ってきても死罪というのが絶対の掟《おきて》であった。

現に、万次郎の帰郷の二年後、ペリーの黒船の二度目の来航のおりに、乗船して渡航しようとした吉田松陰《しょういん》は、決死の覚悟で事を進めているし、発覚して処罰されてもいる。

それを考えれば、万次郎が単に無罪放免されるだけでなく、士分に取り立てられ教師の地位を与えられたことは、破格の待遇だということがわかるはずだ。故郷を見る前に長崎奉行所あたりで首をはねられていても不思議はなかった。いや、ほんの一五年前なら、その可能性は大であった。なぜ「一五年」という数字が出てくるかはいずれ述べよう。それにしても万次郎はなぜ好遇されたのか。

すべては黒船のおかげであった。

多くの日本人は、今でも黒船が嘉永六年（一八五三）に突然やってきたように思い込んでいる。

事実はまったく違う。

実は黒船はペリー以前にも日本に来航していたし、ペリーの来航自体も幕府は事前に知っていた。だが昔はマスコミというものがなく、国民自体が政治に参加するシステムがなかったので、幕府はこれを秘密にしておくことができたというだけなのだ。

だからこそ万次郎は助かった。いずれアメリカが日本を圧迫してくるなら、そのアメリカの情報が何よりも必要である。佐久間象山《しょうざん》の警告にはまったく耳を貸さなかった人々も、現にアメリカをその目で見てきた万次郎を斬り殺してしまうほどの愚か者ではなかった、ということだ。

日米の貴重なパイプ役

幕末の日米交流史に、ジョン万次郎のような漂流民が果たした役割は大変に大きい。その理由を語る前に、なぜ「漂流」するのかを説明したい。

意外に気付かれていないのが、江戸時代とはがんじがらめの規制社会だということだ。たとえば馬はあるし、車（荷車、大八車）もある。ならば二つをつなげて駅馬車にしようなどということは、基本的に許されていない。庶民は自分の足で歩けばいいし、急ぐならカゴを雇えばいいということだ。船も同じだ。日本は鎖国をしている。ということは、外洋に出てはならないわけで、当然外洋を航海できるような船は禁止ということになる。技術がなかったのではない。戦国末期から江戸初期にかけてスペイン・ポルトガルの三本マストの外洋航海船を日本人は見ている。「朝鮮出兵」という大船を使った外征もあった。ところが江戸時代はこうした船を造ること自体許されなかった。マストも一本しかなく、日本の船は客船でも商船でも漁船でも、ちょっとした嵐で外洋に流されればそれでもう帰って来られない。「外洋を乗り切れないように」造られているのだから、それは必然の結果である。それゆえ「板子一枚下は地獄」なのだ。

こうして多くの日本人が漂流した。

その太平洋を我が物顔に航海していたのがアメリカの捕鯨船であった。大西洋と違ってヨーロッパ勢力はいない。アメリカの天下である。当時、アメリカは世界一の捕鯨国であった。現在アメリカは執拗《しつよう》に捕鯨に反対しているが、ひょっとしたらこの時代の極めて野蛮な捕鯨に対する「反省」があり、日本の捕鯨も「同類」だと思い込んでいるのではないか。ちなみにメルヴィルの『白鯨（モビー・ディック）』はこの時代のアメリカ捕鯨を描いた作品である。

ジョン万次郎を救助したホイットフィールドも捕鯨船の船長であった。

つまり、国交開始以前、アメリカと日本のパイプ役をかろうじてつとめていたのが「日本人漂流民」なのである。

お気付きだろうが、万次郎はその代表なのであって、これ以前にも以後にも漂流民がいた。一人例を挙げておけば「ジョセフ・ヒコ」がいる。嘉永三年（一八五〇）漂流してアメリカ船に救助された浜田彦蔵は、アメリカ市民権を獲得しジョセフ・ヒコと改名、日本に帰国後は新聞・貿易事業に従事し日米交流に貢献した。

万次郎も幕府に出仕し、小笠原《おがさわら》諸島を日本領土として周知せしめるなどの功績をあげ、明治以後も主に教育関係に従事した。

「日本人漂流民」こそ、アメリカが鎖国下の日本を知る唯一といってもいい情報源であったのだ。では、なぜアメリカは日本に深い関心を持っていたのか？

ジェームズ・ビッドル

ペリー以前に黒船で来航

「日米関係は最も重要だ」と小泉さんは言う。「最も」かどうかは別として、重要な関係であることは、反米主義者でも認めざるを得まい。それは客観的事実だからだ。

しかし、問題はそれほど重要な関係にあるのに、日本人のほとんどが日米の歴史、すなわち日米交渉史を正確に理解していないことだ。早い話が、このビッドルという人名、初耳である人は政治家であれサラリーマンであれ、日米交渉史を知らないと断言しても過言ではない。もっとも「知らない」のはあなたの責任ではない。日本の歴史教科書がなってないからなのである。事実の重要度を勘案せずにただバラバラに述べているだけ、これでは本当の歴史がわかるはずがない。

まず、御紹介しよう。ビッドルという人はアメリカ海軍の軍人で階級は提督、役職はアメリカ東インド艦隊司令長官であった。おや、どこかで聞いたような肩書きだと思った人は「正解」だ。これはペリーと同じで、ビッドルはペリーの前任者なのである。しかもペリーの来航（嘉永《かえい》六年〈一八五三〉）より七年も前の弘化《こうか》三年（一八四六）に浦賀に、黒船で来航しているのである。

つまり日本人の「常識」である「アメリカの黒船（最新鋭戦艦）を率いて初めて日本にやって来たのはペリーである」は、「×」なのだ。

もう一つ、「アメリカはヨーロッパ各国のように日本を植民地化するためにやって来た」というのも正確には「×」である。一口に欧米列強というがアメリカとヨーロッパは根本的な立場の違いがあった。

前項「ジョン万次郎」のところで、アメリカはなぜ日本に並々ならぬ関心を抱いていたのか、という疑問を提出しておいた。

その答えも実は「黒船」なのである。それはこういうことだ。

ヨーロッパ特に英仏は古くからアジアに進出していた。地理的な位置関係から、ヨーロッパからアジアに進出するには、中近東、中東を経てインドから中国という形になる。ところがアメリカがアジアに進出するためには、そんなルートは遠回りだし既に英仏の地盤だから使えない。つまりヨーロッパ勢力とはまったく逆に太平洋を横断してアジアに進出するという形になる。当然それは海を渡るのだから海軍が主役になる。黒船とは当時の最新鋭戦艦のことである。かつて海洋帝国だったスペインやポルトガルの帆船と違って、蒸気機関という強大なエンジンを持ち、重い大砲も多くの兵も積める黒船は、多くの点で帆船よりはるかに優れている。だが、たった一つ帆船に劣るところがあった。それは風力という自然エネルギーで動く帆船に対し、黒船は石炭という燃料を大量に必要とするということだ。つまり石炭を時々補給してくれる基地（寄港地）が必要なのだ。そして、アメリカから見て補給基地として最も適したところといえば、「太平洋の向う岸」つまり日本に他ならない。

アメリカの人道的アプローチを大砲で追い返す

黒船つまり艦隊を最も効率的に運用するためには、補給基地が必要だ。太平洋の真ん中のハワイ（当時は独立王国）も重要だが、アジア進出のためには「太平洋の向う岸」の日本が最適である。

しかし、アメリカは当時から民主国家であり、イギリスのように何事も武力で解決しようと思ってはいなかった。イギリス人ほど東洋人を蔑視《べっし》してもいなかった。「アメリカ流善意の押しつけ」はあるにせよ、本当に蔑視していたらジョン万次郎もジョセフ・ヒコも、学校へ通うどころか奴隷にされていただろう。まだリンカーンの解放前である。

アメリカは日本と友好関係を結び、基地を提供されることを望んだ。だから、とりあえず民間からまったく国交のない日本に通商を求める動きが出た。非公式に派遣された民間商船をモリソン号という。モリソン号には救助された日本人漂流民が数名乗船していた。

いかに国交の無い国とはいえ漂流民を送り届ければ、人道的に対応し感謝するだろう。それが国交開始のきっかけになると、船主のチャールズ・キングは考えたのである。ところが、日本はこの「人道的アプローチ」に対し、大砲を撃って追い返した。もっとも日本の大砲は旧式で、命中はしたが人的被害はゼロだったが。ちなみにモリソン号は「平和の使者」だから、あえて武装を取りはずしていた。そのモリソン号を幕府は口上も聞かずに砲撃して追い払ったのである。天保《てんぽう》八年（一八三七）、ジョン万次郎の帰国より「一五年前」のことだった。

もちろん、日本人の中にもそんなバカなことをしては日本のためにならない、と警告した人もいた。『慎機論《しんきろん》』を書いた渡辺崋山《かざん》、『戊戌夢物語《ぼじゅつゆめものがたり》』を書いた高野長英《ちょうえい》ら蘭学者のグループである。しかし、日本の歴史教科書にはこのグループが弾圧された蛮社《ばんしゃ》の獄については書いてあるが、その理由が「日米関係史の第一ページ」であったことはきちんと書かれていない。つまり筆者が「日本の歴史」をよく理解していない。つまり「欠陥教科書」なのである。

それはともかく、日本に補給基地を求めることはアメリカの国益にかなう。そこでついにアメリカ議会の決議に基き、大統領の親書を携えた正式な外交使節が派遣されることになった。ただし、非武装の民間商船を砲撃するような国相手だから、モリソン号のような船では危険だ。

そこでアメリカ海軍東インド艦隊司令長官のジェームズ・ビッドル提督を正使とした、

黒船つまりアメリカ艦隊による使節が派遣された。これが日本の浦賀沖に到着したのは、前述したように弘化三年（一八四六）、ペリーに先立つこと七年前である。なぜこの時は大騒ぎにならなかったのか？　あくまで友好を求めるという立場から、ビッドルは紳士的にふるまったからだ。威嚇砲撃もせず、湾内深く侵入することもなかった。ところが、日本側はビッドルが下手に出たのをいいことに、国書受け取りすら拒絶して追い返した。ビッドルも戦えば勝つのはわかっていたが、とりあえず友好が目的だから引き下がった。そしてついにアメリカは怒った。

マシュー・C・ペリー

華麗な軍歴

言わずとしれた黒船（アメリカ東インド艦隊）の司令長官にして、海軍提督。そして日本を開国に踏み切らせた「強引な」軍人である。

そもそもペリー提督の軍歴《キャリア》は華麗なもので、一八三三年海軍工廠《こうしょう》に配属されるや、アメリカ海軍史上初の蒸気軍艦を建造し、その初代艦長（大佐）になった。以後は提督に昇進し、工廠長官、アフリカ艦隊司令長官、メキシコ湾艦隊司令長官など要職を歴任した。アメリカでは「蒸気艦の父」と呼ばれる。それまではアメリカ海軍といえども帆船しかなかったのだ。

「ジェームズ・ビッドル」提督の項でも述べたように、アメリカの国益つまりアジア進出のための補給基地確保には、絶対に日本の開国が必要である。ヨーロッパの各国、たとえばイギリス、フランス、ロシアにとっても、日本が寄港地となるのは望ましいことだが、彼等は既に中国という補給基地を持っている。しかし、彼等とは反対側に位置するアメリカにとっては、中国より日本を開港させる方が何かと都合がいい。

そこで「何が何でも開国させろ」ということになった。当時のフィルモア米大統領は、ペリーに白羽の矢を立て、東インド艦隊司令長官兼遣日特使に任命し外交官としての権限を与えた。

ペリーに率いられた艦隊は、最短の太平洋横断航路をとらなかった。日本で補給できないからだ。そのため、大西洋廻《まわ》りで香港に入った。そこで補給すると、上海経由で琉球《りゅうきゅう》に上陸、また当時日本が領土的意識を持っていなかった小笠原《おがさわら》諸島の父島《ちちじま》にも上陸し、勝手に港湾施設の建設を始めた。最も重要なのは港と貯炭所（石炭貯蔵庫）である。

肝心なのは、この間一年近くの時間があったことだ。琉球は当時薩摩《さつま》藩の支配下にあった。しかもペリーはこっそり上陸したのではなく王府を公式訪問しているから、ペリーがいずれビッドルと同じように日本を目指すことは情報として幕府当局にも入っていたはずだ。そして、実は当時ヨーロッパ各国の中で日本と唯一国交のあったオランダからは、アメリカが日本に艦隊を派遣したから注意した方がいい、という「忠告」の形で情報が入っていたのだ。

オランダはこれ以前にも「海外情勢は変わってきている。そろそろ開国に転じた方がいい」と国王親書の形をとってまで、日本に忠告してきていた。

ところが、外務省いや幕府の役人は、この忠告については「オランダ人が貿易の独占を続けるためにデタラメを言っているのだ」と勝手に決めつけ、「アメリカが国を挙げて日本の開国を目指している」という事実については、無視するか先送りして何とかごまかそうとした。目先の「支払い」を先送りにしても、いずれ大きな「ツケ」となって返ってくるのだが、今も昔もエリート官僚という人々はそういうことがわからないらしい。そしてペリーは来た。

具体策持つペリー、スローガンの日本

ペリーはいきなり江戸湾深く侵入した。

ペリーの原則は、先のビッドルの失敗を踏まえたものである。

まず「小役人を相手にしない」こと、そして「問題を先送りさせない」ことだ。

ペリーは小舟で乗りつけてきた浦賀奉行所の与力など相手にせず、「大物」との会見を願った。

それでも幕府は「外国船は長崎へ」「オランダ以外の国とは交流しない」という原則を貫こうとした。ちなみにこの時、浦賀奉行所の与力として最初にペリーと接触したのは中島三郎助《さぶろうすけ》だった。後に幕臣としての立場を越え、長州の桂小五郎に海軍術を教え、箱館《はこだて》（函館）戦争で土方歳三《ひじかたとしぞう》と共に戦死した中島は、日本の「黒船ショック」を最初に肌で感じた人物なのである。

そう、「ショック」であった。これまで述べた通り、幕府の中枢部はこの年にペリーが来ることを知っていた。知っていたにもかかわらず、そのことを現地の浦賀に一言も通達していなかった。だから現場の混乱は想像を絶するものだった。あとで浦賀奉行所の面々は事の真相を知って悔し涙にくれたという。

なぜそんなバカなことが起こるのか？

要するに今も昔も日本人は現実を直視できない民族なのだ。現実には「世界は平和でない」し「他国民を拉致《らち》するような非道な国」もある。しかし、その現実を認めたくない人間は「そんな非道な国はない」と強弁する。「強弁」だから、いかに根拠を提示しても認めようとしない。認めればそうした国に対抗するため様々な現実的な手段を講じることを認めなければいけなくなる。たとえば憲法を改正し自衛隊を軍隊として正式に認めることだ。しかし、それがイヤなものだから「護憲」つまり「現状を一切変えるな」と叫ぶ。そしてその思想（？）に凝り固まった目で物事を見るから、物の見方が完全にゆがんでしまい、「拉致をしている国などない」という強弁につながる。まさに一種の悪循環を生むわけである。

この時代にも、「憲法」にあたる言葉はあった。「祖法」である。具体的には「御先祖さまが決めた法」ということだ。そしてその中味は「鎖国」なのである。つまり「一国平和主義」だ。それを絶対に守ろうというのが「攘夷《じょうい》」である。つまりこれは「護憲」に対応する言葉で「現状を一切変えるな」ということであり現実を無視しているからこそ、このスローガンが出てくる。実際に欧米列強に対抗するためには、「このままでは絶対に負ける」という現実を直視し、国を開き近代化するしかない。ところがそれがイヤな人間は、まるで子供のように「攘夷（ガイジンは斬り殺せばいい）」という実行不可能なスローガンを叫ぶだけで、結局何もしない。何もしなければ「負ける」のは当然の結果である。

日本には、常に居丈高《いたけだか》に要求

一年後、再び来航したペリーによって、日本は日米和親条約を結んだ。これがさらに日米修好通商条約に、そしてアメリカのみならず英仏露などのヨーロッパ列強との通商条約にも「発展」していく。

日本は開国したのだ。

しかも最も愚劣な形、つまり不平等条約の締結という形で、である。この場合の「不平等」というのは「アメリカにとって一方的に有利」ということだから、これはアメリカ外交の、ペリーの大勝利でもある。当然、日本は大敗北したことになる。

「不平等」の主な内容は、治外法権を認めたことと関税自主権を奪われたことだ。前者は、外国人が日本国内で罪を犯しても日本の裁判で裁けないということだし、後者は、自国産業を保護するための最も有力な手段を奪われた、ということでもある。そして、この不平等条約を解消するために、明治の先人はどれくらい苦しんだか。明治外交の主たるテーマが「条約改正」であり、にもかかわらずそれが完全に成功したのは、あと一年で「明治」が終わる一九一一年であった。明治人はこの間、ずっと関税自主権がないという極めて不利な状況で、貿易戦争を戦い続けていた。いわば「幕府の失政のツケ」を払い続けていたのだ。この間の損害を計算すれば、天文学的額に達するに違いない。それでも富国強兵を実現したのだから、明治人はやはり偉大であった。

それにしても、この「大敗北」の教訓は重要である。

まず「対米関係」ということで言えば、アメリカはこう思っただろう。

「日本という国に対しては下手に出てはいけない。常に居丈高に脅しつければ要求は一二〇パーセント通る」

実際そうなのだから仕方がない。幕府は紳士的なビッドルに対しては不誠実な対応をして追い返した。しかしペリーが強硬にせまると、あっという間に腰砕けになって言うことを聞いてしまった。アメリカがそう考えても当然ではないか。

しかし、それにも増して重要なことはこの不平等条約は避けられた、ということだ。ビッドルが来たのはペリーの七年前である。オランダ国王の忠告もあった。日本国内にもこのままではいけないという警告があった。そしてペリーですら日本に一年の猶予を与えた。この間、条約締結すなわち開国は避けられない事態だと覚悟を決めていれば、ではどういう形で有利な条約を結べるか、という発想で対処できたのだ。アメリカも当初は日本に「お願い」する立場だったのだから開国を条件にいくらでも要求ができたろう。たとえば

「黒船の技術を供与せよ」とか「ヨーロッパと戦争になったら日本と同盟せよ」とか、「日米安保」だって不可能ではなかった。こうしたチャンスをすべて棒に振った上、揚句の果てには不平等条約締結である。様々な弁護論はあるにせよ、やはり幕府は滅ぶべき愚劣な政府だったといえるだろう。

林　子平《しへい》

日本で初めて「黒船の脅威」を警告

林子平といえば、「日本史」を学校で勉強した人なら、その名ぐらいは知っているだろう。あるいは『海国兵談《かいこくへいだん》』という著書の名も覚えているかもしれない。

問題は、なぜ教科書に載せるほどの人物か、ということだ。これがおそらくわかっていない人が多いのではないか。

簡単に言えば子平は、日本で初めて「黒船の脅威」に注目し、それを警告した人なのである。「黒船の脅威」とは、これも簡単に言えば、それまで「世界一安全だった日本」が「世界一危険な国」に転落したことだ、とは既に述べた。それは一体どういうことなのか。今度はこれまでとは別の視点で考えてみよう。

それは「徳川三〇〇年の泰平」がなぜ可能だったのか、ということだ。

戦国時代末期、日本は世界最大の陸軍国であった。うち続く内戦で鍛えに鍛えた精兵が二〇万人以上、鉄砲の装備率も世界最高だったろう。豊臣秀吉の「朝鮮出兵」、彼自身の言葉でいう「唐入り《からいり》（中国占領計画）」は、誇大妄想だと決め付けるのが歴史学者の基本的パターンだが、アレクサンドロス大王のマケドニアも、大航海時代のスペイン、ポルトガルあるいはイギリスも、これほどの軍事国家ではなかった。逆にこの時、秀吉が「戦争はもうやめる」などといったら、十数万人の浪人つまり失業者が出て、その政権は持たなかっただろう。洋の東西を問わず、征服者はその軍事力を利用して対外侵略に乗り出すものなのだ。ちなみに日本以外の国ではそういう征服者を英雄と呼ぶ。「日本は侵略国家だ」と事あるごとに金切り声を上げる中国でも、それは常識だ。清《シン》の黄金時代の乾隆帝《けんりゅう》はアジア各地を侵略しまくり殺戮《さつりく》しまくった人物である。しかし、中国最大の英雄の一人として高く評価されている。これが英雄なら秀吉も英雄だろう。『プルターク英雄伝』を読んでもわかるように、英雄とは異民族を征服した者をいう。それが前近代の常識なのだ。

ところが秀吉は失敗した。失敗したことによって後の家康はやりやすくなった。「もう外征はイヤだ」という国民的コンセンサスができたからだ。家康は大名という軍団を解体せずに、彼等に官僚としての仕事をさせた。国鉄がJRになった時、運転士や車掌がキヨスクの店員になったりしたことと同じで、いわば「職務内容の転換」によって、平和つまり戦士がすべて失業する事態の混乱を防いだ、のである。だから、ふだんはソロバンを弾《はじ》いていても武士とは本来戦士である。大名は軍団だ。つまり日本という国は外から見ると、すべての地方に軍団がいて国を守っている、ということになる。日本は島国だから、侵略するには必ずどこかに上陸しなければならない、世界最大の陸軍国にである。そこには大名という軍団がいる。当時最高の水準を誇るスペインの軍艦でも運べる人数は一隻せいぜい数百人、これでは日本を侵略することなど夢の夢である。だから日本は安全だったのだ。

島国の弱点を指摘

日本はなぜ安全だったのか、つまり海外からの侵略を心配しなくてもよかったのか。それは、日本が海で囲まれている上に、江戸時代の日本とは臨戦体制の軍事国家だったからだ。海に囲まれているからこそ、日本を侵略しようとする国は海軍を持たねばならない。しかし、一六世紀最強のスペイン海軍の軍艦でも、日本にいる十数万人の兵と戦うためには、何千隻も動員しなければならない。風力で動く帆船には巨大な大砲は積めない。だから上陸して戦わねばならない。しかし帆船であるがゆえに大量の兵士も積めない。結局、日本を侵略するのは不可能であることになる。

だからこそ日本人はその状況にあぐらをかき平和の眠りをむさぼった。この状態が永遠に続くとも信じていた。

だが、逆に言えば日本の安全は、「帆船では巨大な砲も大量の兵士も運べない」という事実に依存している。では、もし、この前提が崩れればどうなるか?

巨大な大砲を積めるような船ができれば、日本は洋上からの艦砲射撃にさらされる。それまで、たとえば朝鮮半島の国家は、防衛上は「つらい」国であった。大国の中国と陸続きだから、何かといえば侵略される。日本は海に囲まれていたので安全だった——。

しかし、黒船という蒸気機関で動く強大なエンジンを備えた新戦艦の出現は、この前提を一八〇度変えた。陸続きの部分がある朝鮮半島より、全部を海で囲まれている日本の方がはるかに危険だ、ということになってしまったのだ。黒船は島国相手なら、どこからでも攻められるのである。厄介なことに、積載能力があるから、船を鉄で装甲することもできる。日本の旧式な大砲では弾は届かないし、仮に命中しても破壊できない。非武装の民間商船モリソン号ですら、砲撃を受けても死者はでなかったのだから、日本の軍備がいかに老朽化していたかわかるだろう。

これよりはるか前、林子平は「今は平和の夢をむさぼっているが、そのうち大変なことになるぞ」と初めて警告したのである。

『海国兵談』の出版は一七八七年、ペリー来航より六六年も前のことだ。彼自身の言葉「江戸の日本橋より唐《から》・オランダまで境目なしの水路なり」——敵はどこからでも来るぞ、ということだ。しかし、時の老中松平定信《さだのぶ》は「世を惑わす者」として、本を絶版にし子平を処罰した。結局、子平の警告を無視した幕府は滅び、明治新政府は海軍力の増強を続けた。その成果は日清、日露戦争で遺憾《いかん》なく発揮された。明治の末期に作られた「軍艦マーチ」の歌詞を御存じだろうか？　そこにはこうある「守るも攻むるも黒鉄《くろがね》の浮かべる城ぞ頼みなる、浮かべるその城日本《ひのもと》の皇国《みくに》の四方《よも》を守るべし——」、一〇〇年以上たって子平の提言は完遂されたのである。

井伊《いい》直弼《なおすけ》

開国と安政の大獄、分かれる評価

幕末の大老井伊直弼は評価の分かれる人物である。

国内、特に攘夷《じょうい》派の反対を押し切って開国（日米修好通商条約の調印）に踏み切った、果断な精神を持った政治家である、という肯定的な評価がある。

しかし、その一方で安政の大獄で多くの志士を死に追いやった張本人、暗殺された（桜田門外の変）のも当然だという否定的な評価もある。

一体なぜこんな評価の混乱があるのだろうか？　それは直弼の思想と行動に矛盾がある、いや、矛盾があるように見えることが最大の原因だと私は考えている。

直弼は、譜代大名中の名門「徳川四天王」の一つ井伊家の一四男として生まれた。一四男というのは当然正妻の子ではない。この時代大名の子に生まれても、次男以下では養子の口を探すか、生涯「部屋住み」として嫁ももらえず実家の「厄介者」として「捨扶持《すてぶち》」

をもらって生きるしかなかった。直弼も三六歳まで彦根城下の埋木舎《うもれぎのや》でそういう暮らしであった。ただ、直弼が他の厄介者と違ったのは、国学・茶道・剣術といった学問や武芸に打ち込み、おのれをいつか国のために役立たせようと努力していたことだ。その努力が報われる日が来た。兄たちが他家に養子に行ったり亡くなったりしたことで、本来なら本家を継げるはずのない直弼に、彦根藩主の座が回ってきたのだ。

　そして、三年後の嘉永《かえい》六年（一八五三）、ペリーは来た。

　時の老中阿部正弘《あべまさひろ》は、薩摩《さつま》藩主島津斉彬《なりあきら》らと志を同じくする開明派であった。要するに、攘夷攘夷と声高に叫んでも国は守れない、現実的な対応をする他はない、という論者だった。しかし、老中は五人での合議制であったので、一人だけが突出することは難しい。これは幕府政治が持っていた根本的弱点で、合議での一致ということにこだわるために果断な決断ができない。一番いいのは「先送り」ということにもなりかねないのだ。しかも、こうした中、日米和親条約を認めた阿部は心労がたたったのか三九歳の若さで死ぬ。彼を継ぐ形となった老中堀田正睦《まさよし》は、初代駐日アメリカ総領事タウンゼント・ハリスの強硬な要求に屈せざるを得ず、日米修好通商条約締結へと動き始める。

　ここで浮上したのが、条約勅許問題である。

　祖法（先祖が定めた法）を変えるためには、天皇の許可（勅許）が必要だ、というものだ。

　江戸幕府は開設以来、朝廷の意向など無視してきた。朝廷を棚上げにし、幕府が実際の政治をすべて行う。これが武家政治というものであった。ところが幕府も奨励した朱子学の浸透は、朝廷（天皇）こそこの国の正当な主権者であり、それを尊重しなければならないという風潮を生んでいた。これは幕府の権威が失墜したということでもあり、それだからこそ合議制に立つ老中ではない、果断な決断ができる人間が求められることになったのである。

狭量な判断で、有為の人材を処刑

「開国」は避けられない事態であった。

当時の先覚者が見通していた通り、日本には黒船に対抗できる大砲も海軍もないからである。ならば、それを覚悟の上で、条約を結ぶのならいかに有利な形で結ぶか、あるいは、いかに大砲や海軍を装備するか、あらかじめ準備することはいかようにもできたはずだ。しかし、幕府の対応はすべて「泥縄式」で終わった。

だから直弼による開国、具体的に言えば日米修好通商条約の調印によって、日米間のみならずヨーロッパ諸国とも著しい「不平等」が生まれたのは、直弼だけの責任ではない。むしろ彼は前任者の「先送り」のツケを払わされたといってもいい。あそこで直弼が決断しなければ、ペリーは大砲を江戸城近くに撃ち込み、もっと屈辱的な形で「条約」を結ばされていただろう。アメリカは国益にかけて引き下がるつもりはなかったからだ。

ところが「ガイジンは斬り殺せばいい」「脅せば去る」などと叫ぶ攘夷論者は、直弼のことを口をきわめて非難する。しかし、「ケシカラン」と叫ぶ彼等には、日本を守る具体策など何もない。ちょうど現代の護憲論者とそっくりで「憲法を守れ」と口々に叫ぶが「では侵略されたらどうする?」との問いに対する具体的な答えは何もない。というか、それを考えるのを拒否する。それを考えたら「護憲」の不可能がわかり都合が悪いからだ。攘夷と護憲は「空想的国防論」という点ではまるで同じで、この時代攘夷論者がしばしば口にしたのは「ぶらかし」ということだった。要するに「口先でたぶらかしてごまかせ」ということで、結局「問題の先送り」になるだけだが、こういう連中にとっては、「考えなくて済む」だけでもありがたいことだった。

実際に政治を担当しなければならない直弼にとって、こういう連中の無責任さには腸《はらわた》が煮えくりかえる思いがしただろう。それなのに、彼等は幕府が勅許（天皇の許可）を得ずして開国したのを「違勅の罪」だと責め立てる。こんな「口舌の徒」に国を任しておけないと直弼は考えたのだろう。

そこまでは当然だ。ところが問題は直弼が「坊主憎けりゃ袈裟《けさ》まで憎い」とばかりに、攘夷論者をすべて幕府の敵と考えたことだ。

世の中には様々な考え方があるし、一口に攘夷論者と言っても水戸《みと》斉昭《なりあき》のようにヒステリックなのもいれば、吉田松陰《しょういん》のようにアメリカ留学を志す者もいる。一つにはくくれない。ところが直弼はこれらをすべて「幕府に仇《あだ》なす者」と見た上で、安政の大獄で殺せる限り殺してしまった。水戸斉昭は御三家の当主だから処刑はできなかったが隠居に追い込み、吉田松陰、橋本左内ら多くの有為の人材を処刑した。せめて流罪にしておけば直弼の評価もかなり違ったろう。人の上に立つ人間として、直弼はあまりに狭量だった。

水戸烈公《みとれっこう》

評価分かれる「名君」

本名は徳川斉昭《なりあき》、御三家水戸の当主であったから水戸斉昭ともいう。烈公とは諡《おくりな》であって、その功績を尊んで死後に贈られた称号である。ちなみに水戸義公《ぎこう》といえば徳川光圀《みつくに》つまり黄門様のことである。

わざわざ「烈（はげしい）」と字を贈ったのだから、その生涯はまさに激動の中にあった。

黒船の危機に対しては、率先して海防の充実を提言した先覚者であった。

既にモリソン号来航の直後、幕政改革を定めた意見書「戊戌封事《ぼじゅつふうじ》」を将軍徳川家慶《いえよし》に提出しているし、藩内においても藤田東湖《とうこ》、会沢正志斎《あいざわせいしさい》ら下級藩士出身の有能な人材を抜擢《ばってき》し改革にあたらせている。

斉昭自身は国学と朱子学を信奉し、その立場で行動したが、一部の狂信的な国学者のように蘭学を排除せず、キリスト教以外の西洋文化特に軍学、工学、医学などに対する知識吸収は積極的であった。この点、「ガイジンを見れば斬り殺せばいい」という極端な「小攘夷《じょうい》」の論者とは一線を画する存在であった。これは実現しなかったが早くから西洋に負けない大船の造船も推進すべきだと訴えていた。「ジョン万次郎」の項でも述べたように、日本には当時外洋を航海できる程度の船すら一隻もなかったのである。

また、藩士をして西洋流の兵学をも学ばせた。偏狭な攘夷論者の中には「洋夷《ようい》の戦術を学ぶこと自体ケシカラン」などと言う人間もいたくらいだから、これも大変に開明的で今日的な姿勢である。「三〇〇年の泰平」の遅れを取り戻すためには、まず「敵に学ぶ」ことが必要だからだ。

だからこそ、斉昭を名君として神格化する動きも水戸にあった。本来「義烈（義を守る心の堅いさま）」という漢語から、水戸最大の名君黄門（義公）に対して「烈公」という名を贈ったのも、そのあらわれである。

しかし、一方では極めて辛辣《しんらつ》な評価もある。勝海舟は『氷川清話《ひかわせいわ》』という回想録で烈公のことを次のように述べている。

「水戸の烈公は、えらいというので、非常の評判だったよ。実にそのころは、公の片言隻語《へんげんせきご》も、とってもって則《のり》とするくらいの勢いさ。しかるに、今はどうだ。日本国中で、烈公を知っているものが、何人あるか。なるほど、水戸の近辺へいったら、匹夫《ひっぷ》匹婦《ひっぷ》もその名を記憶しているだろうが、そのほかの土地ではだれも知らないよ。そのとおりだ。天下の安危に関する仕事をやった人でなくてはそんなに後世に知られるものではない。ちょっと芝居をやったくらいでは、天下に名はあがらないさ」――いやはや散々である。それにしても「名君」という評価と、この批判のギャップ、なぜこんなに大きいのだろうか。そこに烈公の歴史的評価のカギがある。

ペリーに「ぶらかし論」であたる

狂信的な攘夷論者ではないといっても、彼にヒステリックな部分がまったく無いという意味ではない。

西洋兵学を家臣をして学ばせたことはその柔軟さを物語る部分だが、一方では領内の寺院焼却など仏教の弾圧もやっている。それは国学の影響である。なぜ国学者が仏教を弾圧するかといえば、日本古来の文化、それも外来文化に「汚染」される前の文化こそ清く尊いもので、「汚染」された部分は流し清めなければならない、という極めて排他的な考え方があるからだ。

攘夷思想というと、その言葉が生まれた中国の思想的な影響がすぐに思い浮かぶが、実は国学の影響も大きい。ただ問題は、では国学の思想が本当に「日本人の古来からの思想」だと言い切ってよいものだろうか、という点だ。もちろん、彼等は固くそう信じていた。だからこそ明治維新以後も仏教弾圧は廃仏棄釈という形で続けられた。だが、もともと外来の思想や文物は拒否せずに「日本風」に形を変えて取り入れるのが、「日本人の思想」ではなかったか？　この点は次の「藤田東湖」の項で詳しく触れたいが、寺を焼き仏像を捨てさせるという行為は決して庶民の支持を受けるものではなかったことだけは指摘しておこう。

家臣に西洋兵学を学ばせたのはいいが、では彼に対するもっとも辛辣な批判者勝海舟のように国を開き西洋の科学技術を学んで海軍をつくるというような発想まであったのかといえば、そこまではなかった。なぜそう言えるかといえば、実際にペリーが黒船で来航し、幕府がやむを得ず条約を結ぼうとした時も、「ぶらかし論」を唱えて攘夷の決行を求めたことでもわかる。「ぶらかし論」というのは口先でごまかして時間を稼ぎ、その間に軍備を充実して攘夷を完遂しようというものだ。

アメリカが不退転の決意で開国をせまっているのに「ぶらかし」は通用しないし、仮に少し時間が稼げたとしても開国せずに欧米列強に立ち向かうことは不可能だ。だが、この二つの真理が彼にはわからなかった。あくまで「ぶらかし論」を叫び、ペリーの要求に抗し切れなかった幕閣が条約を結ぶと、「担当者は腹を切れ」と吠《ほ》えた。この辺がまさに「お殿様」であり、勝に「ちょっと芝居をやったくらいでは天下に名はあがらないさ」と皮肉られるところだろう。

「ダメなものはダメ」といくら吠えても現実は動いている。それを直視し現実的な対応をしなければ国は救えない。言うまでもなく現実に対応するということは理想を捨てることとは違う。この時代なら「攘夷」つまり「日本の独立」という理想を実現するためには、一見それとは反対の方向の「開国」に向かわねばならなかった。この「逆説」を理解した人としない人、それが評価の分かれ目ではないだろうか。

藤田東湖《とうこ》

日本の方向性に多大な影響

黒船が日本に突きつけた課題は「日本改革」であった。最終的には開国し西洋文化を取り入れて富国強兵をはかるというのが、そのゴールだったが、それを誰がやるかということと、その改革者たちの統合の原理あるいは象徴はどうすべきかという問題があった。

現在の日本も政界が混迷しているのは、一つに改革の方向が明確化しないことにある。私は「新時代にふさわしいように憲法を改正する」、具体的には自衛隊を軍隊として正式に「認知」し、国連を主体とした国際平和維持活動に積極的に参加していくべきだと考える。今のままでは自衛隊は「軍隊もどき」であって、残念ながら海外派遣されてもかえって足手まといになりかねない。これに対して護憲派は「憲法第九条を変えずに、これを世界に広めることこそ世界平和への道だ」と主張しているが、実際には日本を含めた各国がもちろん、軍隊を持ちそれを平和維持活動に使った方が世界平和が達成されやすいだろう。昨今のアメリカのような問題行動も出てくるが、「憲法を守れ」と叫ぶだけで実際には何もしない口舌の徒に任せておいては何事も進まない。スローガンを叫ぶだけで世の中が変わるなら、幕末の人々もあれほど苦労はしなかったはずである。

しかし幕末に比べれば今の方が数等マシなのである。改革方向はある程度見えている。軍事問題だけでなく年金問題でも、昔は「お年寄り」の数が少なく老人は少数派であったのが、これからは少子高齢化で多数派になることに着目すれば、改革の方向はおのずと見えてくる。早い話が「年金制度」とは「お年寄り」が少数派であった時代の制度である。維持することは極めて困難と考えるしかない――。

また、現代はその改革を誰が主体になってやるか、ということにも明確な結論が出ている。それは国民であり、選挙によって国民から負託された政治家である。

それでも改革が進まないのは、いまだに守旧派が「何とか変えずに過ごそう」と考えているのと、その改革を実行すべき政治家の集団である政党が目的の下に統一できていないからだろう。ちなみに護憲派は改革派ではなくて守旧派（保守派）である。言うまでもなく「これまでのやり方を変えよう」という人々のことを「革新派」といい、「これでいい、変えるな」という人々のことを「守旧派」と言うのだから。

幕末にも似たような混乱はあった。

改革の方向については「開国による近代化で攘夷《じょうい》（日本の独立）を遂行する」という形

にまとまっていたが、ではその主体は何であるべきか。具体的には誰がやるのか、について「保守」と「革新」の争いがあった。そして、その方向性に多大な影響を与えたのがこの藤田東湖なのである。

庶民の政治参加説く

政治というものは、幕末以前は「お上《かみ》」がやるものであった。「お上」とは、かつては天皇を中心とする朝廷であり、将軍を中心とする幕府であって、庶民はそれとはまったく無縁だった。いや江戸時代における支配階級である武士ですら、たとえば薩摩《さつま》藩士は藩内の政治に関しては少しは参加を許されたが、国政全般のことに口出しは許されなかった。西洋社会も昔は同じで、政治は庶民の参加を許さないものであったが、資本主義の発達による富裕化とキリスト教に基く平等思想が、まったく新しい階層である「国民（市民）」を生み出した。彼等をして政治の主役たらしめたのが民主主義思想である。近代国家とは様々な定義ができるが、すべての国民が政治に参加できる道が開かれている国家とも言える。そして、そうした国民国家は必ず前近代国家に勝つ、というのが歴史の鉄則でもある。しかし、東アジア特に中国と朝鮮はそうした近代化の条件がなかった。儒教体制だからである。政治体制としての「儒教」は、皇帝と庶民の間に選抜されたエリートである「官」を置き、その官がすべてを仕切るという形を取る。「愚かな庶民」が政治に参加するということは有り得ない。これが「官尊民卑」の本当の意味だ。

では同じ東アジアの国で、「士農工商」という言葉も中国から取り入れた日本が、なぜ一人だけ近代化できたのか？　錯覚している人がいるが黒船が他の国より早く来たからではない。中国は日本よりはるかに前に黒船の脅威にさらされている。アヘン戦争がそうだし、不平等条約も中国の方が「先輩」なのである。

その秘密は、実は東湖の「正気歌《せいきのうた》」にある。

正気歌とは漢詩で正確には「文天祥《ぶんてんしょう》の正気の歌に和す、序《じょ》有り」という。つまり先人の作った漢詩に共感し新たに作ったものなのである。では原典の「正気歌」を作った文天祥とは何者かといえば、中国の南宋《なんそう》時代の忠臣で最後まで元《ゲン》（モンゴル）に屈しなかった男である。この男が獄中でその心境を歌ったのが原典「正気歌」で、当然それは南宋皇帝への忠誠心に満ちている。東湖はそれの「日本版」として天皇への忠誠を歌ったのである。それが「東湖版正気歌」だ。「天地正大《せいだい》の気、粋然《すいぜん》として神州《しんしゅう》に鍾《あつ》まる、秀でては不二《ふじ》の嶽《みね》となり、巍々《ぎぎ》として千秋《せんしゅう》に聳《そび》ゆ――（書き下し文）」で始まるこの歌は、日本人が唯一仰ぐべき主君は天皇だけであり、過去の歴史において天皇に絶対の忠誠を捧《ささ》げた人を「正気」の人として讃《たた》えている。これを読めば、自分もその一人として戦わずして、日本人といえるかいなどと思わせる効果がある。

つまりそれは日本人一人一人が、士農工商などという儒教的な身分秩序を飛び越えて、天皇の忠臣として戦うことが正義だと述べているわけだ。これはまさに庶民の政治参加に他ならない。

水戸《みと》学の完成者

幕末の流行語に「草莽《そうもう》の臣」という言葉があった。草莽とは「草むら」のこと、転じて「在野」「民間」という意味がある。

つまり、百姓でも町人でも浪人でも何でもいいが、「自分は天皇のために働く」と決意して動けばそれで「草莽の臣」なのである。そして、ここが肝心だが、「草莽の臣」になるならないは、個人の決断でできることなのである。

江戸時代、いやそれまでの日本にはそういうことは有り得なかった。たとえば、ここに名主《なぬし》をつとめるような裕福な農民がいたとしよう。そして国学を学び幕府の政治がおかしいと疑問を持ったとしよう。幕末以前の日本では、その名主はそれを批判するどころか口にすることすら許されないのである。名主の上には当然御領主様がいる。もしそれが天領なら御代官様の上にいるのは将軍である。一介の名主が「お上の御政道」に対し不満や批判を持っているとわかれば、それだけで処罰の対象になる。ところが「草莽の臣」の論理はこれを完全に変えた。将軍などという存在は天皇に比べれば臣下の一人に過ぎず、ここも肝心だが「草莽の臣」とも同じ臣下であるがゆえに「平等」ということになる。もちろん「格」の違いはあるにせよ、絶対的な主君は天皇だけだ。だから逆に将軍が天皇に対して「不忠」ならば、当然「草莽の臣」はそれを討ってもいいということにすらなる。この「格の違い」を重視し、現実の政治は将軍中心に行うべき、というのがいわゆる守旧派である。一方、もはや将軍制度（幕府）は時代に即応していないから、それをつぶして新しい政体をつくるべしというのが当時の革新派なのだが、日本の歴史上初めてこのような形で一般人が政治に主体的に参加する道を開いたのが、「草莽の臣」の論理であった。当然その方向は倒幕ということになる。現代に生きる我々は「役に立たなくなったもの（幕府）はこわせばいいではないか」と単純に考えるが、昔は「お上」は絶対の存在だから、大前提として「お上に逆らうことを正当化する理論」が必要だったのだ。

徳川光圀《みつくに》（水戸黄門）に始まる水戸学は、天皇に対する絶対の忠誠を説くことによって、倒幕を正当化した。その完成者が藤田東湖であり、東湖は「正気歌」でそれを広く普及せしめたからこそ、幕末の志士たちは「お上に逆らう」という、それ以前なら良心の咎《とが》めを感じたことを、正義として堂々と行うことができたのだ。つまり水戸学こそ明治維新を実現した「革命理論」なのである。

ただし、どんな思想でも欠点はある。水戸学の欠点は、愛国心を強調する余りに外国の文化を敵視し排除する国粋的な側面が強かったことだろう。これが高じれば「小攘夷」となり戦前の帝国陸軍となる。だが、そういう問題はあるにせよ、水戸学の維新に果たした役割を無視することは誰にもできないのである。

横井小楠《しょうなん》

勝海舟が恐れた思想

勝海舟が言っている。

「おれは、今までに天下で恐ろしいものを二人みた。それは横井小楠と西郷南洲《なんしゅう》（隆盛《たかもり》）だ」

しかし、多くの人が西郷は知っていても小楠は知らない。この男は一体何者なのか？

肥後熊本の産で本名は時存《ときあり》、小楠は号である。藩士の家に生まれ、長じて儒学者となった。大の酒好きで、一時江戸に遊学したが酒の席でケンカし国許《くにもと》に帰されてしまった。

しかし、小楠はここで水を得た魚のように自由な活動を始める。私塾を開き人材を育てた。門弟の第一号は徳富一敬《とくとみかずたか》、明治のジャーナリスト徳富蘇峰《そほう》、小説家の徳富蘆花《ろか》兄弟の父である。小楠はそれまでの空理空論の多い儒学にあきたらず、自ら実学党と称し富国強兵策を唱えた。そしてその思想に惚《ほ》れ込んだ幕末四賢侯の一人松平春嶽《しゅんがく》に招かれ、越前《えちぜん》藩の藩政改革を成功させた。

「藤田東湖」の項で述べたように、中国や朝鮮が近代化において遅れをとったのは、儒教体制のためだった。しかし、小楠も儒学者である。ならば、なぜ小楠の改革は成功したのか？

日本の儒学はその当初から自由な解釈に基く多様性のあるものであった。日本人は海外の文物を取り入れて、日本流に改良するのが好きだ。それは「文化の型」といってもいい。たとえば典型的な例を一つあげると「ビーフカレー」がそれだ。カレーの本場であるインドでは日本よりももっと辛い「ルウ」を使っているし、それより何より多数派を占めるヒンズー教徒は絶対に牛肉は食べない。したがって「ビーフカレー」は有り得ないので、あれは「日本料理」なのである。だからインド人がビーフカレーは「邪道」だと叫んでも何の不思議もない。

同じように当時の中国や朝鮮から見れば、日本で行われている儒学の多くは「邪道」であった。しかしカレーが料理として美味《おい》しければそれでいいように、儒学も実学（実用の学）として役に立たなければ意味がない、というのが日本人の思想であった。もちろん幕府が官学とした朱子学は空理空論が多く決して実学ではなかったが、同じ朱子学でも小楠の朱子学は要するに「理想を実現するためには細かいことには拘《こだわ》らない」という日本人の理想にかなったものだった。

たとえば中国、朝鮮流の「正統」朱子学では、人には「士農工商」と身分の別があり、これは飛び越えたり制度自体を改変することは絶対に許されない。しかし、小楠は「理想の世」を実現するためには、そうした「細かい事」に拘る必要はない、という態度をとった。だから、勝はさらに言う、「横井の思想を西郷の手で行われたら（幕府は）それまでだ」と。その思想とは、新生日本のためには、もはや幕府は不要だ、ということである。

国民国家の道を開く

小楠はなぜ知名度が低いのか。

幕末四賢侯の一人松平春嶽の「政治顧問」として登用されたのだから、そして春嶽は一《ひと》つ橋慶喜《ばしよしのぶ》に信頼され幕府の政事総裁職に抜擢《ばってき》されたのだから、自分の思想を越前藩のみならず日本全国に展開させるチャンスはあった。ところが、酒席で刺客に襲われ戦わずして退散したことを、「武士にあるまじき卑怯者《ひきようもの》」と非難され、小楠は失脚した。実は小楠は生まれ故郷の熊本藩から嫌われていた。熊本は保守的な土地柄で、小楠の思想を「武士を否定するもの」ととらえていたので、隙あらば小楠を失脚させようと狙っていたのだ。

もっとも小楠が、武士という存在を否定しようとしたというのは、あながち誤解ではない。そもそも「士農工商」の「士」が武士というのも儒教の日本的解釈であって、朝鮮などは日本のことを「兵農工商」だと言っていた。確かに儒教の本来から言えば「士」とは「軍人」でなくむしろ「官僚」のことである。だからこそ逆に小楠は、自分が異端であるという意識はむしろ無かったかもしれない。小楠の主著『国是三論』は武士階級を従来の武士ではなく、むしろ明治維新政府における官僚のような形でとらえている。要するに小楠は、武士が日本を支配するという常識を、そのような形で否定したのだ。『国是三論』における武士は、いや「武士的存在」は武士以外の人々でも代行できるものだからだ。難しいことではない。維新後、日本国民はすべて学校に行くことになった。当然、エリートである官僚には、誰でもなるチャンスがある。武士という階級が世襲によって維持される制度とはまったく違う。小楠は、藤田東湖《とうこ》とはまったく異なる角度から、庶民が政治に参加する国民国家の道を開いたのだ。

勝海舟は東湖のことは悪く言っている。「あんな男は大嫌いだ」と言い、その理由を徳川斉昭《なりあき》の信頼を得ているのだから、斉昭を通して意見を述べればいいのに、仲間と徒党を組んで騒ぐのはおかしいと述べている。しかし、これは勝の見方の方がおかしい。東湖の功績は政治に民衆が参加する道を開いたことなのだから、むしろ徒党を組むことは評価しなければいけない。それなのに勝が東湖を高く評価しないのは、その国粋主義的姿勢が鼻についたからだろう。

現代の幕末維新史の中で、一つ忘れられている視点がある。それはなぜ攘夷《じょうい》論者がガイジンを毛嫌いしたか、その理由の一つにキリスト教への嫌悪がある、ということだ。日本人のイメージにあったのは、一五、一六世紀に日本に渡来した極めて強圧的なスペイン、ポルトガルのキリスト教であり、それ以後のキリスト教の発展、特にアメリカ合衆国の誕生にプロテスタントが大いに寄与したというような事実は、当時の日本人は知らなかった。ひょっとしたら小楠はそれに気がついていたのかもしれない。しかし、そのことで彼は「邪教」を日本に引き入れようとしていると誤解され、攘夷論者の刃に倒れた。

松平春嶽《しゅんがく》

超一流の人物鑑識眼

幕末四賢侯の一人で本名は慶永《よしなが》、越前《えちぜん》福井藩の藩主である。もともと御三家に次ぐ家系である御三卿《ごさんきょう》の田安《たやす》家の八男坊として生まれたが、幼少の頃から英明の誉れ高く、一二代将軍家慶《いえよし》の命令で跡継ぎがなかった越前松平家の跡を継ぎ、松平慶永となった。「慶」の一字は将軍からもらったのだろう。春嶽と通称したのは隠居後のことだが、この号自体は若い頃から時々用いている。

嶽（岳）とは具体的にどの山を指すのか定かではないが、筆者が越前で取材したところによれば、「春の富士山」ではないか、という説が妥当ではないかと思う。

英明だけでなく性格も誠実であったことから家臣の信望を集め、春嶽はまず藩の財政改革に乗り出した。

幕末における雄藩とは結局藩政改革特に財政再建を果たした藩を指し、それが藩主のリーダーシップの下に行われた場合は、その藩主を賢侯あるいは名君と呼ぶわけだ。春嶽は横井小楠《しょうなん》を招き全面的に任せることによって見事財政を再建した。小楠の改革とは、要するに明治維新の富国強兵路線を先取りしたものであった。当然、その視野には「開国通商」がある。

実は春嶽は初めの頃は水戸《みと》烈公（徳川斉昭《なりあき》）の攘夷《じょうい》論に心酔していたが、家臣の橋本左内ら優秀な人材の意見を取り入れ、開国論に転じた。生涯を通して親友であった同じく四賢侯の一人、土佐の山内容堂《やまうちようどう》は、春嶽は英明というよりは「誠実の人」であると評している。斉昭にしても容堂にしても、自分の意見に染まぬ家来は処罰し追放したが、春嶽はむしろ家来の言に耳を傾け採用すべきは採用した。また小楠といい左内といい、家来を選ぶ人物鑑識眼はまさに一流であった。

その一流の鑑識眼が、斉昭の七男で一橋《ひとつばし》家に養子に行っていた慶喜《よしのぶ》こそ次の将軍であるべきと確信させた。慶喜は斉昭の実子であり、春嶽は斉昭の過激な攘夷論とは訣別《けつべつ》していたが、将軍となるべき人物は英明の誉れ高い慶喜以外にないと思ったのである。

その慶喜の「ライバル」である紀州藩主徳川慶福《よしとみ》は、家督を継いでいたが安政四年（一八五七）の時点でわずか一二歳であった。これに対し慶喜は二一歳。血縁で言えば慶福は一三代将軍家定《いえさだ》のイトコにあたり、もっとも近い関係だが、いくら血統を重んじるといっても、黒船が来航し国を開いたばかりの最も多事多難な時期に、一二歳の将軍ではどうにもならないというのが常識的な見方だろう。

しかし、この時代の日本いや幕府では、これが常識ではなかった。極端にいえば、将軍など、それを輔弼《ほひつ》する家臣さえ万全の体制なら、飾り物で充分だと考えているとしか思えない勢力がいた。その守旧派の代表が大老井伊直弼《いいなおすけ》である。春嶽にとって最大の政敵はこの男であった。

「血筋より実力」主張

大老井伊直弼は、なぜ幼少の徳川慶福を次期将軍に推し、一橋慶喜は排斥しようとしたのか？

確かに慶喜は、幕政批判の急先鋒《きゅうせんぽう》である徳川斉昭の実子であり、その点都合が悪いと思ったのは当然だが、幕府の屋台骨をゆるがすような事態が次々と起こっているのに、「一二歳の子供」を将軍に推すとはあまりに不適切ではないか？

実はここに現代人の近代以前の常識に対する大きな誤解がある。

まず第一に「血筋」の尊重がある。

将軍というのは前将軍に出来るだけ近い血筋の者がなるのが原則だった。ということは、「バカでも将軍になれる」というのが真相だったのである。

しかし、それで国家は安泰なのか、といえば、実は「その方が安泰なのだ」という考え方がある。戦国時代のような荒々しい時代なら実力主義でなければやっていけない。しかしそういう時代ですら優秀な「次男」を「長男」の代りに後継者にしようとすれば、家は真っ二つに分かれて争いが起きる。いわゆる御家騒動である。そこで家康は天下を取った後は、将軍が無能力でも幕府の統治能力に支障のない制度を作った。老中合議制（定員五名）がそれであり、非常時に置かれる大老（定員一名）もその延長線上にある。譜代大名の中から優秀な人間が選ばれ政治を行うシステムを作っておけば、将軍は決裁するだけでいいということになる。この第一の利点は「将軍はバカでもいい」から将軍家が真っ二つに割れて争うことがなくなることである。そして三代将軍家光《いえみつ》以降はこれが常識となった。将軍家に後継者が絶えたので御三家から実力で選ばれた吉宗《よしむね》でさえ、優秀な次男、三男をさしおいて一番出来の悪い長男に跡を継がせている。

いわば、幕府とは実際には譜代大名のエリートが合議で動かしており、将軍は「象徴」でいいというのが、井伊直弼らの考え方だった。これは「泥は全部自分でかぶって、将軍様には迷惑をかけない」という自己犠牲的精神でもある。そういう眼から見れば春嶽の「血筋よりも実力ある慶喜を将軍に」という主張は「邪道」であることになる。

しかし、春嶽の眼から見ればもはや時代は戦国のような乱世に突入しており、これまでの「三〇〇年の泰平」の時代の常識が通用しなくなっている。そもそも合議制ではどうしても「足して二で割る」ということになるから、果断な改革は出来ない。だから春嶽から見れば井伊の方がどうしようもない守旧派であり、「邪道」であることになる。

春嶽自身は、井伊ら譜代大名の専横による守旧的政治を「幕私《ばくし》」と呼び批判していた。

まう。

「幕府の私物化」ということだろう。しかし、その井伊大老に春嶽は政界を追放されてし

「江戸城押しかけ登城」で隠居に

春嶽の目指した道は、外様《とざま》大名も含めた雄藩連合であり、そのトップに将軍が座ること によって徳川家の力も温存しようというものであった。このために春嶽は薩摩《さつま》藩主島津斉《なり》彬《あきら》、宇和島《うわじま》藩主伊達宗城《だてむねなり》らと親しく交わりを結んでいた。

ところが、守旧派の代表、大老井伊直弼は、そもそも幕政に外様大名が入ってくること すら反対だった。幕政は譜代大名の独占（外様は老中、若年寄になれない）という、「祖法」を守ろうとしたのだ。この点もう一つの「祖法」である鎖国をやめたのだから、井伊の行動は矛盾しているともいえる。それもあって、春嶽ら「一橋派」は井伊の政治を厳しく批判した。特に「勅許（天皇の許可）」を経ずして開国し条約を結んだという「違勅問題」が「一橋派」の井伊に対する「攻めどころ」であった。ところが井伊は、これを天皇の権威を利用した幕府に対する悪質な攻勢ととらえ、このような連中を放置しておいては「徳川家」が危うくなると見た。皮肉なことに双方とも徳川家に対する忠誠心は厚いのだが、方法論がまったく違うのである。

春嶽はその信念に基いて、徳川斉昭に従い「江戸城押しかけ登城」という前代未聞の行

動に出た。大名は登城日が決められていたのだが、国家危急の際にそんな細則は無視すべきだと、春嶽は緊急登城し井伊を難詰した。

ところが、井伊はこのことによって一橋派こそ「獅子《しし》身中《しんちゅう》の虫」と確信した。この辺が井伊直弼という男の度量の狭いところである。井伊はこの「不時登城」というささいな落度を取りあげて、春嶽と斉昭を隠居に追い込んだ。これは当主の座を強制的に引退させたということだから、まさに死罪を除いては最大の厳罰である。春嶽の盟友島津斉彬はこの間兵を率いて上洛《じょうらく》し、クーデターを起こして一橋派を助けるつもりだったようだが、「島津斉彬」の項で述べたように突然急死した。そして井伊による反対派の大弾圧「安政の大獄」が始まったのである。

これより春嶽は五年の間江戸で謹慎させられ、中央政界から離れていた。春嶽は隠居に追い込まれた時、何と思っただろうか？ 自分の時代は終わったと思っただろうか？ 歴史を見ていて気が付くのは、当人がどんな形で失脚しようと命がある限り、時代がその人物を必要とするなら必ず復活の場が与えられるということだ。

井伊は水戸浪士に暗殺され、春嶽は政界に復帰した。

その後は、誠実な人柄を買われ、主に幕府と雄藩の間の調整に奔走した。大政奉還後の薩長の倒幕路線は、春嶽の理想とは異なったが、慶喜を説得して国家大乱を未然に防いだ。そして明治以降は文筆生活に入り、明治二三年（一八九〇）六三歳で没した。

徳川家茂《いえもち》

公武合体めざし皇女を妻に

影の薄い人である。歴史上の存在感の少ない人といってもいいかもしれない。

だが、歴史の中では長命でなかったゆえに、逆に歴史を「動かした」人物も存在する。

彼はそういう人であった。

家茂（大体これをイエモチと正しく読める人が少ない）というより、一橋慶喜《ひとつばしよしのぶ》と一四代将軍の座を争った御三家紀州の徳川慶福《よしとみ》だといえばわかるだろうか、あるいは「皇女和宮《かずのみや》」の夫だった人物だといえば、わかりやすいか。

彼は一二歳で将軍候補となり、すぐに先代将軍が死んだので一三歳で一四代将軍となった。大老井伊直弼《いいなおすけ》の後押しを受けてのことだ。

安政の大獄が始まり、徳川斉昭《なりあき》、松平春嶽《しゅんがく》らが失脚させられ、吉田松陰《しょういん》、橋本左内らが次々に処刑される中、将軍家茂は少年から青年へと成長していった。そして、桜田門外の変が起こり井伊大老が暗殺されると、幕府と朝廷の間に、この際独身の若い将軍に朝廷から嫁を迎えて、両者の融和をはかろうではないか、という議論が起きた。これを公武合体論という。

将軍の御台所《みだいどころ》（正夫人）が関白など最高貴族の娘であることは、江戸時代いくつか例がある。しかし、皇女（内親王）が将軍の妻になったことはなかった。それでも朝廷に適齢の女性がいなければ、誰もこんなことは考えなかっただろうが、不幸なことに時の孝明《こうめい》帝には妙齢の妹がいた。皇女和宮である。

「不幸なことに」というのは、和宮（親子《ちかこ》内親王）には既に有栖川宮熾仁《ありすがわのみやたるひと》親王という婚約者がいたからだ。

老中安藤信正《のぶまさ》や関白九条尚忠《ひさただ》らは、公武合体こそ日本を救う道と信じていた。この時代はまだ幕府の政治を批判する者はいても、幕府そのものをつぶしてしまえという倒幕論者は実はほとんどいなかった。徳川斉昭、松平春嶽が井伊直弼を批判したのも、徳川家をつぶす意図はなかった。ただ勅許を経ずして開国したのは天皇に対する不忠である、とは言った。幕府もその点は憂慮していた。そこで、幕閣は、公家《くげ》勢力の中で「幕府が政治を行うのが正しい」とする守旧派と結んで、「攘夷《じょうい》の実行」を条件に孝明天皇を説得した。

孝明帝も決して倒幕論者ではない。

ただ熱心な攘夷論者であったがゆえに、井伊大老時代の幕府の条約締結（開国）には腹を立てていた。そこで必ず攘夷（鎖国）を実行するなら、妹を嫁にやってもいいと考えたのである。

こうして、和宮は婚約を解消させられ、家茂の妻となった。この時は、後に倒幕論者となる公家の岩倉具視《ともみ》も、積極的な推進派として実現に力を注いだ。

だが、公武合体は成功することはなかった。

幕府と朝廷の板挟み

文久二年（一八六二）二月、一四代将軍家茂と和宮こと親子内親王の婚儀は江戸城中にて行われ、二人は夫婦となった。家茂一七歳、和宮も一七歳、二人は同年の生まれであった。

この結婚により「公武合体」し、衰えかけた幕府の力を再び盛り立てようというのが、老中安藤信正らの目論見《もくろみ》だったが、将軍が天皇（孝明帝）の「義弟」である形になったこともあってか、事態は逆の方向へ進んだ。

逆というのは、これを推進した人々は幕府の方が朝廷に優先する形を求めたのに、実際は幕府は朝廷に増々従うべしという方向に行ってしまったからだ。

もちろん単純な「兄弟」関係だけでなく、その背後には「天皇こそ日本の主権者」と考える尊王論、そして「開国などする必要はない」という「小攘夷」の大いなる盛り上がりがあった。その中で、安藤老中はテロにあって（坂下門外《さかしたもんがい》の変）命はとりとめたが辞職し、代って島津久光《ひさみつ》が中央政界に乗り出してきた。久光は先代斉彬《なりあきら》の「遺産」である藩兵一〇〇〇を率いて上洛《じょうらく》、朝廷の支持を受けて失脚していた反井伊派の一橋慶喜、松平春嶽の政界復帰を後押しした。幕府が慶喜を将軍後見職に、春嶽を政事総裁職に起用したのはこの時である。

家茂は、幕府と朝廷の板挟みになっていた。朝廷は攘夷の実行つまり鎖国を強く求めてくる。和宮を「くれた」のも攘夷を実行すると誓約したからである。しかし実際にペリーらの実力を見れば、鎖国など到底不可能である。だが朝廷は「なぜ早くしないか」と厳しく責めたててくる。ここに至って家茂は、朝廷をなだめるために上洛することになった。この時、京で将軍の身が攘夷論者に狙われて、危険だからと、清河八郎が松平春嶽に浪士組の設立を建言し、それが新撰組《しんせんぐみ》誕生のきっかけとなったことは既に述べた。

家茂は上洛し、天皇の「攘夷の祈り」である賀茂《かも》神社行幸《ぎょうこう》へも、本来の「将軍」つまり朝廷を守る武人としての役目を果たすため随行した。高杉晋作《しんさく》が「イヨッ、征夷《せいい》大将軍」と敬称もつけずに呼び捨てたのは、この時だ。

長州藩は朝廷内の過激な攘夷論者と組んで、天皇を「動座」させ、主導権を握ろうとした。池田屋事件も実行主体は「浪士」だが黒幕は長州藩であった。

しかし、問題は天皇にその気がなかったことだ。

孝明天皇は幕府に不満は抱いていたが、倒幕論者ではなかった。長州のあまりにも過激な行動に天皇は拒否の姿勢を貫いた。このため、幕府が京都を守るため守護職に抜擢《ばってき》した会津《あいづ》藩と、当時は久光の下で公武合体を進めていた薩摩《さつま》藩が連合して、過激派長州を京都から追放した。これが「八月一八日の政変」である。

長州征伐で高杉に敗れる

「八月一八日の政変」で京を追放された長州は怒り心頭に発した。長州は、彼等を追放した薩摩と会津を「薩賊会奸《さつぞくかいかん》」と呼んだ。二つ合わせて「奸賊（心のねじ曲がった悪人）」だということだ。

そして、長州は京における主導権を奪還するため、軍勢を京に送り込み御所から薩摩・会津を追い払おうとした。これが、いわゆる「禁門（蛤御門《はまぐりごもん》）の変」である。実はこれを「変」と呼ぶのは変、つまり少しおかしい。本来「変」とは「変事」を指し、「本能寺の変」「桜田門外の変」のように暗殺事件のようなものに適用する。ところが、これは長州が軍勢をもって薩摩・会津連合軍と戦ったのだから、本来は「乱」とか「合戦」とか呼ぶべきものだ。ところが「乱」にするとその「主体」を「主語」にするから（ちなみに〝本能寺の変〟は〝明智光秀《あけちみつひで》の乱〟になる）、これを「長州の乱」と呼ばねばならなくなる。ところがこうすると、まるで長州が天皇家に反乱した賊軍のように聞こえてしまう。いや実際、この時、薩摩・会津は天皇の支持を受けており、長州はそこへ攻め込んだのだから「朝敵（天皇家の敵）」「賊軍」ということにされてしまったのである。

この「禁門の変」という呼び方は、おそらく明治以降「長州の天下」となってから使われるようになったのだろう。少なくとも元治元年（一八六四）七月以降は、長州はまぎれもなく「朝敵」「賊軍」であった。

当然、賊は征伐されるべきである。

そこで長州征伐（第一次）が挙行された。

長州でも、主だった尊攘派のリーダーが戦死（久坂玄瑞《くさかげんずい》、入江九一《くいち》）するか、失脚（桂小五郎、高杉晋作）し、藩は俗論党すなわち佐幕派の天下となり、長州は一度は幕府に降伏した。

しかし、これで幕府はかえって権威回復の自信を深め、長州に強硬な要求を突きつけた。それは藩主父子を江戸へ罪人として護送することで、これは事実上の取りつぶしに近い処分となる。しかし、この措置については朝廷も諸藩も反対した。特に薩摩はこの頃から幕府体制に疑問を抱き、徐々に長州に接近していく。

幕府は単独でも長州を征伐することを決定した。この先頭に立ったのが若き将軍家茂である。

家茂は軍勢を率いて大坂城に入り、再び長州を攻めたが（第二次）、長州では高杉晋作のクーデターが成功し倒幕派が藩を統一していた。慶応二年（一八六六）六月、幕府軍は長州軍と交戦したが、高杉の奮闘で長州軍は連戦連勝した。高杉はこの戦いに精力を使い果たし、翌年二九歳の生涯を終えた。そして、それより早く、この年の七月、敗報相次ぐ中で家茂は大坂城内で死んだ。年わずか二一歳であった。

この第二次長州征伐の失敗で、幕府の権威は失墜し、薩摩は長州と連合し倒幕する道を選択していくのである。

孝明《こうめい》天皇

攘夷《じょうい》要求する一方で幕府を支援

一八六八年（慶応四、後に明治と改元）、薩長《さっちょう》両軍を主体とした「官軍」は、江戸への追撃を開始した。その先頭には二旒《りゅう》の錦旗《きんき》がひるがえっていた。菊の御紋章が描かれた、いわゆる「錦《にしき》の御旗《みはた》」である。

「宮《みや》さん、宮さん、お馬の前にひらひらするのはナンジャイナ。トコトンヤレトンヤレナ」――松下村塾《しょうかそんじゅく》出身の品川弥二郎《しながわやじろう》（後の内相）が作詞した、日本最初の「軍歌」いや「PRソング」というべきか、それが日本最初の軍楽隊の演奏と共に誇らし気に歌われていた。ちなみに続きはこうだ。「あれは朝敵征伐せよとの、錦の御旗じゃ知らないか、トコトンヤレ、トンヤレナ」

もちろんここでいう「朝敵」とは幕府それも将軍（正確には辞官していたので前将軍）徳川慶喜《よしのぶ》のことである。

しかし、おかしいではないか。禁門の変の時には、いま「官軍」となっている長州の方が「朝敵」だったのである。だからこそ一四代将軍徳川家茂《いえもち》は長州征伐をしたのだ。それもちゃんと天皇の許可（勅許）を取ってのことである。

禁門の変（一八六四）からこの時点までわずか四年である。

では、その四年の間に何が起こったのか？

もちろん混乱の時代であるから、他の時代の数年分、あるいは数十年分の事件はあった。しかし、「討つ側」と「討たれる側」がまったく逆転した最大の理由は、孝明天皇が崩御されたから、なのである。

孝明天皇は天保《てんぽう》二年（一八三一）、先代仁孝《にんこう》天皇の子として生まれた。そして弘化《こうか》三年（一八四六）、一六歳（数え年）にして父天皇の崩御を受けて即位した。

人間を、保守と革新に分けるなら、この帝は明らかに保守主義者だった。たとえば、外国はすべて野蛮で外国人は神聖なる日本に入れるべきではないと信じていた。

日本も昔は唐や百済《くだら》に使者を送り、貿易したり戦争したりしていたし、戦国時代にはキリシタンの伴天連《バテレン》がこの国に在住していたこともあったが、この時代の人間の多くはそのことを知らなかった。鎖国とは幕府の定めた法ではなく、日本の悠久の昔からの原理だと思い込んでいた。

だからこそ帝は、幕府が「勝手に」開国したのを怒った。一刻も早く攘夷を実行せよとも要求した。妹の和宮《かずのみや》を将軍家茂に嫁がせたのも、そのためだ。

しかし、幕府を倒そうという気はなかった。

実際の政治とくに軍事は幕府がやるべきであるという信念を持っていた。実際、建前としては、天皇が将軍（征夷《せいい》大将軍）を任命しているのは、そのためなのである。

当然、幕府の中で、誠意を持って国のために働こうという人間を愛した。

会津《あいづ》中将松平容保《かたもり》は、最もお気に入りの「臣」であった。

崩御ですべてが一変

要するに孝明帝は攘夷論者だが、根っからの佐幕派なのである。

「朝廷は祭事、幕府は軍事」という鎌倉幕府以来の伝統主義者といってもいい。だから同じ攘夷論者でも幕府と常に対立していた長州藩や、その活動を支援する「尊攘派浪士」のことはことのほか嫌っていた。「尊」とは「尊王」つまり「勤皇（天皇家に忠義を尽くす）」のことだから、天皇が「勤皇の士」を嫌うというのは矛盾しているように見える。しかし、彼等の言う「勤皇」の中味は、「実際の天皇の考え」この場合なら「孝明帝の御意志」とは異なっているところがあった。

いわゆる「天皇制」と呼ばれるものは決して「天皇独裁政権」ではない。もしそれが独裁体制ならば、天皇の意志に反することが行われるはずがないではないか。これはいわゆる近代天皇制でも同じことなのだが、日本の一部の歴史学者にはこの点をあえて無視して

「責任論」を展開する人々がいるから注意を要する。金正日体制のようなものが本当の意味の独裁政権である。

とにかく帝はそういう立場だったので、幕府に選ばれて京都の治安を回復するためにやってきた、京都守護職松平容保には大変な好意を持った。帝は、この四歳年下の容保を、ある時は弟のように、またある時は頼もしい護衛者として見ていた。

その肩入れぶりは儀礼的な君臣関係をはるかに越えたものだった。帝は、長州の勢力が朝廷にのびてきた時、自ら筆を取り容保に「お前だけを頼りにしている」という内容の直筆の書簡を送ったほどである。これを特に「宸翰《しんかん》」と呼ぶが、天皇が武家に宸翰を送ったのは南北朝時代に後醍醐《ごだいご》天皇が新田義貞《にったよしさだ》に送ったという例があるだけで、しかも『太平記』にある本当かどうかわからないエピソードなのだが、容保のは本当の話である。

容保は感激の余り泣いた。そして、ますます「勤皇」の志を固めた。容保にとっての「勤皇」とは言うまでもない、孝明帝の御意志に添って、「朝敵」つまり長州や浪士たちを一掃することである。新撰組《しんせんぐみ》の活動も、まさに容保の期待に適《かな》うものだった。

ところが、事情は一変した。

孝明帝が崩御したのである。三六歳の若さであった。孝明帝の死後は何もかも変わった。

徳川慶喜は大政奉還をして恭順の姿勢を示したのに、いつの間にか「慶喜を殄戮《てんりく》せよ（ぶち殺せ）」という倒幕の密勅（天皇の秘密指令）が薩摩《さつま》と長州に出る。この天皇とは明治天皇である。このため薩長は「官軍」、徳川は「朝敵（賊軍）」ということになった。容保も同様である。会津は「官軍」に攻められ容保は降伏せざるを得なかった。賊の汚名を着せられた容保は、小さな竹筒に例の宸翰を入れ、死ぬまで首から下げていた。孝明帝の死はその後の歴史を大きく変えたのである。

岩倉具視《ともみ》

孝明《こうめい》帝暗殺の黒幕と疑われる

「公武合体」は歴史の流れからすれば成功する運動ではなかった。

これは一つの歴史の法則なのである。

時代の変革期には、「変革しよう」という勢力いわゆる改革派と、「変革させまい」という勢力いわゆる守旧派とが、「合体」しようとすることはよくある。なぜなら、いくら守旧派とはいえ「このままではダメだ」ということぐらいは理解するから、改革派と手を握って自らの既得権を確保しようとするわけだ。だが、その「既得権」こそ改革されるべきものだから、結局は「変えろ」「変えない」の争いとなって分裂する。当たり前の話なのである。

戦国時代の織田信長は、守旧派の最大勢力「寺社（寺院と神社）」とは手を結ばなかった。多くの人々は信長を笑った。「バカな若造だ。寺社に逆らって天下が取れるか」と。

旧勢力の代表の武田信玄や上杉謙信は寺社と妥協した。どちらが天下を取ったかはご存じの通りである。

しかし、幕末の「公武合体」については、もう少し長く続く可能性もなくはなかった。というのは幕府の長である一四代将軍家茂《いえもち》と、朝廷の長である孝明天皇が、共に「合体派」であったからだ。

ところが家茂は二一歳の若さで死に、孝明帝も三六歳という壮年で亡くなった。だからこそ倒幕派が一気に力を盛り返したのである。

逆に言えば、帝がもう少し長生きしていれば、幕府の呆気《あっけ》ない崩壊はなかったかもしれない。ここで出て来る一つの疑惑は、帝が亡くなったのは病死ではなく暗殺ではなかったか、ということだ。このことについては当時日本に滞在していたイギリス外交官のアーネスト・サトウも「暗殺の噂がある」と書き残している。では仮に「暗殺」だったとして、その犯人と噂されているのは誰かといえば、この岩倉具視なのである。

岩倉は公家《くげ》の出身だ。この時代の公家は佐幕派と「勤皇派」に分かれていた。「勤皇」といっても内実は倒幕派で、それであるがゆえに倒幕を目指していた長州とは仲がよかった。三条実美《さねとみ》がその代表である。一方、佐幕派の代表は関白九条尚忠《ひさただ》ら上級の公家が多かった。しかし、そこは「お公家さん」であるから、旗《き》幟《し》鮮明《せんめい》の人はむしろ少なく、それだけにリーダーシップのある人間には引きずられる傾向にあった。岩倉はそうした中、最初は公武合体派として動き、和宮《かずのみや》降嫁を実現させた。だが、その強引なやり口が多方面の反感を招き、一時は失脚し「領地」の岩倉村に隠棲《いんせい》した。そして復帰した時、岩倉は今度は「公武合体派」から「倒幕派」へと変わっていた。この辺の変わり身の早さが帝暗殺の黒幕ではないかと疑われるゆえんだ。ただこの件に関してはやはり「濡《ぬ》れ衣《ぎぬ》」というべきだろう。

倒幕の密勅まとめた謀略家

孝明帝の死因は疱瘡《ほうそう》（天然痘《てんねんとう》）による病死である。現在は種痘《しゆとう》（予防接種）さえしておけば、一〇〇パーセントかからない病気だが、この時代はまだ普及しておらず、感染すればかなり高い確率で命を失った。

「岩倉犯人説」は、岩倉が帝に毒を盛ったというものである。岩倉の妹は女官をつとめていたこともあるから、それを行うことは不可能ではなかった。しかし、もしも「毒殺」なら急死するはずだし、遅効性の毒を用いたとしても天然痘の症状は発しないはずである。

それに、倒幕派が帝の健在を障害だと考えていたことは事実だが、この時点で暗殺をはかるほど事態が切迫していたといえるかどうか？

なにしろ相手は帝であり、「勤皇」の対象でもある。いくら倒幕の邪魔になるからといって即暗殺というのはリスクが大き過ぎる。もし佐幕派に証拠を摑《つか》まれ、「逆賊」として糾弾されたら、倒幕派は完全に崩壊する。全国に散らばる草莽《そうもう》の臣も決して許さないだろう。彼等はむしろ「小攘夷《じょうい》」論者で、帝の熱心な支持者でもある。

第一、暗殺までしなくても、無理矢理退位して頂くという手もないではない。そうすれば「平和裡《り》」に明治天皇を立てることもできる。

結局、暗殺説が根強くささやかれるのは、孝明帝亡き後の「逆転」があまりにも印象的だったからだろう。生前の帝が最も頼りにしていた会津《あいづ》が朝敵となり、それまで第一の朝敵だった長州がいつの間にか官軍になってしまう。このマジックの種は、天皇が代替りしたということである。そこで、先帝さえ若死にしなければ、こんなことにはならなかったのに、と口惜しがった人々が「そもそも帝が死んだのは病死ではないのではないか」と疑ったのが、暗殺説が出て来た理由だろう。

そして、岩倉が「犯人」と目されたのも明確な理由がある。この「代替り」をまさにフルに活用して、前記の「大逆転」をやってのけた張本人こそ岩倉だったからだ。

徳川家や会津藩が「朝敵」に転落したのは、ライバルの薩長《さっちょう》に「賊臣慶喜《よしのぶ》（徳川慶喜）を殄戮《てんりく》せよ（ぶち殺せ）」という明治天皇の密勅（秘密指令）が下ったからだ。ところが現在も残されているこの「密勅」なるものを見ると、奏者《そうしゃ》（伝達者）として中山忠能《ただやす》ら三人の公家の名があるばかりで、天皇の裁可を受けた証拠となるものがない。中山は明治帝の母の父つまり外祖父だが、だからといって帝がこれを知っていたという証明にならない。それどころか中山ら三名の花押（サイン）すら入っていないのである。要するに極めて真偽は疑わしい。はっきりしているのは、これを岩倉が「まとめた」ということだ。

だからこそ岩倉が疑われた。つまり岩倉は、人材の乏しい公家の中にあって、唯一といっていいほどの謀略の名人だったのである。

倒幕クーデターの筋書つくる

坂本龍馬《りょうま》と共に暗殺された中岡慎太郎は、即死した龍馬とは異なり二日間生きていた。その中岡の最期の言葉「岩倉卿《きょう》に告げられよ。王政復古のこと、一に卿の御力による」。龍馬と違って中岡はあくまで倒幕派だった。この前月、将軍徳川慶喜は朝廷に大政奉還を申し出ていた。政権を投げ出したように見えるが、実はその後の「政権」で大名会議の議長をつとめ力を温存する作戦だった。これに対し幕府を徹底的につぶさなければ日本の真の改革はできないと考える薩長は、連携してあくまで倒幕を目指した。そのために朝廷工作を担当したのが岩倉で、慶喜が大政奉還した同じ日に、倒幕の密勅が薩長に下ったのだ。これはすべて岩倉の功績である。しかし、これでは五分五分だ。このままでは幕府の力が新政権の中に温存されてしまう。そこで薩長と岩倉が画策し、新政権からの慶喜締め出しを狙っていた。そのさなかに中岡は暗殺されたのである。土佐藩全体そして龍馬も、大政奉還派つまり武力倒幕はしなくてもよいという立場だったが、中岡や乾《いぬい》（板垣）退助はむしろ薩長に賛成していた。そして、その中岡が、王政復古つまり幕府を完全に排除した天皇親政の政治実現に、最も力を発揮すると、期待していた人物こそ、岩倉だったのである。

武力倒幕派はクーデター計画を練った。御所を薩長の兵力で占拠し、宮中小御所《こごしょ》で御前会議を開き一気に王政復古を宣言し、その場で新政権の会議を開いて前将軍慶喜の内大臣の職も奪い、徳川家の領地まで取り上げてしまおう、というのである。岩倉が書いたこの筋書、途中まではうまく行ったが、穏健派の土佐藩主山内容堂《やまうちようどう》が猛然と反発し、その場に呼ばれていなかった慶喜を弁護した。慶喜は恭順の意を示し大政奉還までしているのに、領地まで取り上げるとは何事か、と熱弁をふるったのだ。これは容堂の言い分に理があり、一同反論できない。ところが調子に乗った容堂が「幼沖《ようちゆう》の天子を擁《よう》して権力を私《わたくし》しようとする――」と言ったところで、岩倉はすかさず逆襲に転じた。「無礼であろう。御前であるぞ」と。「幼沖」とは「年若く物事が判断できない」ということだ。実際、この時点での明治天皇（一六歳）はそうだったかもしれないが、それを本人の前で言ってはいけない。容堂は謝罪せざるを得なかった。それでも会議はまとまらなかったが、休憩に入った時、西郷隆盛《たかもり》は岩倉にこう言った。「短刀一本あれば充分でしょう」。要するに、あくまで弁護論を主張するなら刺し殺せ、ということだ。岩倉も覚悟を決め、その覚悟を反対派に伝えた。

再開された会議で容堂は沈黙した。

クーデターは一気に事を運ばねば成功しない。この小御所会議で倒幕派がつまずいていたら、その後の情勢はどう展開したかわからない。慶応三年（一八六七）一二月九日夕方六時から始まった会議は一〇日午前二時、武力倒幕派の勝利で終わった。まさに中岡の期待に岩倉は応えたのである。

玉松《たままつ》 操《みさお》

岩倉に代わり「倒幕の密勅」を記す

政治家が大業を成すにあたっては、優秀なブレーンが不可欠である。最近の様々な政界騒動を見ると、与党にも野党にもろくなブレーンがいないような気が私にはするが、幕末の謀略家岩倉具視《ともみ》には極めて優秀な参謀役がいた。

それが玉松操である。

この字面を見ると、人によっては女性と思うかもしれないが、男性であり歴史に登場してきた時は、ちょうど大久保彦左衛門のようなイメージだった。頑固一徹な老人、まさにそれである。これほど実像と名前のイメージが違う人も珍しい。もっともこれは「ペンネーム」で、本名は山本真弘といった。下級公家《くげ》の次男坊で寺に入れられたが、一徹な気性が周囲と合わず還俗して国学者となった。ペンネームが華やかなイメージなのは、王朝文学の雅《みや》びな世界に憧《あこが》れてのことだろう。

岩倉は希代の策士だが、文章の才はなかった。しかし、時代を動かすのは「名文」でなければならぬ。「倒幕の密勅」にしても「王政復古の大号令」にしても、歴史に残るべき文章であるべきだ。しかし、岩倉はそれがまったくの苦手であった。これらの文章は、ただ美文であればいいというものではない。時代の精神、改革の志を踏まえ、なおかつ迅速に秘密裡《り》に作成されなければならない。玉松は近江国《おうみのくに》（滋賀県）で在野の学者として一部の人には知られていた。僧侶《そうりょ》上がりだから漢文も自在に操れる。岩倉は知人の紹介によってその存在を知り、「師」として招いた。

玉松は見事その期待に応えた。

倒幕のためには、将軍徳川慶喜《よしのぶ》を徹底的な悪として糾弾しなければならない。そうでなければ「賊」として討つことができなくなるからだ。

「詔《みことのり》す、源慶喜、累世《るいせい》の威《い》を藉《か》り、闔族《こうぞく》の強《きょう》を恃《たの》み、みだりに忠良《ちゅうりょう》を賊害《ぞくがい》し、しばしば王命を棄絶《きぜつ》す。つひに先帝の詔を矯《た》めて懼《おそ》れず。万民を溝壑《こうがく》（どぶの中）に擠《おと》して顧《かえりみ》ず、罪悪の至る所、神州まさに傾覆せんとす。朕《ちん》いま民の父母となり、この賊討たずんば何をもってか先帝の霊に謝し下《しも》万民の深讐《しんしゅう》に限ぜん――」

ひどい言われようである。「将軍慶喜は長年続いた将軍家の権威を笠《かさ》に着て、多くの善良な忠臣を殺し、天皇の命令を無視し、ついには先帝（孝明《こうめい》天皇）の命令を守らず、国民を地獄の苦しみにあえがせている。その罪悪の大きさに国は傾かんばかりである。私（明治天皇）はいま国民の父母となり、この極悪非道の慶喜を討たねば先祖の霊に対しても、国民に対しても責任が果たせない――」井伊《いい》大老は確かに忠臣を大勢殺したが、慶喜はそれに反対だったし、それどころか孝明天皇は幕府の方を支持していたではないか、と叫んでも始まらない。これが「革命」というものだ。そして、だからこそこの密勅は結論として、薩長《さつちょう》両藩に対し、「慶喜を殄戮《てんりく》せよ（ぶち殺せ）」と命じているのである。

「錦《にしき》の御旗《みはた》」を考案

「王政復古の大号令」も玉松の起草になるものだ。

「そもそも癸丑《きちゆう》（みずのとうし、嘉永《かえい》六年〈一八五三〉ペリー来航の年）以来、未曾有《みぞう》の国難。これより叡慮《えいりよ》（天皇の御判断）を決せられ、王政復古、国威挽回《ばんかい》の御基（基礎）、立てさせられ候間《そうろうあいだ》、摂関《せっかん》（摂政《せっしょう》と関白《かんぱく》）、幕府等廃絶、縉紳《しんしん》、武弁《ぶべん》、堂上《どうじょう》、地下《じげ》の別無く、尽忠報国の誠をもって奉公致すべく候事《こと》」

一部省略したが、要するに「これからは摂関制度も幕府も廃止する。高級公家（縉紳）や武士、中級公家、庶民の区別なく、忠誠の限りを尽くし、国に報じる心をもって天皇のために働くべし」というものである。

天皇の下では身分の上下はないという、明治の四民平等の思想が既に明示されている。

しかし、玉松の働きはこれだけではなかった。薩長軍の「切り札」となった錦旗《きんき》つまり「錦の御旗」を作ることも、玉松が岩倉に提案したというのだ。

我々は、よくテレビや映画などで目にする「錦の御旗」が昔から「あった」と思い込んでいる。確かに承久《じようきゆう》の乱（一二二一）、建武《けんむ》の新政（一三三三）に、後鳥羽《ごとば》上皇や後醍醐《ごだいご》天皇がそれを使ったという記録はあるものの、その形状は定かではない。誰もが「菊の御紋章」のついた旗だと思っているが、後醍醐天皇が使ったのは「赤地に日月《じつげつ》（太陽と月）が金銀で刺繡《ししゆう》された旗」である。

つまり、明治維新に登場する「錦の御旗」は、玉松が「考証」したものなのだ。いや、考証といっても実は前例は「無い」わけだから、考案したといっていい。確かに、庶民には「日月の旗」などよりは、そのものずばり菊の御紋章が入った旗の方がわかりやすい。しかし「水戸黄門の印籠」のようなものだ。「この紋所が目に入らぬか」というわけである。もっとも、それでも「わからない」人間には、例の品川弥二郎《しながわやじろう》が作った「お馬の前にひらひらするのはナンジャイナ」という日本始まって以来初の「PRソング」もある。ちなみに品川は長州藩と岩倉の連絡係をつとめており、実際に旗を製作させたのは品川だと言われている。

幕府は宣伝戦でも薩長に敗れたのである。

これほどの功績を上げた玉松だが、実は岩倉とは根本的に相容《あいい》れない部分があった。岩倉は薩長との交流で既に「小攘夷《じようい》」を脱していたが、玉松はあくまで開国にも通商にも反対だった。そんなことをすればこの「神州」が穢《けが》れるというわけである。そこで維新後、西洋化路線を取った明治政府に反発し、玉松は再び野に下り、明治五年（一八七二）六三歳の生涯を終えた。玉松の業績があまり世に知られていないのはそのためである。

では、王政復古の大号令と並んで明治維新を象徴する文章「五ヵ条の御誓文《ごせいもん》」は一体誰が起草したのだろうか？

由利《ゆり》公正《こうせい》

越前《えちぜん》藩を建て直した有数の財政通

幕末の雄藩といえば薩長土肥《さっちょうとひ》つまり薩摩、長州、土佐、肥前ばかりが有名だが、徳川親藩ながら越前藩もなかなか活躍している。

やはり松平春嶽《しゅんがく》（慶永《よしなが》）という賢侯（名君）がいたからだろう。

坂本龍馬《りょうま》が勝海舟に会いに行ったことで歴史は大きく動いたが、そもそものきっかけは春嶽にあるというのが最近の学説である。つまり龍馬はまず春嶽に会い、春嶽から勝を紹介されて訪ねて行ったというのだ。「清河八郎」の項でも書いた通り、江戸中期ならば他藩の、しかも郷士《ごうし》の階級の人間に、殿様が直接会ってくれるなどということは有り得ない。だが春嶽は龍馬にせよ清河八郎にせよ、国を思う優秀な人物には身分の壁を越えて接していたのである。その後、勝が、神戸に海軍操練所を作った時、最初は資金を出していた幕府がそれをストップしてしまったことがある。勝が龍馬をはじめとした他藩の若者をどんどん入所させたため、幕府はヘソを曲げたのだ。そこで勝は塾頭の龍馬を越前藩に使者として送った。春嶽に頼んで操練所運営資金を調達しようとしたのだ。春嶽は、顧問の横井小楠《しょうなん》のアドバイスもあり、五〇〇〇両の金をポンと出した。ちなみに幕府が出したのは三〇〇〇両に過ぎない。海軍の育成こそ日本にとっての急務であり、そこには幕府も藩もないということが、春嶽をはじめとする越前藩の人々にはよくわかっていたのである。

この時、福井に入った龍馬に、小楠は同志として一人の越前藩士を紹介している。それが三岡《みつおか》八郎こと由利公正であった。

龍馬暗殺の二週間ほど前、彼は再び福井の由利のもとを訪れた。煙草屋《たばこや》という屋号の旅館で二人は会ったが、その時のことを由利は「龍馬と呼んだら、ヤー噺《はな》す事が山程あるという。其顔《そのかお》を見ると直《すぐ》に天下の事成就と思われた」と回想している。「天下の事成就」とは大政奉還はうまく行く、ということだ。しかし、龍馬が心配していたのはやがて実現する新政府の財政をいかに運営するかということだった。由利は小楠の指導の下に越前藩の財政を建て直した経験があり、有数の財政通であった。龍馬も亀山社中《かめやましゃちゅう》という日本最初の会社を作った男だから、財政の裏付けのない組織がもたないことを知っている。そこで由利の知恵を借りに来たのである。王政復古後由利は新政府に招かれ財政を担当している。とりわけ初期の財政危機を切り抜けたのは、金札（紙幣）を発行するというアイデアを思い付いた由利の功績である。

しかし、龍馬は王政復古以前に暗殺されてしまった。愕然《がくぜん》とした由利は、盟友龍馬の志を何らかの形で残すべきだと考えた。そこで龍馬の「遺産」ともいうべき「船中八策」を整理し、それを新政府の根本方針として内外に宣言すればいいと考えた。これが今日、われわれが「五ヵ条の御誓文《ごせいもん》」と呼んでいるものの、誕生の由来なのである。

「五カ条の御誓文」の作成を提案

「五ヵ条の御誓文」は由利の主張によって作られた。その草案も由利自身が書いた。一、庶民志を遂げ人心をして倦《う》まざらしむるを欲す。一、士民心を一にし盛《さかん》に経綸《けいりん》(国家の整備)を行うを要す。一、知識を世界に求め広く皇基《こうき》(皇室)を振起《しんき》すべし。一、貢士期限を以《もつ》て賢才に譲るべし。一、万機公論に決し私に論ずるなかれ——。最終的に発表された「五条誓文」より、由利案の方がより民主的な内容になっている。

由利はこれを土佐藩士福岡孝弟《たかちか》に示したところ、福岡はまず最後の一条を冒頭に持ってきた。そして「万機公論に決し(すべては話し合いで決めよ)」の前に「列侯会議ヲ興《オコ》シ」の一句をつけ加えた。これは土佐藩の進めていた公武合体路線、すなわち徳川慶喜《よしのぶ》が列侯(大名)会議の議長になるという含みがある。龍馬や由利の理想からみれば、大きく後退したと言える。また由利案の「士民心を一にし」は「上下心ヲ一ニシ」となっている。「ひらがな」から「カタカナ」に変わっただけではない。「士民」よりも「上下」の方が身分の差があることを前提にした表現である。そして由利が冒頭に置いた「庶民志を遂げ」

も「官武《カンブ》一途《イット》庶民ニ至ル迄《マデ》各《オノオノ》其《ソノ》志ヲ遂ゲ」と変えられた。これもかえって繁雑になり内容も身分差を強調するものになっている。また、由利案第四条の「貢士」とは藩全体の推挙によって新政府に出仕した者を言う。これは「下から選ぶ」ものだから、いずれ選挙による代議制に変えやすい。「貢士は発展的解消をして賢才つまり議員にしろ」ということだ。ところが福岡はこれを「徴士《チョウシ》」に変えた。徴士とは藩の上層部の指名で選ばれた出仕者である。つまりこれも民主的に一歩も二歩も後退しているわけだ。

そして最終的には長州の木戸孝允《たかよし》（桂小五郎）が修正を加えた。木戸は倒幕論者で共和制にも理解を示していたから、まず「列侯」を削り「広ク会議ヲ興シ」とした。そして「徴士」の項は全面削除し「旧来《キュウライ》ノ陋習《ロウシュウ》（因習）ヲ破リ天地ノ公道ニ基《モトヅ》クヘシ」と変え第四条に置いた。

つまり第一条が「広ク会議ヲ興シ万機公論ニ決スヘシ」、第二条が「経綸ヲ行フヘシ」、第三条が「官武一途――」、そして第五条が由利案の第三条「知識ヲ世界ニ求メ――」となった。

こうして完成した「五条誓文」は、初めは天皇が大名諸侯と盟約する形、つまり「誓文」ではなく「盟約」の予定だったが、この「マグナ・カルタ」形式に多くの人々が反対し、結局天皇が神々に誓うという形で公表されることになった。共和制志向の由利と、公武合体派の福岡がせめぎ合い、それを木戸がやや共和制寄りに修正したというわけだが、とにかくこういうものをまず作ろうと提案したのは由利なのだから、その功績は不滅で幕末における越前藩の貢献も、なかなか侮れないということになるわけだ。

橋本左内《さない》

国家の病を治す医者志す

優秀な政治家というのは、政治は結果主義であるから、功績を上げた人ということになる。

越前《えちぜん》藩主松平春嶽《しゅんがく》もその意味で「優秀な政治家」だが、そうした政治家にはいつも優秀な「軍師」と「懐刀《ふところがたな》」がいる。現代風に言うなら「ブレーン」と「秘書」というわけだが、春嶽の「ブレーン」が横井小楠《しょうなん》なら、「秘書」は橋本左内であった。

勝海舟は「おれは天下で恐ろしいものを二人みた。それは横井小楠と西郷隆盛《たかもり》だ」と言っているが、その西郷が「同輩の中では最も優秀」と折り紙を付けたのも、この橋本左内であった。

左内は通称で本名は綱紀《つなのり》、号は景岳《けいがく》という。私は春嶽（岳）からもらったものかと思っていたが、実は南宋《なんそう》の愛国軍人岳飛《がくひ》を慕う、という意味で若い頃から使っていたそうだ。

もっともその生涯はわずか二六年しかない。逆に言えば、いかに若い頃から優秀さを買われていたかわかるだろう。

越前藩士の子に生まれた左内は、一六歳にして大坂の緒方洪庵《こうあん》の門を叩《たた》いた。洪庵の「適塾《てきじゅく》」は幕末史において松下村塾《しょうかそんじゅく》と並び称されるほどの有名な塾である。

ただ教育の内容は蘭学であった。ここで三年間蘭学の研究に没頭した左内は、師洪庵をして「池中《ちちゅう》の蛟竜《こうりゅう》である」と賞賛せしめるほどであった。つまりいずれ「天に昇るほど高名な学者になるぞ」ということだ。この時まだ二〇歳に満たない。

越前藩はそもそも蘭学に理解のある藩で、早くから種痘《しゅとう》を行っていた。この頃は「種痘をすると牛になる（血清は牛の血液を使用したので牛痘《ぎゅうとう》ともいった）」というバカげた迷信がはびこっており、いわゆる攘夷《じょうい》論者の中には蘭学医自体も「売国奴」扱いするものすらいた。それに対して越前藩では早くからこの免疫効果に目をつけ、ペリー来航以前に種痘館が設置されていた。左内の大坂留学が許されたのも、こうした背景があったからだ。

ちなみにもし孝明《こうめい》天皇が種痘を行っていたら、あの時点での崩御はなかった。予防の技術は既に存在していたのである。しかし、帝にとっては種痘など「野蛮」の極致であった——。

一方、左内は医者で一生を終わろうという気はなかった。蘭学を研究すればするほど、当時日本が置かれていた危機的状況がよくわかったからだ。「モリソン号事件」に対して初めて幕府を厳しく批判したのも、渡辺崋山《かざん》、高野長英《ちょうえい》らの蘭学者のグループであったことを思い出して頂きたい。

左内は今度は藩に願い出て、江戸に遊学した。そして、ますます志を固くした。それは自分は個人の病ではなく、国家の病を治す「医者」になろうという志である。

一四代将軍争いで井伊《いい》に敗れる

左内の主君松平春嶽は「一橋派《ひとつばしは》」であった。

これは前にも述べたように一三代将軍家定《いえさだ》の跡目に、まだ「中学生」の徳川慶福《よしとみ》(のちの家茂《いえもち》)ではなく「青年」の一橋慶喜《よしのぶ》を推そうという一派のことである。

欧米列強が日本の周辺に黒船で出没しているという、日本国始まって以来の非常事態である。そうした中、春嶽らの主張は至極当然のように思えるのだが、それはまさに現代の視点で、将軍の跡目は前将軍に最も近いものがなるべきであり、幼少か壮年かということは関係ない、幼少ならば老中以下家臣がしっかり補佐すればいい、というのが守旧派の主張であった。言うまでもなく守旧派は慶福を推した。しかし、将軍を頂点として列侯(大名)の力を糾合して国難にあたろうとした春嶽は、それではダメだと考え、慶喜を将軍に推すことこそ日本を救う道だと信じた。春嶽自身も、盟友の山内容堂《やまうちようどう》、島津斉彬《なりあきら》といった面々も、旧体制のままでは老中にすらなれない。「老中は譜代大名の名門から」というカビの生えた掟《おきて》を守るべきだと守旧派は考えていたからだ。だが、守旧派は幕閣を牛耳っているから、このままでは慶福に決まってしまう。そこで春嶽が考えたのは朝廷から幕府に対し、次期将軍は「慶喜」にすべきだという勅諚《ちょくじょう》（天皇の思し召し）を示してもらうことであった。おりしも、ペリーが来航し、幕府が「勝手に」和親条約を結んだことに対し、尊王論の立場からごうごうたる非難がまき起こった。アメリカはさらに通商条約の締結を要求したが、困惑した幕閣では老中堀田正睦《まさよし》が上洛《じょうらく》し、朝廷に勅許（許可）を求めることになった。

ここで春嶽は自分の「代理人」として越前藩で最も優秀な左内を京に送り込んだのである。左内は慶喜こそ次期将軍にふさわしく日本のためにはそれしかないと、熱誠を込めて公家《くげ》たちを説いた。そして一時、朝廷は「慶喜」に傾きかけた。ところがここで主君春嶽の最大のライバルである井伊直弼《なおすけ》が、腹心の長野主膳《しゅぜん》を京に送り巻き返しに出た。関白九条尚忠《ひさただ》を自陣に引き込むことに成功し、結局それが決め手となって一橋派は敗れた。

左内はなぜ失敗し主膳は成功したのか？　明治になって旧幕臣の福地源一郎は春嶽が真っ正直過ぎて「黄金の魔力」を使わなかったからだと評している。逆に、守旧派の水野忠央《ただなか》は「炭屋《すみや》」と言われたが成功したとも言っている。つまり「マックロ」ということだ。実は左内も「如何《いか》なる手段も行ふべし、贈賄の如きは最も（有効な）手段なり」と進言していたが、春嶽はそれを受け入れなかった。結局その功で井伊は大老となり春嶽を隠居に追い込んだ。左内も謹慎の身となった。ところが井伊は、春嶽ら一橋派を「幕政のガン」と決めつけ、左内を捕縛させ、処刑した。左内が逮捕された時点では、誰も死刑になると思わなかった。幕閣の最初の判決も「流罪」であった。それを井伊が死罪に改めたのだ。吉田松陰《しょういん》といい、左内といい、有為の人材を殺した井伊はやはり一流とは言い難い人物であろう。

益満休之助《ますみつきゅうのすけ》

西郷の懐刀《ふところがたな》、ギャングのボス

「政界は一瞬先は闇」とよく言う。

　幕末もこの例外ではない。

小御所《こごしょ》会議で岩倉具視《ともみ》の奮闘によって、徳川慶喜《よしのぶ》の「内大臣辞職（辞官）」および「徳川家の領地返上（納地）」は確かに「決定」した。しかし、当の慶喜は実際に四〇〇万石の領地を持ち、数万の兵士を号令一下で動かせる。近代的な訓練を受けた海軍もある。会議で「決めた」だけではダメなのだ。実際、倒幕派は詰めを誤った。ただちに使者を送り、「辞官、納地」のことを勅命（天皇の命令）として伝えればよかったのに、朝廷ではその通達を松平春嶽《しゅんがく》や山内容堂《やまうちようどう》に任せた。つまり、命令ではなく「説得」しようとしたのである。問題は春嶽や容堂はこの処置に不満を持っており、もっとおだやかに事を運ぼうと思っていたことだ。ここで容堂は小御所会議の決定を骨抜きにする作戦に出た。つまり慶喜は内大臣を辞職し、領地の一部を朝廷に「献上」するが、それはあくまで各藩横並びの上で行うというものだ。本来の決定は徳川家だけが「長年の罪」により「領地すべてを返上」するというものだったのに、すべての大名家が朝廷のために領地の一部を献上することになってしまった。しかも慶喜はその「功績」によって新政府に「議定《ぎじょう》（大臣格）」として参加を許される、というのである。これでは倒幕派の「徳川つぶし」の意図はまったく「つぶされた」も同然である。もともと日本人は「慶喜を殺して領地すべてを取り上げてしまえ」などという過激なことは好まない。そこで朝廷までがこの路線で「説得」されてしまい、当時大坂城にいた慶喜が上洛《じょうらく》し宮中に参内すれば、それでまとまるというところまで倒幕派は追い込まれてしまった。

倒幕を日本改革の切り札と信じていた西郷隆盛《たかもり》、大久保利通《としみち》にとって、この穏健派の巻き返しは致命傷になりかねない。

そこで西郷は最後の手段に出た。江戸の薩摩《さつま》藩邸にいる腹心の益満休之助に徳川を徹底的に挑発せよ、と指令を送ったのだ。

益満は薩摩藩士だが詳しい経歴はわからない。ただ剣の達人で、西郷の謀略面での懐刀であったことは確かである。

益満は何をしたか？

盟友の相楽《さがら》総三《そうぞう》と組んで、強盗団を組織し江戸の商家を片っぱしから襲ったのである。

平たく言えば薩摩藩公認のギャング団を作り、そのボスとなったのだ。

彼等は決して素性を隠さない。面体《めんてい》も隠さず強盗に入ると主人を脅して金品を巻き上げ、「御用金にする。文句があるなら三田《みた》の薩摩屋敷に参れ」と言い、堂々と引き上げて行く。人々は彼等を「御用盗《ごようとう》」と呼んだ。こういうことをすれば必ずマネするヤツが出る。薩摩藩とは関係のない悪党どもまでこれをやり、江戸の治安は極度に乱れた。怒り心頭に発した幕府は、勘定奉行小栗上野介《おぐりこうずけのすけ》の決断で、薩摩藩邸に焼き討ちをかけた。焼き討ちは成功し益満は捕えられた。

ここでほくそ笑んだのが西郷である。

江戸を荒らし慶喜を挑発に乗せる

西郷が指令したこと、そして益満のやったことは、いつの世にも犯罪とされることだ。

幕府の面々が怒り狂ったのも無理はない。しかし、ここで徳川慶喜は事態への対応を誤った。慶喜は「王政復古のクーデター以後のことはすべて薩摩の陰謀であり、薩摩こそ朝敵であり討つべし」という「討薩表《とうさつひょう》」を作り各大名へ檄《げき》をとばしたのである。「表」というのは、慶喜は天皇ではないから「勅」は出せないし、将軍も辞めてしまったから「御教書《みぎょうしょ》（将軍の命令書）」も出せないからだが、いわば挑発に乗って武力行動に出てしまったことが大きな誤りなのである。

そんなことをしなくても、山内容堂、松平春嶽の奔走によって、小御所会議の決定は骨抜きにされていたのだから、ぐっとこらえて朝廷に参内し、その「骨抜き案」を決定事項にしてしまい、さらに「議定」に就任して「新政府」に参加した上で薩摩の犯罪を追及すればよかったのだ。冒頭に述べたように強盗はいつの世でも犯罪である。これをやられたら、薩摩は窮地に陥ったはずだ。

そうなっては困るからこそ、西郷は益満にそうした「挑発行為」をやらせたのだ。もちろんこれは逆目に出る可能性もある。先に述べたような冷静な対処をされたら、かえって違法行為を行った分だけこちらの弱みとなる。つまり現状よりもはるかに悪くなる可能性もあるわけだ。それでもやらざるを得なかったのは、慶喜を絶対に新政府のメンバーにはしたくなかったからだ。それでは倒幕が不可能になるからである。

そして西郷はその賭《か》けに勝った。

益満以下「御用盗」の面々の「大活躍」によって、ついに幕府も慶喜もキレてしまったのである。

こうして鳥羽《とば》・伏見《ふしみ》の戦いは起こった。

兵力としては幕府軍が圧倒的で、特に海軍らしい海軍を持っていたのは幕府だけだったが、薩摩は斉彬《なりあきら》公以来兵器の近代化につとめており、単発式に近い幕軍のゲベール銃に対し、連発可能な最新鋭のスペンサー銃を持っていた。そして、数において劣る薩摩と長州の連合軍が兵器力で健闘する中、長州で作製された二旒《りゅう》の「切り札」が戦場に投入された。

言わずとしれた「錦《にしき》の御旗《みはた》」である。

これを知った慶喜の腰が一気に砕けた。水戸《みと》徳川家出身で、烈公《れっこう》徳川斉昭《なりあき》の実子である慶喜は朝敵となることを何よりも恐れた。そこで慶喜は夜のうちに大坂城をこっそりと抜け出した。京都守護職松平容保《かたもり》も無理矢理同行させたのは、残しておくと「大将」にかつぎ上げられる恐れがあると思ったからだろう。「大将」も「副将」も、大坂湾沖の幕府軍艦で江戸へ「移動」してしまった。大将が逃げ出してしまえば戦《いくさ》は負けだ。こうして鳥羽・伏見の戦いは「官軍」の圧勝に終わった。

では、益満はその後どうなったのだろうか？

勝海舟の「カード」、江戸城無血開城の大任果たす

幕府による江戸薩摩藩邸焼き討ちの際、盟友の相楽総三は無事大坂に逃れたが、益満自身は捕えられた。彼を捕えたのは、当時幕府より江戸警備を任されていた庄内藩の藩兵だった。

益満はただちに処刑されるところであった。それを救ったのが勝海舟である。勝はこの時点、つまり鳥羽・伏見の戦いで薩長が勝ち、東征軍を起こした段階で、いずれ薩摩との交渉があることを予見していた。そのための「カード」として益満の身柄を預かったのである。勝は西郷隆盛とも親しく、幕府の要人の中で唯一薩長とパイプがある男だ。おそら

く益満に「逃げないと約束するなら拘束はしない」とでも言い、屋敷内に留め置いたのだろう。

そしてその「カード」が生かされる日が来た。

官軍による江戸城総攻撃を目前にして、勝は談判による無血開城を欲した。しかし、そのためには西郷と接触せねばならぬ。官軍の参謀として本陣にいる西郷の周囲は大勢の兵で守られている。勝が、のこのこ出かけて行っても会えるかどうか。下手をすると血気にはやった兵に殺されるかもしれない。この時代は新聞もテレビもないから、「幕府の勝だ」などと言っても一般の兵は見分けがつかないのである。

そこで、勝は益満を使うことにした。

直接の使者は剣の達人で幕臣の山岡鉄舟《てつしゅう》とし、案内役に益満をつけたのだ。益満なら官軍の中を無事通過し、山岡を本営まで送り届けられる。そして実際それは成功した。

こうして勝と西郷による直接交渉が実現し、江戸城無血開城はなったのである。

最後の将軍(この時点では前将軍)徳川慶喜は、勝に全権を委任していた。だが、両者の関係は良好であったのではない。以前からむしろ逆で、初め慶喜は薩長と徹底的に戦うつもりでいたから、主戦派の勘定奉行小栗上野介を重用していた。ところが鳥羽・伏見の戦いで薩長が「錦の御旗」を掲げ「官軍」になった時から、朝敵となるのを恐れ徹底的に恭順路線に出た。大坂城で将兵を見捨て軍艦で江戸へ逃げ帰ったのもそのためだ。それ以降、慶喜は小栗を捨て勝を取った。

しかし、総司令官が腰砕けになっても部下はやる気満々だ。既に述べたように榎本武揚《えのもとたけあき》は幕府海軍をごっそり率いて蝦夷《えぞ》地（北海道）へ逃げたし、主戦派の旗本は上野の山に籠《こも》って官軍に抵抗した。益満はこの鎮圧の戦いに参加し、そこで戦死したと言われるがはっきりしない。あくまで陰の存在だったからだろう。

筆者は「政治はウラもオモテもある」とか「政治には汚れ役が必要だ」という言葉を好まないし、民主主義社会では極力そういうことは無い方がいいと思っているが、少なくとも「革命」にはそれが必要であることを認めざるを得ない。そして、維新における最大の「汚れ役」こそ、益満の盟友相楽総三であろう。

相楽《さがら》総三《そうぞう》

赤報隊《せきほうたい》を結成

本名を小島四郎将満《まさみつ》という。江戸の生まれで平田派の国学を学び、尊王攘夷《じょうい》に目覚めた。いわゆる草莽《そうもう》（民間の志士）の一人である。

古くは、水戸《みと》天狗《てんぐ》党にも参加したが、天狗党壊滅のあとは上洛《じょうらく》し、ここで西郷隆盛《たかもり》と知り合い、西郷の懐《ふところがたな》刀であった益満休之助《ますみつきゅうのすけ》と共に江戸に戻る。そして西郷の秘密指令を受けて益満と共に「御用盗《ごようとう》」作戦を実行した。

「御用盗」の仕掛人は益満だが実行部隊の隊長は相楽であった。

相楽はこのために夜な夜な江戸の悪所に出入りし、ゴロツキ浪人にケンカをしかけたり酒をおごったりして、「食えないなら薩摩《さつま》屋敷を訪ねて来い」と誘った。元々親分肌の男だったのだろう。年は益満と同年輩だが、この呼びかけに集まった男は五〇〇人、相楽はその「浪士隊」の総裁となった。

そして江戸市中の商家をかたっぱしから襲い金品を強奪したのである。もちろんこれは徳川を怒らせ戦端を開かせるためだったが、その策にまんまと乗った幕府は薩摩藩邸を焼き討ちし益満を捕えた。しかし、相楽はまんまと江戸を脱出し、京の西郷のもとへ戻った。西郷はここで再び相楽に指令を発した。

官軍の先遣隊として中仙道を進み、勤皇の地ならしをせよ、というのだ。

薩長は鳥羽《とば》・伏見《ふしみ》の戦いに勝ち、東征軍も結成したが、資金不足に悩まされ、また「官軍」が東国の地で受け入れられるかにも不安を抱いていた。そこで江戸生まれの相楽に、先導をつとめさせようとしたのだ。

喜んだ相楽は、新撰組《しんせんぐみ》から脱出し殺された伊東甲子太郎《かしたろう》の弟鈴木三樹三郎《みきさぶろう》らと語らい、赤報隊を結成した。そして朝廷に対して、この赤報隊を官軍の先遣隊として正式に認めることを嘆願し、合わせて官軍に支持が集まるように、百姓の年貢を半額にするとの布告を出すべきだと建白した。この嘆願と建白は二つとも受け入れられた。

相楽は赤報隊を指揮し、中仙道を江戸に向かった。行く先々で年貢半減を布告したから、民衆は熱狂的に赤報隊を迎えた。

この間の有様は、岡本喜八監督が映画「赤毛」（三船敏郎主演）で活写している。「赤毛」とは官軍のかぶっているカツラのような「かぶりもの（赤熊《しゃぐま》）」のことである。

ところが、各地で大歓迎を受けた赤報隊が信州下諏訪《しもすわ》まで来たところ、突然、一部の部隊に対して京への帰還命令が出た。あとから考えると、これは赤報隊を分断する策だったと思われる。

そして、さらに驚くべき布告が官軍の総督府から発せられた。

「相楽の赤報隊はニセ官軍である。ただちに討伐せよ」

そして信州の諸藩が赤報隊討伐に乗り出したのである。

汚名着せられ処刑

「ニセ官軍」と断定された赤報隊は各地で、新たに官軍に組み入れられた肥前・備前・彦根藩の藩兵に「征伐」された。相楽はそれでも抵抗はせず、官軍の本営に出頭したが、官軍はただちにこれを逮捕し何の取り調べもせずに翌日処刑してしまったのである。

明治維新史上最大の汚点ともいうべき事件であった。

一体なぜこういうことになったのか？

最大の理由は相楽に許可された「年貢半減令」が実行不可能だとわかったことだ。初め、官軍は関西以東の土地で本当に歓迎されるか自信がなかった。だから「年貢半減」という魅力的なエサを投げることによって人気を獲得しようとした。ところが、鳥羽・伏見の戦いの勝利は日本の歴史の流れを完全に倒幕に加速させ、それまで中立を表明していた西国諸藩がなだれをうって官軍に参加するようになった。井伊《いい》大老を出した彦根藩ですらそうしたのだから、あとは推して知るべしだろう。そこでもう「人気取り」は考えなくてもよくなったのだ。また逆に「世帯」がふくらんだことにより支出は明らかに増加し到底年貢半減は無理だということがわかった。

官軍そして新政府は「年貢半減」をぜひとも取り消す必要があった。ところが赤報隊の通過したところの民衆は、既に熱狂的にこの「決定」を受け入れてしまっている。今更取り消せば彼等は反感を抱き官軍を支持しなくなる恐れもある。

そこで「あれはニセ官軍だった」ということにされたのだ。

「ニセ官軍のやったこと」なら官軍は関係ないと言い逃れができる。

そのために相楽らは汚名を着せられ殺されたのである。

相楽は「民間ボランティア」でもあった。赤報隊の創設運営資金は、素封家だった彼の父が出したものだ。それだけ新政府のために尽くしながら、彼等は無惨に切り捨てられたのである。

これはあまりにひどいということで、昭和になってから相楽らに贈位が行われ、処刑の地、下諏訪には相楽の遺髪を納めた魁塚《さきがけづか》も建立された。

そして、まったく知られていなかった相楽らの功績を後世に残すため、『二本刀土俵入』でも有名な作家長谷川伸《しん》は「相楽総三とその同志」という歴史ドキュメントを書き上げた。長谷川はこれを「筆の香華《こうげ》」と言っている。最近の「日本史」の中には学者だけが相楽を名誉回復したように書かれているものが多く、そのさきがけであった長谷川の労作に触れる者が少ないのが私の不満である。だがその労作を読んでも、誰が相楽を「切り捨てた」

のかはよくわからない。岩倉具視《ともみ》という説もあるが今後の研究課題であろう。相楽ら草莽はおしなべて開国近代化には反対だった。だから切り捨てられる要素はあったとはいえ、相楽はあまりにも悲劇の人であった。

小栗上野介《おぐりこうずけのすけ》

幕府軍の近代化、海軍の基礎づくりに尽力

本名は忠順《ただまさ》という。通称は代々「又一《またいち》」で、これは小栗の先祖が実に勇猛な人物で、徳川家康の旗本として常に一番槍《やり》の手柄を挙げたという故事によるものだ。つまり家康は感嘆して「また一（番槍）か」と言ったので、それを記念して「又一」と名乗るようになったというのだ。旗本の中では有数の名門である。

しかも、小栗自身も幕臣の中ではきっての英傑と呼ばれた人物であった。日米修好通商条約の締結後の万延元年（一八六〇）、条約批准とアメリカ事情の視察のため遣米使節が派遣されたが、小栗もこのメンバーに選ばれている。ちなみに咸臨丸《かんりんまる》はこの時使節団の先遣隊として出発している。これが戦国末以来ほぼ二六〇年ぶりの日本人の海外渡航であった。

その目でアメリカを見て来た小栗は、その後、幕府軍の近代化そして海軍の基礎づくり

に積極的に尽力した。

特に、元治元年（一八六四）からは横須賀《よこすか》に海軍の造船所を作る責任者（軍艦奉行）となり、技術援助を引き受けたフランス公使レオン・ロッシュと深い交わりを結んだ。横須賀が軍港として完成し、現在も使用されているのは、まさに小栗の功績である。

このあたりから、小栗の頭の中にはフランスの力を借りて倒幕勢力に対抗し、新たに徳川幕府を再生強化しようという計画が芽生えた。当時、徳川慶喜《よしのぶ》側近であった西周《にしあまね》（哲学という言葉の考案者）は、この頃慶喜の諮問を受けて「新しい日本の姿」を建白している。その計画「議題草案」によると、日本のトップは天皇ではなく「大君《たいくん》」たる将軍で、天皇は元号の制定権など「祭祀《さいし》」に関する権限のみあって、実際の政治とは切り離されている。さらに議会（議政院）もあるが、それは各大名が上院を構成し下院も各藩から推挙された者がなるという、幕藩体制を色濃く残したものだった。

つまり慶喜は、大政奉還で倒幕派の矛先をかわした上で、これらの「大君体制」の方へ日本を持って行こうと考えた時期もあったということだ。しかし、それには薩長《さっちょう》に勝つ軍事力、財政力が必要になる。

慶喜は、これをフランスの力によって獲得しようと考えたに違いない。そもそも慶喜はフランスびいきで、西周も慶喜のフランス語の先生だったのである。また幕府軍の軍制もフランス式で、当時フランス軍からの軍事顧問団が幕府のために陸軍を指導していた。小栗がその後フランスとますます交流を深めて行ったのも、慶喜の暗黙以上の積極的な了解があったと見て間違いあるまい。
ところが、その慶喜がまさに豹変《ひょうへん》するのである。

将軍に直接クビにされる

益満休之助《ますみつきゅうのすけ》と相楽総三《さがらそうぞう》が御用盗《ごようとう》事件を引き起こした時、断固として薩摩藩邸を焼き討ちすべしと最も強硬に主張したのは、当時勘定奉行であった小栗であった。慎重派の勝はこれに反対したのに、小栗が「暴走」したために、まんまと薩長側に倒幕の口実を与えてしまった――つまり小栗は「短慮」であったということになっているが、本当にそうだったのか？

むしろ、幕内の親仏派として小栗は徳川慶喜と深く結び付いており、一見「短慮」に見えることとも慶喜の意に添うため、いわば暗黙の了解があったとは考えられないだろうか？

その慶喜が豹変した。

大坂から江戸へ戻った慶喜は、慎重派の勝を重用し始め、フランスと組んで抗戦すべしと主張する小栗を罷免した。それも、小栗はあくまで再考を求め慶喜の袴《はかま》の裾《すそ》を摑《つか》んで引き止めたため、「無礼者」と一喝されその場で「クビ」になったのだ。江戸時代の約二六〇年間、将軍に直接「クビ」を申し渡されたのは小栗唯一人といわれる。一体なぜ小栗はそこまで粘ったのか。それは慶喜了解のもと、フランスに借款と軍事援助を申し込む計画がほとんど具体化していたのに、慶喜の豹変でつぶれたからではないか。小栗はこの時フランスの借款を得るための代償として、蝦夷《えぞ》地など領土の一部を割譲することも考えていたといわれ、そのために「売国」の徒として見る向きもあるのだが、それ自体本当は慶喜の内意に基くものかもしれないのだ。もちろん確たる証拠はないし、小栗は何も言わずに死んで行った。慶喜もこのあたりの事情には固く口をつぐんでいる。小栗とは立場の違う勝も、慶喜の不名誉になることは言えなかっただろう。曲がりなりにも「主人」なのであるから。

では、なぜ慶喜が豹変したかといえば、それこそ「錦《にしき》の御旗《みはた》」の力である。朝敵とされることをそれほど恐れていたということだ。私は、家康が水戸《みと》徳川家を「勤皇」の家にしたのだとにらんでいる。もし将来、徳川家と天皇家が対立しても、水戸家が朝廷側につけば徳川の家名は残る。だから水戸家は勤皇でなくてはいけないし、もう一つ大切なのは将軍になってはいけない、ということだ。それではリスク配分の意味がなくなる。だから同じ御三家の紀伊《きい》・尾張《おわり》は大納言だが、水戸は一段格下の中納言にしたのだろう。そのままなら「水戸出身の将軍」は有り得ないはずだった。ところが問題は八代将軍吉宗《よしむね》が御三卿《ごさんきょう》(一橋《ひとつばし》、田安《たやす》。清水は正確には九代家重《いえしげ》が作った)を創設したことだ。これは明らかにライバル尾張を将軍候補から締め出す策だったのだが、家というものは一度できてしまえば独自の力学で動き出す。そこで本来将軍にはなれないはずの水戸家出身者が、一橋家の養子となることによって将軍となる道が開かれてしまったのである。

デッチ上げの罪状で斬首《ざんしゅ》

水戸出身で、幼少の頃から勤皇思想を叩《たた》き込まれた慶喜が、通常なら将軍になるはずのない慶喜が、徳川家を継いだところが小栗ら徹底抗戦派の不幸であった。

慶喜が水戸出身でなければ、「錦の御旗」はあれほど効果がなかっただろう。大坂の天保山《てんぽうざん》沖に停泊していた軍艦開陽丸《かいようまる》で、部下の将兵を置き去りにして「敵前逃亡」することもなかったはずである。

小栗のような生粋《きっすい》の旗本からみると、この「勤皇」ぶりは余りにも度が過ぎていた。この時代の人間として小栗にも天皇を尊崇する心はあったに違いない。しかし、それはあくまで主家つまり徳川家あってのことだ。徳川（将軍家）は約二六〇年間にわたって、天皇からこの国の統治を委任され（それは本当は一種のタテマエにせよ）、曲がりなりにも平和を保ってきたのだ。その徳川に対する朝廷の、朝敵として討伐するという態度は、あまりにも過酷過ぎる。

しかもそれが本当に天皇の叡慮《えいりよ》に基くものならまだしも、明らかに薩長に操られてのことだから、小栗は到底承服できず慶喜の袴の裾を掴んでまで翻意させようとしたのだ。

しかし、慶喜によって罷免された彼は、海軍を率いて脱走した榎本武揚《えのもとたけあき》と異なり、知行地（領地）の上野国《こうずけのくに》群馬郡権田《ごんだ》村に引き籠《こも》って、晴耕雨読の生活に入った。

なぜ榎本のように転戦への道を選ばなかったかといえば、やはり慶喜に罷免されたからだろう。榎本は結局慶喜の意志には逆らったわけだが軍艦奉行は罷免されていない。そして蝦夷島共和国樹立以後は、慶喜との主従関係は事実上切れた。しかし、小栗は罷免されたことを、同時におそらくは慶喜の了解のもとに進めていたフランスとの「同盟」をも中止せよ、という命令だと受け取ったはずである。すると徳川家（慶喜が将軍であろうとなかろうと徳川家の当主であることには変わりない）の忠実な家来である小栗は、もう他にやることはない。隠居するしかないことになる。

小栗の立場から見ると、慶喜というのは実に頼みにならない、優柔不断な男に見えるかもしれない。だが、その慶喜の「腰砕け」によって、江戸城無血開城が実現し江戸が火の海にならず、多くの江戸市民の命が救われたことを忘れてはいけない。いや江戸市民だけではない。徹底抗戦ということになれば、国中が真っ二つに分かれ、それぞれにイギリスとフランスが加担し、もっと悲惨なことになっただろう。京都も焼土と化したかもしれない。それを考えると、やはり小栗は「負けるべきだった」のかもしれない。いずれにせよ歴史上の人物のほとんどは、単純に善と悪に割り切れるものではないのだ。

小栗の最期は悲惨だった。官軍に対して抵抗の意志を失った彼を、官軍はあくまで危険人物視し、デッチ上げられた罪状で捕えられ、ろくな取り調べもないまま斬首された。享年四二歳であった。

山岡鉄舟《てつしゅう》

江戸城無血開城、幕府側の主役

一つの物事が為《な》されるには、多くの人々の協力がある。たとえ一人の人間の力で成功したように見えても、それはその人物が主役であるということで脇役がいなかったということではない。

江戸城無血開城、あるいは日本国中が真っ二つに割れるような大規模な内戦の回避は、決して勝海舟と西郷隆盛《たかもり》だけの力によるものではない。もちろん「主役」のこの二人がいなければこのことは決して成功しなかった。だがそれは多くの人々の協力によって、達成されたのである。

演劇風に言うなら、プロデューサーは徳川慶喜《よしのぶ》だろう。慶喜が徹底した恭順策を取らねば、そもそも無血開城は有り得なかった。そして、勝はむしろ主役というよりディレクターであろう。「役者」を選んで「ドラマ」を成立させた。そして、幕府側の「主役」こそ、この山岡鉄舟なのである。

江戸城無血開城を成功させるには、まず官軍側とコンタクトをとらねばならない。この点、何かと顔の広い勝は最も適任だったが、それでも今と違ってメールもファクスも電話もない。誰かが官軍の西郷のところまで行って交渉せねばならないのだ。まず、どうやって敵中突破して本営まで行くかという問題があった。テレビも新聞もないから、幕臣だといっても証明できない。下手をすると問答無用で殺される。この難問は、勝がこのことを予見して手元に置いておいた「カード」、まさに「名脇役」としての薩摩《さつま》藩士益満休之助《ますみつきゅうのすけ》が役に立った。益満が同行すれば西郷のところまでは安全に行けるからだ。

次の問題は誰が行くか、ということだ。勝自身が行くという選択肢もあった。だが、自分に万一のことがあったら、今後の可能性はまったく絶たれてしまう。しかし、もう一度言うが電話もファクスもないので、ただ使者に手紙を持たせればよいというものではない。追加の指示は与えられないのだから、場合によってはその場で「全権大使」として交渉にあたるぐらいの識見と能力を持った人物でなければならない。しかも相手は西郷だ。胆力でも負けない人物が必要だ。

勝が困っていると、ちょうどその時鉄舟が勝を訪れた。二人は初対面であった。明確な証拠はないが、どうやらプロデューサー慶喜が使者にうってつけの人物として勝のところへ「面接」に送ったらしい。

山岡は幕臣で、剣の達人として知られていた。彼は無刀流という流派を創始したほどである。にもかかわらず、殺生が大嫌いで、これほどの剣客でありながら人を斬ったことがなかった。勝は一目見て鉄舟の人物を知り、西郷宛ての手紙を託して、あとは頼むと言った。

鉄舟は益満の案内で官軍本営に無事到着し、勝の手紙を西郷に渡した。協議に消えた西郷は、やがて戻ってきて無血開城を実現するための条件を紙面で示した。だが、一読した鉄舟は顔色を変え、これは受け入れられない、と叫んだ。

不名誉な死すら恐れない

西郷が示した、徳川「降伏」の受け入れ条件は、ほぼ勝が提示した「原案」に基くものであった。勝はあらかじめ降伏後の徳川家が混乱しないように、様々な条件を西郷宛ての手紙で提案していたのだ。その中で、慶喜については謹慎する、と「原案」ではなっていた。

ところが使者の鉄舟に示された「条件」は、慶喜は備前藩にお預けのこと、となっていたのだ。

鉄舟が憮然《ぶぜん》として抗議したのはここである。

備前藩は徳川とは何のゆかりもない。徳川親藩でも有力譜代大名でもない。だからこそ鉄舟は怒ったのだろうが、これを官軍側の視点で見ると、慶喜を徳川と縁の深い大名に預けると、旗頭にかつがれでもする危険性があると思ったのだろう。もちろん、これは西郷の個人的な意向ではなく、官軍の東征大総督府の決定である。だから西郷はそう説明した。

だが鉄舟は決して諾《だく》とは言わなかった。

西郷はこれは総督府の大将たる有栖川宮《ありすがわのみや》の御意志でもある、これに逆らうことは朝廷に逆らうことであり、降伏したことにならないと、鉄舟を説得しようとした。

だが、鉄舟は腹を据えて言い返した。

「ここで貴殿と拙者の立場を入れ替えて考えて頂きたい。もし貴殿の主君たる島津公が虜囚の身となり、しかも敵方の藩に預けられることになったら、貴殿はそれを甘んじて受け入れるのですか？」と。

ここで西郷も言葉に詰まった。確かにそんなことは家臣として到底受け入れられることではない。

しばらくして西郷は大きく頷《うなず》いた。

結局、慶喜は「実家」の水戸《みと》に帰って謹慎することで話がついた。鉄舟が官軍の言い分をそのまま聞いて帰って来たのなら、おそらく多くの幕臣は不満を抱き、談判自体もまとまらずに決裂ということになったはずだ。

降伏の使者でありながら堂々とし死をも恐れぬ鉄舟の態度に感嘆した西郷が「命もいらず、名もいらぬ男は始末に困る。だが始末に困る男でなければ天下の大事は計れない」という有名な言葉を口にしたのはこの時である。後世、この言葉を曲解した人々もいるが西郷の真意は「死を恐れぬ者は稀《まれ》にいるが、不名誉な死すら大義のために恐れない者は滅多にいない。そういう人物でなければ大事は任せられない」という意味である。犬死を恐れていては大事をなせない、と言い換えてもいい。鉄舟はまさにそういう人物であった。

明治後は、その人柄を買われ若き明治天皇の侍従となり天皇の「教育係」も兼ねた。

明治二一年（一八八八）の臨終の際には身を清め死装束に改めて結跏趺坐《けっかふざ》し、見舞いに訪れた勝海舟の前で「只今涅槃《ただいまねはん》に入る」と宣言し絶息した。そして、それでも体は崩れなかった。多くの人々がそれを見ている。

レオン・ロッシュ

幕府との連携強めた幕末の仏公使

幕末の争乱は、一時フランスとイギリスとの代理戦争の様相を呈していた。

それというのも幕府方にフランスが味方し、薩長《さつちょう》方にはイギリスが味方したからだ。

なぜフランスが幕府を選んだのか?

実は、私はその理由として納得のいく説明を聞いたことがない。単なる偶然だったかもしれない。たまたまフランスが、日本の当時の中央政府である幕府に接近し、その反動としてライバルのイギリスは「幕府のライバル」である薩長に味方したのかもしれない。

一つ考えられるのは、アヘン戦争による「悪名」である。イギリスが中国(清《シン》)から茶を買って膨大な輸入超過になったのを改善するためにアヘンを売りつけ、そのことに中国が抗議すると、戦争を仕掛けて無理矢理言うことをきかせた。アヘン戦争は「民主主義国家」イギリスの国会の決議を経て中国に仕掛けられたが、イギリス国内でも二大政党制を実現したウィリアム・グラッドストーンが「イギリスの永久の恥さらし」と批判したぐらいの極めて悪らつな行為であった。

日本人が、外国を恐れ攘夷《じょうい》の炎が燃え上がったのも、かつて「手本」にしていた大国がイギリスという「悪」に思うさまになぶられたからであった。実際「清国の二の舞は踏まない」という思いが、多くの草莽《そうもう》の心の中にあった。

幕府がこうしたイギリスの「毒牙《どくが》」を避けるために、フランスを選んだというのは有り得る話だ。またフランスも、中国進出についてはイギリスに一歩も二歩も遅れをとったという思いがあり、日本においてはその失敗を繰り返すまいという方針をとった。

こうした中、フランス外相ドルーアン・ド・リュイスの対日政策を幕府中心にするという方針の下、日米和親条約締結から一〇年後の元治元年（一八六四）、初代公使に代って本国からレオン・ロッシュが新任公使として派遣された。

ちょうど薩摩藩が鹿児島で長州藩が下関で、無謀にも外国に戦争を仕掛け（薩英戦争、馬関《ばかん》戦争）、大惨敗を喫し、「小攘夷」路線がまったく破綻《はたん》していた時だったので、ロッシュは水を得た魚のように、幕府との連携を進めた。

幕府の担当者は、勘定奉行で後に軍艦奉行となる小栗上野介忠順《おぐりこうずけのすけただまさ》であった。

ロッシュは小栗の横須賀《よこすか》造船所建設計画を積極的にバックアップし、無事にこれを完成させた。

また小栗にアドバイスして、フランスから経済使節を招き、経済援助を受けることを勧めた。小栗はこれを正式にフランスに要請し、来日した経済使節クーレとの間に、六〇〇万ドルの借款が成立した。日本特産の物産（生糸等）を優先的にフランスに輸出する見返りの形である。これは当然、軍用金として使われるはずだった。

慶喜《よしのぶ》の「敵前逃亡」理解できず失意の帰国

ところが、ロッシュがまったく予想しなかった事態が起こった。

徳川慶喜の豹変《ひょうへん》である。

それがなぜ起こったかは再三触れたので省略するが、一つ言っておかねばならないのは、それは外国人であるロッシュにとってはまったく理解不能の事態であったことだ。

なぜ「錦《にしき》の御旗《みはた》」が戦場に出現しただけで、こうまで腰砕けにならなければいけないのか？

これも、これまでしばしば述べたことだが、慶喜は決して「全面降伏」の形で大政奉還したのではない。むしろ大政奉還は倒幕派の矛先をかわす、絶妙の政治的決断であり、これがために倒幕派は一度は窮地に陥ったのだ。実際、西郷隆盛《たかもり》の挑発に乗らなかったら、慶喜の夢見ていた「大君政府」も一度は有り得たかもしれない。

もし、仮にそれが実現したとしても、私は長持ちはしなかったと思う。歴史の流れに逆らう者は、一時的な栄えはあってもそれは恒久的なものにはならない。たとえば榎本武揚《えのもとたけあき》の「蝦夷《えぞ》島共和国」がその実例だろう。

だが「一時的」なら充分に可能性はあった。小栗らの努力で六〇〇万ドルの資金は既に調達されている。そしてフランスの軍事顧問団によって指導された陸軍を中心とした精強な部隊も既に誕生している。海軍もこの時点で幕府海軍が最強で、薩長が束になっても勝てないぐらいの陣容である。これはすべて慶喜が将軍になってから、短期間にフランスとの連携によって装備されたものだ。

慶喜が「錦の御旗」に腰砕けとなり、その最強の海軍軍艦で大坂から江戸へ「敵前逃亡」した後、ロッシュは何度も江戸城を訪ね、断固戦うべしと慶喜の説得を試みた。

「三〇〇年の泰平を保った幕府が、一戦も交えずにどうして政権を投げ出すのか。ヨーロッパではこんなバカげた話はない」

だが、慶喜は決して応じようとはしなかった。

「好意はありがたいが、日本は他の国とは違うのだ。絶対に錦旗《きんき》に弓を引くことはできぬ」

それが慶喜の最後回答であった。

結局、慶喜は恭順のことを勝海舟に一任し江戸城を去る。ロッシュの「同志」であった小栗が慶喜の袴《はかま》の裾《すそ》をつかんで制止したのは、この時である。

そしてあくまで態度を変えない慶喜に絶望し、榎本武揚は幕府海軍を、大鳥圭介《けいすけ》は幕府陸軍を率いて、あくまで薩長と戦うために脱走した。

こうした中、本国フランスも外相が交替し、それまで幕府一辺倒だった外交姿勢が改められることになった。明治元年（一八六八）、新政府の代表としての明治天皇に謁見《えっけん》を賜わったのが、公使としての最後の仕事で、ロッシュはその年のうちに更迭され、失意のうちに本国に帰り、そのまま外交官任務から引退した。

大鳥圭介《けいすけ》

江戸開城の前日脱走

幕末は、小栗上野介《おぐりこうずけのすけ》のような名門出身者で活躍した者はむしろ少なく、新撰組《しんせんぐみ》の近藤勇《いさみ》や土方歳三《ひじかたとしぞう》のように実力で抜擢《ばってき》された者の方が活躍している。

幕府最後の歩兵奉行にして、榎本武揚《えのもとたけあき》の蝦夷《えぞ》島共和国の陸軍奉行であった大鳥圭介も、生まれつきの旗本ではなく江戸の出身でもなかった。

大鳥は、大石内蔵助《くらのすけ》と同じ播州赤穂《ばんしゅうあこう》の生まれである。ただし武士ではなく医者の息子だった。

この時代、活躍した人物の中には医者の息子が少なからずいる。大鳥の他にも長州の久《く》坂玄瑞《さかげんずい》、村田蔵六《ぞうろく》（大村益次郎）がそうだが、正規の武士の子ではないとはいえ、学問に早くから触れる機会があり世の中の情勢を知る機会に恵まれたことと、医術の必要性から蘭学に対するアレルギーが他の攘夷《じょうい》論者より少なかったことも、その原因かもしれない。

大鳥は初め地元で漢学を学んだが、後に大坂に出て緒方洪庵《こうあん》の適塾《てきじゅく》で蘭学を学んだ。橋本左内と同門というわけだ。次いで幕府の家来として初めて反射炉（溶鉱炉）を作った伊《い》豆《ず》代官江川太郎左衛門《たろうざえもん》に弟子入りし、西洋流兵学を学んだ。

この学識が認められ、幕府に出仕し旗本となり、歩兵差図役《さしずやく》となって幕兵の西洋式調練に当たった。これにはフランスからの軍事顧問団の指導もあったが、とにかく大鳥の手によって幕兵は、戦国時代の兵から近代陸軍の兵へと変身を遂げた。

陸軍で大隊長にあたる歩兵頭は二〇〇〇石クラスだが、それを統轄する歩兵奉行になると三〇〇〇石になる。慶応四年（一八六八）正月に歩兵頭になった大鳥は、その翌月には早くも歩兵奉行となった。異例の出世というよりは、乱世であり、幕府の人材も払底していたこともある。だが、もちろん優秀でなければ要職にはつけない。大鳥はますます任務に励んだ。

ところが、四月になってとんでもない事件が起こった。

例の江戸城無血開城である。

主戦派のトップであった小栗は既に罷免され、恭順派の勝海舟によって「全面降伏」ともいうべき、この事態になったわけだが、幕府の恩に報いようと日々兵の調練に励んできた大鳥にとって、このままむざむざと官軍に降伏することはできなかった。

榎本武揚が幕府海軍を率いて北へ脱走する計画があると知ると、大鳥も同志二〇〇余人と共に江戸開城の前日脱走し、日光街道を北上した。

そして、この間に合流した元新撰組副長土方歳三と共に宇都宮《うつのみや》、日光、会津《あいづ》と転戦し、仙台で脱走してきた榎本艦隊と合流した。

そして箱館《はこだて》（函館）へと向かった。この地を占領し、新しい政府を樹立するためである。

蝦夷島共和国誕生

仙台で榎本艦隊と合流した大鳥は、土方歳三らと共に箱館へ向かった。

そして、大鳥ら陸軍の活躍で五稜郭《ごりようかく》を占領し、次いで松前《まつまえ》城を落とし江差《えさし》を攻略した。

こうして蝦夷島共和国は誕生し、そして幹部は入れ札（選挙）で選ばれることになり、大鳥は陸軍奉行に就任した。ちなみに土方歳三は陸軍奉行並《なみ》（副奉行）となった。

この「共和国」の最大の打撃は、明治新政府の成立と共に欧米諸国がこれを唯一正当な政府として承認したことだろう。つまり交戦団体ではなく、反乱軍ということになってしまったのである。

そのためせっかく旧幕府が四〇万ドルもはたいてアメリカから買っておいた最新鋭戦艦ストーンウォール（石の壁）号が、新政府に引き渡されてしまったことだ。

この軍艦は、そもそもアメリカ南北戦争のおりに南軍がフランスに発注し、南軍敗北後はアメリカ合衆国政府の所有となっていたという、いわくつきのものだが、この船（新政府は甲鉄艦と命名）が「敵」にわたったことによって、共和国軍が唯一優位を保っていた海軍力まで逆転してしまった。

しかし、共和国軍も手をこまねいて見ていたわけではなかった。蒸気機関で動く黒船は、必ず燃料（石炭）補給が必要である。蝦夷地に入る前に、必ず宮古《みやこ》湾に寄港するとみて、翌明治二年（一八六九）三月共和国軍は新政府に奇襲をかけた。

味方の軍艦を甲鉄艦に接舷《せつげん》して斬り込みをかけ、甲鉄艦自体を分捕ってしまおうという作戦であった。

この作戦は、嵐にはばまれ思うような接舷ができずに、失敗した。

新政府軍は上陸作戦を展開、甲鉄艦の艦砲射撃で江差、松前は陥落した。

五月一一日、官軍の総攻撃を受け土方は敵中に突入し戦死した。

大鳥は籠城《ろうじよう》策を取ったが、甲鉄艦の強力兵器アームストロング砲の艦砲射撃によって、抗戦不能となり、ついに五月一八日総裁の榎本と共に降伏した。

降伏後、約三年罪人として獄につながれたが、やがて許されて新政府に出仕した。

はじめは北海道開拓使などで中級官僚の道を歩んだが、後に出世し晩年はアジア方面の外交に従事した。

特に、明治二七年（一八九四）中国で東学党の乱が起こった時、清国特命全権大使兼朝鮮駐劄《ちゆうさつ》（駐在）外交官であったので、政府の訓令により清国軍の撤退、朝鮮の内政改革を要求し、日清戦争のきっかけを作ったと言われる。後に枢密顧問官となり、明治四四年（一九一一）まで生きた。

ジュール・ブリュネ

幕府に乞《こ》われ軍事教官として来日

映画「ラストサムライ」（エドワード・ズウィック監督・脚本、トム・クルーズ主演）はなかなか面白かった。

もっとも「歴史ドラマ」というのには無理があり、日本の明治初期の混乱をモデルにしたファンタジーとしておくのが無難だろう。主人公勝元（渡辺謙）のモデルは西郷隆盛《たかもり》だろうが、一八七四年（明治七年）のサムライは甲冑《かっちゅう》までは着ていないし、逆に官軍はもっと西洋化している。「ニンジャ」が集団で出てくるのもおかしい。

そして、最大の問題は主人公のトム・クルーズ演じるオルグレン大尉がアメリカ軍の陸軍士官だという設定であろう。アメリカがペリー提督によって日本を開国させたのは事実だが、アメリカの軍事顧問が日本人（官軍にせよ幕軍にせよ）を指導した事実はない。というのも当時はヨーロッパの軍隊の方が、少なくとも陸軍においては優秀だという定評があったからだ。幕府がフランス式を採用したのもこれが理由で、特にフランスにこだわったのはナポレオン以来フランス陸軍は最強という思い込みがあったのかもしれない。では、「ラストサムライ」のモデルになるような人物はいなかったのかといえば、少なくとも一人いた。

それがフランス陸軍砲兵隊のジュール・ブリュネ中尉である。

ブリュネは初め幕府に陸軍の教育を頼まれ、軍事教官団の一員として来日した。団長は参謀本部のシャルル・シャノアーヌ大尉で、士官五名、下士官および兵一〇名の計一五名の構成だった。彼等は、大鳥圭介《けいすけ》たちにフランス陸軍の最新式の教練を施した。俗に云う「同じ釜《かま》のメシを食った」のである。

ところが情勢が急変し、フランス公使レオン・ロッシュの説得もむなしく徳川慶喜《よしのぶ》は恭順を決意した。このためフランスは幕府を見限り新政府に乗り換えることとなり、軍事顧問団にも本国への召喚命令が出た。

しかし、ここでブリュネは上官のシャノアーヌ大尉に辞表を叩《たた》きつけた。

そして、品川《しながわ》沖に停泊していた榎本《えのもと》艦隊に乗船すると、新政府に対して共に戦う決意を示したのである。

ブリュネは彼を慕うフォルタン軍曹、カスヌーブ伍長《ごちょう》らと共に、最後まで榎本らと行動を共にした。

彼等、軍事顧問団は、陸軍全体を指導するため、それぞれ兵科が異なっていたから、共和国軍にとっては大いに頼もしい味方であったはずだ。

だが、衆寡敵せず、共和国軍は敗れた。

五稜郭《ごりようかく》陥落の日、ブリュネらは榎本に別れを告げ、フランス海軍のコエトロゴン号で戦場を脱出した。しかし問題は脱走罪に問われることだ。

幕末日本のスケッチも

脱走というのは軍隊における最大の罪である。

どうも日本は昭和二〇年の手痛い敗戦後、軍事というものについて考えるのをやめてしまったようだが、たとえ自分の国は軍隊を持たないにしても、教育システムの中に軍事を学ぶ部分は残しておかねばならない。現代の政治も過去の歴史も、軍事常識なしには正確に理解できないのに、日本の「平和主義者」の中には「軍事に対して無知になる」ということが人間として正しい道だと思い込んでいる人々がいる。困ったことには一国の総理までそれに毒されている。

ジェンキンス問題がそれだ。

民主主義国家における国民は基本的人権がある。だから戦うことを強制されない。しかし、それでは国民の生命財産を守ることができないので、まともな国家は国民に対する「サービス」として、いざとなったら戦ってくれる人間を養成しておく。これが軍隊だ。

しかし問題は彼等も国民の一員であり基本的人権は持っていることだ。だが戦いの最中にそんなものを振り回されたら、戦うことはできない。だから軍人には軍人だけの特別に厳しい法律がある。それが軍法だ。軍人というのは軍法を守ることを誓約して軍隊に加入した人間と定義してもいい。その最大の約束事は「逃げない」ということだ。「逃げる自由」を認めたら軍隊はあっという間に崩壊する。だから脱走罪は最大の罪なのである。その最大の罪を「許してやってくれ」とブッシュ大統領に頼んでいるのが、わが小泉総理だ。これは相手がミッテラン大統領だろうがフセインだろうが、絶対に認めない。認めたら、その国は滅亡するぐらいの重い案件なのだ。軍事常識の無さにも困ったものである。

さてブリュネ中尉は榎本軍に身を投じるにあたって上官のシャノアーヌ大尉に辞表を叩きつけている。ゆえに脱走にはならない、というのは早計だ。というのは辞表は受理されなければならない。叩きつけただけでは辞めたことにはならないのだ。もしそれが認められるなら、脱走したい人間は常に「辞めます」と書き置きを残せばいいということになる。だからブリュネ中尉の行為は「脱走罪」に問われる可能性もあった。そして脱走罪は多くの場合「死刑」にも問われかねないから、榎本軍に身を投じたことは死を覚悟しての行為だったのである。だが、本国に送還されたブリュネらを迎えたのは案に相違して、国民の暖かい歓呼の声であった。義勇兵として最後まで戦った彼等の勇気をフランス人は誇りに思ったのだ。結局、ブリュネは一時予備役とされただけで済み、後に現役復帰し少将に昇進し、また陸軍大臣となったシャノアーヌの官房長もつとめた。ブリュネは画才があり、彼が残した幕末の人物、風景、風俗のスケッチは貴重な史料となっている。

中島三郎助《さぶろうすけ》

日本の黒船造船を決意

嘉永《かえい》六年(一八五三)六月三日――。

ペリーの黒船は来た。

この日、日本人として初めて黒船に接触した人物、それが中島三郎助である。

中島は幕府の浦賀奉行所支配組の与力であった。

沖に姿を見せた四隻の黒船を見て、中島はまずどこの国の船か検分しようと、オランダ通詞《つうじ》(通訳)堀達之助《たつのすけ》を伴い、小舟でアメリカ艦隊の旗艦サスケハナ号に乗りつけたのである。

最初サスケハナ号では「もっと高官を寄こせ」と要求したが、通詞の堀がとっさの機転で中島のことを「副奉行」だと紹介したので、二人は乗船を許された。

サスケハナ号でも中島が「副奉行」だというので、副長のコンチ大尉が面会した。外交の「格」を維持するためだろう。

中島は、日本の国法に基き長崎への回航を要求したが、コンチは拒否した。ここで幕府がアメリカ大統領の国書を受け取らない限り、引き下がるつもりはない、と答えた。交渉は物別れに終わった。

日を改めて、今度は中島と同役の支配組与力香山栄左衛門《かやまえいざえもん》は再び即時退去を要求したが、コンチは逆に国書を受理しないと江戸に乗り込むと脅しつけた。

そのうえコンチは「われわれが来ることは一年前から通告済みのはずだ」と言ったのである。

香山は仰天した。あわてて帰り、浦賀奉行戸田氏栄《うじよし》を問い詰めると、戸田はそれを認めた。香山は口惜しさの余り涙を流したという。なぜ現場の担当者に伝えておいてくれなかったのか、と。

実はコンチが言ったのは、多少ハッタリでもあった。事前に正式通告はしていない。しかし幕府がそれを知っていたのは事実だった。当時からアメリカは既に民主国家で新聞などもある。それにペリー艦隊は、日本がまだ開港していないため遠回りして大西洋から琉《りゆう》球《きゆう》を回ってきた。こうしないと燃料の石炭が補給できないからである。だから、ペリー艦隊は大勢の人々の目に触れ、当時唯一日本と友好関係にあったオランダは「来年米国艦隊が日本に通商を求めにやってくる」と、わざわざ知らせてきてくれていたのだ。

しかし、幕府は動かなかった。

当時の老中首座阿部伊勢守正弘《あべいせのかみまさひろ》はさすがに危機感を抱き、他の老中に対策を求めたが、他の老中はなんの根拠もなく、「黒船などこない」と決め込んでいた。要するに嫌なこと、起こって欲しくないことは「起こらない」と決めつけてしまうのである。日本民族の致命的欠陥だ。だからこそ現場の担当者は泣かされる。

だが、中島はこの時決意した。

「ならば、この黒船と同じものを造ってやろうではないか」と。

理工系の才のある通人

中島三郎助は本名を永胤《ながたね》といい、浦賀奉行所の与力の子として生まれた。当時「与力の子は与力」というのがあたり前の社会であった。職業選択の自由など、特に武士の嫡男に生まれた者にはまったくなかった。

その中島が「黒船を造ってやろう」などという大胆な発想を抱いたのは壮とすべきだが、読者は「奉行所の与力にこんなことが可能か」と思うだろう。実はここに一つの錯覚がある。

与力の子に生まれたからといって与力に適しているかどうかはわからない。現代だって父親は「文科系」息子は「理科系」という家庭は決して珍しくないし、母親の遺伝だってある。ところが、昔は「家業」というものがどこの世界にもあり、才能の有無にかかわらず、嫡男はそれを継がねばならなかった。

このことは逆に言えば、現代に生まれたなら当然工学部に進学しているはずの人間が、「家業」を継ぐために「文科系」の役人をやっているケースもあるということで、まさに中島がそうだったのだ。ひょっとしたら中島は、ペリーより七年前に浦賀に来航した同じアメリカのビッドル提督の黒船を見ていたのだろう。そのためか早くから西洋兵学の先駆者高島秋帆《しゅうはん》に砲術を習い、「免許皆伝」の腕前だった。そして当時世界最新鋭の蒸気艦であるペリーの黒船を見た彼は、幕府が鎖国以来の大船製造禁止令を解き、大あわてで浦賀に建設した造船所の建造主任となった。そして翌安政元年(一八五四)西洋船の船体構造を模した軍艦鳳凰丸《ほうおうまる》を建造した。蒸気船ではなかったが、幕府としては初の西洋式軍艦であった。そして幕府が海軍操船技術のための学校長崎海軍伝習所をつくるとその一期生となった。勝海舟は同期である。

要するに中島には「理工系」の才能があったのだ。のちに軍艦操練所教授方となる。また「桂小五郎」の項でも述べたように、長州藩士である桂が造船技術を学びたいとやって来ると、惜しみなく「軍事機密」を伝授したのも中島であった。

しかし、中島の本分はやはり武士であった。鳥羽《とば》・伏見《ふしみ》の戦いの後、中島は榎本武揚《えのもとたけあき》の呼びかけに応じ、二人の息子と共に箱館《はこだて》(函館)に入り、新政府軍との戦いでは五稜郭《ごりょうかく》の前進基地であった千代ヶ岡陣屋の守備隊長となった。

だが、新政府軍の猛攻に箱館は陥落し、土方歳三《ひじかたとしぞう》も戦死する。中島には新政府軍から降伏勧告がもたらされるが、中島はこれを謝絶し、ついに明治二年（一八六九）五月一六日長男恒太郎、次男英次郎と共に戦死した。

中島は木鶏《もつけい》という俳号を持つ、なかなかの通人でもあった。その辞世の句「ほととぎす我も血を吐く思ひかな」。彼等を記念して命名された函館市中島町には、「最期之地《さいごのち》」を示す石碑がある。

伊達宗城《だてむねなり》

「黒船製造」の大命下る

なぜ日本はアジアの中でいちはやく近代化できたのか？
多くの人が錯覚しているように、それは黒船（外国勢力）が最初に日本に来たからではない。中国は既にアヘン戦争（一八四〇）の頃にイギリスに徹底的にやられているのである。

その有力な理由は、国民作家司馬遼太郎も指摘しているように、「黒船を作ってやろう」と思った日本人が少なからずいたからだろう。知的好奇心といってもいいし、器用さといってもいいが、これが中国にはなかった。なぜなら儒教は、自国以外はすべて野蛮という中華思想を持つ上に、職人の技を人間の価値として評価しないからである。少なくとも昔の中国では「プロジェクトX」が人気番組になることは有り得ない。「身分の低い人間が汗水たらして（これも野蛮な行為）、バカなことをやっている」というのが、そういうことへの儒教的評価である。

しかし、日本人は違う。

伊達宗城は仙台藩伊達家の分家にあたる宇和島伊達の当主であった。

生まれついての大名ではなく、それどころか江戸の三〇〇〇石の旗本の次男坊であった。そのまま部屋住みとして一生を終わるところを、幸運にも宇和島伊達家の養子となり家督を継ぐことになった。幸運の種は生家と伊達家が親戚《しんせき》関係にあったことだが、これほどの出世をした人は江戸時代でも珍しい。それだけ優秀な若者だったのだろう。若君時代は、幕府の人質政策で江戸屋敷に住んでいたが、近くに水戸《みと》藩の江戸屋敷があり、よくそこへ遊びに行った。水戸の当主は烈公こと水戸斉昭《なりあき》（慶喜《よしのぶ》の父）であり、宗城はこの年長の斉昭に大変気に入られ実子のように可愛がられたという。当然、その影響を受けて時世への認識も鋭くなった。

そこへペリーが黒船でやってきた。

日本国中びっくり仰天し、驚き恐れる者か怒る者がほとんどの中で、宗城は「あれを作ってみたい」と思ったのである。

しかし、いくらなんでも宗城自身がそれを作ることはできない。当然、人にやらせるということになる。宗城は国家老に相談した。国家老は桑折左衛門《こおりさえもん》と言ったが、左衛門は領内で情報を集め、これはという男を一人発見した。

嘉蔵《かぞう》という。姓はない。

蘭学者でもなく、正式に修業した職人ですらなかった。ただ女房に逃げられるほどの凝り性で変り者で、手先が器用なことは並ぶ者なしという男だった。とりあえず生きて行かねばならないので、提灯《ちょうちん》の張り替えをなりわいとしていた。

大村益次郎とともに黒船造る

この、提灯屋嘉蔵に、宗城から「黒船製造」の大命が下った。無理難題もいいところだ。蒸気機関で動く船を作るためには、科学や数学や力学の知識もいる。嘉蔵は「無学」である。しかし――。なんと提灯屋嘉蔵は本当に黒船を造ってしまったのである。

もちろん、最初は何が何だかわからなかった。蒸気機関というものが蒸気で動くことすら嘉蔵は知らなかったのである。

ただ幸いなことに、宗城の指示で嘉蔵は長崎に「留学」できることになった。といってもごく短い期間で待遇もひどく、何よりも完全な手探り状態だったが、とにもかくにもオランダ船に乗り込み、蒸気機関というものをこの目で見ることができたのが、最大の収穫であった。

要するに石炭の火力で蒸気を起こし、その蒸気の膨張力でピストンを動かし、それを円運動に変える「からくり」だと気付いたのである。「からくり」ならば、それを再現するのは嘉蔵の得意中の得意である。あっという間に嘉蔵は蒸気機関の模型を作り上げた。

ただ実物を作るとなるとそう簡単には行かない。最大の問題は水蒸気の圧力に耐えうるボイラーを作ることで、それには時間がかかった。また、船体を誰が作るかという問題もあった。エンジンとボディは別物である。両方を一度に作るのは難しい。

幸いにもそれは藩に招かれていた蘭医村田蔵六《ぞうろく》が引き受けてくれることになった。蔵六は後の大村益次郎である。長州人だが医者の出身だったので、身分制度のやかましい長州では注目されなかった。むしろ宗城がその才能を知り、宇和島に招いたのである。宗城の最大の長所は、人の才能を見抜き、その人間に機会を与えたことだろう。

幕府から「指名手配」されていた蘭学者高野長英《ちょうえい》もこの地でしばらく潜伏し、オランダの兵学の本を翻訳した。蔵六も医者としてではなく技術者として腕を磨く機会を得た。シーボルトの娘楠本《くすもと》いねも「混血児」を嫌う人々から逃れて宇和島に来ていた。

安政六年（一八五九）、ペリーの来航から六年後、嘉蔵の「黒船」はついに進水した。船体がエンジンに比して大きすぎたために、よろよろとした動きしかできなかったが、曲がりなりにも蒸気船は完成したのである。ただ後発の薩摩《さつま》藩の島津斉彬《なりあきら》が密かに「ガイジン」を招いて蒸気船を作らせたため、日本初の栄誉は嘉蔵のものとはならなかった。しかし嘉蔵はほぼ独力でこれを作り上げたのだ。

その功績により、嘉蔵は宗城から「前原」という姓を賜わり、改名して前原巧山《こうざん》となり明治二五年（一八九二）八一歳で死んだ。

一方、宗城は将軍候補に一時慶喜を推したため、井伊《いい》大老ににらまれ一時は退隠したが、桜田門外の変で井伊が死ぬと中央政界に復帰し、その温和な性格が買われ諸勢力の調整役となり、新政府にも議定《ぎじょう》として招かれた。明治四年（一八七一）の日本と清国（中国）の初めての対等条約日清修好条規の調印にも全権大使としてかかわった。その後公職を引退し、嘉蔵と同じ明治二五年（一八九二）七五歳で没した。

大村益次郎

他藩に才を見出された「売れない医者」

初名を村田蔵六《ぞうろく》という。

周防国吉敷郡《すおうのくによしき》鋳銭寺《すずぜんじ》村の町医者の家に生まれた。周防国（防州）は長門国《ながとのくに》（長州）と共に山口県を形成しており、昔はこれが長州藩の領地だったから、蔵六も「長州出身」ということになる。よく錯覚している人がいるが、長州藩毛利家は防長二州の領主である。

蔵六は家業を継いで医者になることが定められていた。幸運だったのは当時天下一だった大坂の蘭学塾、緒方洪庵《こうあん》の適塾《てきじゆく》に留学を許されたことだろう。蔵六はここでめきめきと頭角を現わし、たちまち塾頭となった。

翌年、その経歴を土産に故郷へ帰り、医者として開業したが、まったく流行《はや》らなかったという。

現代に残された写真を見てもわかる通り、蔵六は極めて特異な風貌《ふうぼう》をしている。「火吹ダルマ」の異名があったという。そのうえ、ずけずけと物を言う性格だった。当人は一種の天才で、無駄なことは一切しないから、そういうことに身を労している世間の人が愚かに見えたのだろう。「お暑うございます」というのは挨拶《あいさつ》で儀礼なのだが、それに対して「夏は暑いのはあたり前です」と言い返されれば、誰でもむっと来る。確かにそれは事実なのだが、人間は感情の動物なのである。蔵六はそこがわからなかった。いや、そんなことを理解するのは無駄だと割り切っていたというのが正しいかもしれない。

だが、開業医としてはこれは致命的な性格である。そんなわけで長州の人々は蔵六を「売れない医者」としてしか見なかったのだが、なにしろ適塾の塾頭になるくらいだ。だから蘭業の才は一流である。そこでむしろ他藩が蔵六に注目した。あの、人の才を見抜き活躍の場を与えることが得意の伊達宗城《だてむねなり》が蔵六に注目したのである。

宇和島《うわじま》に招かれた蔵六は蘭学初の教授として水を得た魚のように活動を始めた。蔵六自身、もっとも適性があると感じていたのは医者ではなく軍人である。それも戦闘員というよりは、軍全体の形をどう考えるか、あるいは大部隊をどう展開するかという、軍政あるいは指揮の方面に才能があると自分でも気付いたのだ。「伊達宗城」の項でも述べたように提灯屋《ちょうちんや》嘉蔵《ぞう》の黒船造りを、船体の部分を受け持つことによってサポートしたのも蔵六だが、蔵六の関心は次第に武器すなわち銃や大砲に移っていく。

この間、長州藩でも蔵六のことが見直されるようになった。一昔前、アメリカで有名になった日本人が「逆輸入」でもてはやされるような現象があったが、あんなものだと思えばいい。幕府は第一次長州征伐に成功したが、第二次には敗れた。薩摩《さつま》がこれを支持しなかったこともあるが、長州の勝利の陰には蔵六の卓越した軍隊指揮があった。こうして蔵六は藩主に激賞され大村の姓を与えられ、益次郎と改名した。

彰義隊《しょうぎたい》の上野籠城《ろうじょう》を一日で壊滅

明治元年(一八六八)四月、大村は長州藩の藩兵(官軍)と共に江戸に入った。

江戸では城の無血開城が行われ、とりあえず市街戦の危険は去った。しかし、薩摩の「御用盗作戦《ごようとうさくせん》」で治安は乱れていたので、大村は江戸府判事としてその回復につとめた。

ところが、ここで大事件が起こった。

彰義隊の上野籠城である。

これまで何度も述べたように、幕臣の一部には徳川慶喜《よしのぶ》の恭順策に反対した抗戦派がいた。海では榎本武揚《えのもとたけあき》が海軍を率いて北へ去ったが、ここで旗本の抗戦派は彰義隊を結成した。正確に言うと、彰義隊は初め慶喜側近の渋沢成一郎が頭取となり、江戸の治安回復につとめた、「新見廻組《みまわりぐみ》」のようなものだったが、慶喜の退隠に従って渋沢が身を引くと抗戦派の天野《あまの》八郎が実権を握り、官軍へ反旗をひるがえしたのである。上野にこもったのは、江戸の鬼門(東北)守護の寺である寛永寺《かんえいじ》が城構えだったことと、輪王寺宮法親王《りんのうじのみやほっしんのう》(出家した親王)がいたからだろう。輪王寺とは日光山東照宮の別当寺(神社に付属する寺)で、江戸時代は京都から招かれた親王が輪王寺と寛永寺の住職を兼ねるならわしになっていた。そういうこともあって彰義隊は法親王を擁する形となり、逆に官軍側は彰義隊攻撃をためらった。

上野は要害の地であり、万一鎮圧が長引くと全国に反薩長の火の手が燃え上がらないとも限らない。官軍は軍議を開いたが、薩摩出身の参謀海江田《かえだ》信義《のぶよし》は慎重論を唱えた。ところがここで大村は反対した。新政府のお膝元《ひざもと》で彰義隊を放っておけば、官軍の威信にかかわる。断固討伐すべきだし、やる気になれば一日で討伐できるというのである。海江田は怒った。薩摩の沽券《こけん》にかかわるということもあったが、最大の理由は海江田が洋学ギライの攘夷《じょうい》論者であり、「医者の息子に何ができるか」と内心軽侮していたからだ。しかし同じ薩摩でも西郷隆盛《たかもり》は大村の力量を知っていた。そこですべてを任せた。大村は、新兵器のアームストロング砲を有効に用い、本当に一日で上野を落としてしまった。大村の盛名はますます上がり海江田は大恥を掻《か》いた。

大村はその功が認められ、日本の近代軍制の創始者となったが、翌明治二年（一八六九）九月京都視察中に、尊攘《そんじょう》派の浪士に襲われ暗殺された。佐久間象山《しょうざん》や横井小楠《しょうなん》などと同じく、外国ギライの攘夷論者のエジキになったのだ。犯人は当然死刑を宣告されたが、この死刑執行に「待った」をかけたのが海江田であった。結局、執行はされたが海江田はよほど犯人たちに「共感」を抱いていたらしい。大村が死に際して「大砲を沢山作っておけよ」と遺言したのは有名である。果たして明治一〇年（一八七七）西南戦争が起こった。

大村の「大砲」により鎮定された「賊軍」の大将は西郷隆盛だったが、その西郷は上野の山に大村は靖国《やすくに》神社境内に「護国の神」として今も銅像になっている。

鍋島閑叟《なべしまかんそう》

アームストロング砲をいちはやく入手

本名は直正《なおまさ》、閑叟は号。幕末の肥前佐賀藩三六万石の大名である。

俗に、幕末から維新にかけて活躍した官軍側の藩を、「薩長土肥《さっちょうとひ》」と呼ぶ。薩摩、長州、土佐は当然として、なぜ肥前（佐賀藩）が入っているのか、疑問に思ったことはないだろうか？

確かに明治以降は、江藤新平、大隈重信《おおくましげのぶ》、大木喬任《たかとう》といった佐賀藩出身の人物が活躍する。しかし、たとえば池田屋事件でも八・一八の政変でも、佐賀藩も佐賀藩士もまったく登場しないか、まるで目立たない。それなのになぜ「薩長土」と「肥」は並び称されているのか？

その秘密は、佐賀藩の持っていた最新鋭の武器にある。アームストロング砲という。

アーム（武器）、ストロング（強力）だから大砲の「商品名」だと思っている人もいるが、これは発明者の名である。そもそも銃砲というものが発展するのに、大きなフシ目がいくつかあった。弾が先込め（銃口から入れる）か元込め（手前から入れる）かというのもそうだが、先込めするのは火薬と共につめるからだ。弾丸一つ一つに火薬の入ったカートリッジ（薬莢《やっきょう》）が付いていれば元込めでいいし防水性も高まる。もう一つエポックとなったのが「ライフル」である。「ライフル」とはもともと螺旋条溝《らせんじょうこう》つまり鉄身の内側に刻まれた螺旋状の溝のことだ。これがあると弾丸の接地面が減少し摩擦が減り飛ぶ距離が伸びるだけでなく、溝に沿って弾丸はスクリュー状に回転して飛び出すので、弾道がブレなくなって命中精度が高まる。

小銃のことを「ライフル」と呼ぶように、銃においてはこれが早くから採用されていた。ところが、大砲ではそれが出来なかった。弾丸を飛ばす原理は同じなのだが、大砲に「ライフル」を刻み込むと、しばしば砲身が破裂した。強度に問題があったのだが大砲が破裂すれば一個分隊が全滅する。だからヨーロッパの各国も大砲を「ライフル」にすることはためらいがあった。ところが、イギリス人のW・G・アームストロングという技術者が、この「ライフル式大砲」の開発に成功したのである。その秘密は、それまで鋳物で作っていた砲身を鋼鉄の鍛造とし、ワイヤーで砲身を巻いて強度を高めるというものであった。鍛造とは、金属をドロドロに溶かす（鋳造）ではなく、日本刀のように中程度の温度で成型する技術である。日本のお家芸といってもいい。

閑叟はこの、イギリス海軍ですら採用をためらっていたアームストロング砲を、いちはやく外国商人の手によって入手し、そればかりでなくただちに藩内で同じ物を作らせた(製造には失敗したという説もある)。そのプロジェクトは見事に成功し、佐賀藩のアームストロング砲は上野の彰義隊《しょうぎたい》を一日で壊滅させ、会津《あいづ》藩の本城鶴ヶ城まで落城させた。戊《ぼ》辰《しん》戦争はアームストロング砲による勝利といってもいいぐらいだ。それにしても閑叟はなぜそれほど近代兵器に固執していたのか?

富国強兵、近代化路線を貫く

幕末の佐賀藩は「武装中立国家」であった。閑叟はアームストロング砲の他にも、黒船(蒸気船)や反射炉(溶鉱炉)も作らせた。その技術水準は、島津斉彬《なりあきら》亡き後の薩摩藩を凌駕《りょうが》し、日本最高いやアジア最高であった。それどころかアームストロング砲についてのみ言えば、オーストリアやフランスの技術すら越えていた。

つまり、「明治維新」は少なくとも「富国強兵」というスローガンについて言えば、一足先に佐賀藩はそれを達成していたとさえ言えるのだ。

一体、なぜ閑叟はそこまでやったのか? そして他の藩には出来なかったことが、なぜ佐賀藩では可能だったのか?

閑叟は徹底的なリアリストであった。何度も述べたように攘夷《じょうい》それも「ガイジンを叩《たた》き斬ればいい」という「小攘夷」は机上の空論であった。欧米列強は日本への進出をやめる気は毛頭ないし、日本の旧式の武器では絶対に外国勢力にはかなわないのである。しかし、日本人がその机上の空論からはっきり目覚めたのは、実際に外国と戦ってみてその実力を思い知ったからであった。薩英戦争(一八六三)、馬関《ばかん》戦争(一八六四)である。薩摩と長州はこれでようやく「小攘夷」の迷妄から目覚めた。ところが佐賀藩は既にその数年以上も前から、兵力の西洋化をはかっているのである。

実は佐賀藩鍋島家は、一種の「トラウマ」ともいうべき強烈な事件の体験者であった。フェートン号事件である。

ペリーの来航より四五年も前の文化五年(一八〇八)、イギリスの「黒船」フェートン号が長崎港に侵入し、オランダ商館から食糧等を略奪した。当時、イギリスとオランダは戦争中であり、オランダの重要な海外拠点である長崎を襲うため、フェートン号はオランダ国旗をかかげて長崎湾へ侵入してきたのである。これは明らかな国際法及び交戦協定違反の行為だ。しかし、幕府はこのイギリスの不法行為に対して何もできなかった。フェートン号の武装はあまりにも強力であり、戦いに及べば負けることは必至だったからである。そのため当時の長崎奉行松平康英《やすひで》はイギリスの要求通り物資を与えて退去させ、その後責任を取って切腹した。

この時、幕府から長崎の警備を命じられていたのは佐賀藩だった。当然、当時の佐賀藩主であった閑叟の父鍋島斉直《なりなお》は幕府から散々叱責《しっせき》された。イギリスに大恥を掻《か》かされたというわけだ。この武門の恥辱に閑叟は燃えた。父の跡を継いだ閑叟は、ただちに富国強兵、近代化の路線を貫いた。そして他藩が旧式の武器で、「学生運動」のような空理空論の戦いをしている間にも、着々と力を蓄えていたのだ。そして最後の最後で「官軍」に味方した。これすべて閑叟の指導力によるものだ。本当の意味の「賢侯」とは山内容堂《やまうちようどう》でも松平春嶽《しゅんがく》でもなくこの鍋島閑叟かもしれない。だが、一口に近代化といっても、達成するのは容易ではない。その秘訣《ひけつ》はなんだろうか？

大隈重信《おおくましげのぶ》

学生の身分で佐賀の学制改革ののろし上げる

幕末において佐賀藩がヨーロッパなみの近代兵力を育成できたのも、逆に維新の「志士」の中に佐賀藩士が極めて少ないのも、実は理由は一つだ。教育である。

佐賀藩の教育制度は、他の藩とまったく違っていた。まず第一に藩士は上級武士であれ下級武士であれ必ず学校（藩校）に通わなければならなかった。他藩では藩校に通えるのは上士だけで、だから伊藤博文《ひろぶみ》や山県有朋《やまがたありとも》は松下村塾《しょうかそんじゅく》へ行ったのである。この点で鍋島家《なべしま》は「明治」を先取りしていたともいえるのだが、実はこの佐賀藩の教育制度に憎悪ともいうべき感情を抱いていたのが、その教育を実際に受けた大隈重信なのである。

大隈は明治後出世し総理大臣となって伯爵を授けられた。その回顧録が『大隈伯昔日《せきじつ》談《だん》』である。大隈の直論を筆録したものだが、この中で大隈は佐賀藩の教育制度を口をきわめて罵倒《ばとう》している。何がそんなに気に入らないのか。

それは『葉隠《はがくれ》』であった。『葉隠』とは佐賀藩士山本常朝《じょうちょう》が口述した書物で「武士道といふは死ぬことと見付けたり」という「名文句」で有名であり、これを武士道の聖典と見る人もいる。

しかし、大隈に言わせれば、それはとんでもない話で、佐賀藩の教育制度が人間を一つの鋳型に封じ込め、自由な発想を奪うものであるのは、そもそもこの葉隠精神が原因なのだと言う。

『葉隠』の冒頭には「釈迦《しゃか》も孔子も、楠木《くすのき》（正成《まさしげ》）も（武田）信玄も、かつて鍋島家に奉公した事のない人々であるから、尊敬するに足りない」とある。つまり鍋島絶対主義であり極めて偏狭な「ナショナリズム」なのだ。だからこそ学問も鍋島家へ奉公の「道具」になってしまう。大隈はこれが許せなかったのである。大隈は藩主鍋島閑叟《かんそう》についても批判的であった。

閑叟の側にも言い分はあるだろう。

それは欧米列強の侵略の魔手をはねのけるには、なまなかな覚悟ではダメだということだ。「学問の自由」などを認めている場合ではない。全藩を挙げて脇目もふらずに、近代化を推進すべきなのだ。この教育制度では罰も強烈であった。なんと落第生は家禄《かろく》の大半を没収されてしまうのである。武士の給与は戦国時代に決まったもの（例、一〇〇石）が、世襲されている。江戸時代はずっとインフレが進行していたから、武士階級はただでさえ窮乏していた。そこへ家禄の大半を召し上げられれば生きてはいけない。それが「落第」

の罰なのである。大隈は「反骨」の固まりのような人物であった。まず葉隠主義の藩校弘道館で学制改革ののろしを上げた。まだ学生の身分なのに、である。もっと蘭学を中心にすべしと主張し、佐賀藩絶対主義を脱却するため義祭同盟という「学生組織」を作った。「義祭」とは楠公《なんこう》（楠木正成）を祭るということで、これは勤皇派としての旗揚げであると共に、「楠木は尊敬するに足りない」という葉隠主義への真っ向からの挑戦である。大隈はついに藩校を放校処分となった。

イギリス公使も認めた豊かな知識

藩校弘道館を放校された大隈は藩内の蘭学学校であった蘭学寮に移った。

だが大隈はこれからは、蘭（オランダ）ではなく英米の時代と見抜いていた。そして、ちょうど長崎にキリスト教宣教のために来ていたフルベッキに英学を学ぶことになった。フルベッキはオランダ生まれのアメリカ育ちという経歴を持っていたから、既に蘭学を学習していた大隈にとっては実に学びやすい師であったはずだ。大隈はフルベッキから「聖書」と「アメリカ憲法」の知識を主に学んだ。

この頃の大隈の行動で特筆すべきことが二つある。

一つは、勝―坂本龍馬《りょうま》ラインとはまったく別個に「大政奉還」のアイデアを考え出し、それを藩論とすべく主君鍋島閑叟にせまったことである。閑叟は藩論とすることはしぶったが、代りに一書生として幕府に進言したらどうかと大隈に勧めた。そこで大隈は閑叟の暗黙の了解の下に「脱藩」し盟友副島種臣《そえじまたねおみ》と共に京へ上って、幕府の知人を頼ってこのことを上申した。結果は無惨だった。「世《よ》迷《ま》い事を言う危険分子」と見なされ、追い立てられるように京を去らねばならず、挙句の果ては藩から謹慎処分をくらった。土佐ルートの大政奉還論が受け入れられたのは、具申者が一介の浪人の龍馬ではなく土佐藩主の山内容《やまうちよう》堂《どう》だったからだ。逆に言えば、もし大隈の建言を閑叟が受け入れていれば、その名誉は佐賀藩のものであったことになる。だから大隈は閑叟には批判的だった。そもそも佐賀藩は「藩内鎖国」つまり他藩の者を領内に入れないという風習もあり、『葉隠』の佐賀絶対主義と合わせて、極めて閉鎖的な体質があった。大隈はそこが生涯気に入らなかった。しかし、今の時点で歴史を見ると、私は閑叟の寛大さをむしろ評価する。大隈は土佐に生まれていたら、とうの昔に切腹させられていただろう。それを考えれば大隈は幸運だった。

　その力量がついに発揮される時がきた。明治元年（一八六八）、大隈は、新政府から九州鎮撫《ちんぶ》総督に任命された公卿《くぎょう》沢宣嘉《のぶよし》の下で副参謀をつとめていた。沢は国学者で極端な攘《じょう》夷《い》論者でもあり、キリスト教を野蛮視して信者を弾圧した。その頃長崎には幕府の長崎奉行が捕えたキリスト教信者もいた。欧米列強はただちにこれを釈放せよと外交的圧力をかけてきた。その代表はイギリス公使のパークスであり、パークスは「アジア人」でもあり「若造」でもある大隈を初手からなめてかかり、「この野蛮人め」という態度で脅しつけたが、大隈は一歩も屈せず「キリスト教は邪教でないことは認めるが現在の国法ではまだ釈放できない」と突っぱねた。パークスは大隈の万国公法やキリスト教の知識に感心し、矛を収めかえって大隈を認めるようになったという。

明治になって大隈は政界で様々な活動をするが、それは「明治の話」として別に記す問題だろう。ただ早稲田大学の創立は佐賀藩の自由を認めない教育への反抗からなされたものだということだけは指摘しておきたい。

ハリー・S・パークス

時代を見抜き、薩長《さつちょう》支持

晩年に長年の功績で爵位を与えられたから、サー・ハリー・パークスと呼ぶのが正式だが、ここでは略しておく。ただ、パークスは欧米列強の外交使節の中では、とび抜けて大物だったことは記しておかねばならない。両親に早く死に別れ、退役海軍士官の伯父《おじ》に育てられた。そのためか早くから自立の志があったようで、一三歳で親戚《しんせき》の住むマカオに移住した。そして一四歳にして早くも一等通訳官となり、二八歳の時には清《シン》国の広東《カントン》で代理領事をつとめていた。

在任中にアロー号事件が起こった。この事件は清国の官憲がイギリス国旗を掲げた香港船籍のアロー号を臨検し、清国人乗組員を逮捕し国旗を損傷したもので、これに抗議したイギリスがフランスと組んで清との戦争にまで発展した「第二のアヘン戦争」と呼ばれる出来事である。

この「アロー戦争」で英仏両軍は清国を屈服させ、屈辱的な北京条約を結ばせたわけだが、それが清国にとって不公平で屈辱的であればあるほどイギリスにとっては大勝利ということになる。そしてパークスはこの勝利に大きく貢献したと認められ上海領事に出世した。その後戦争のとばっちりで清国側の捕虜となったこともあったが、その際の毅然《きぜん》とした態度が評価されて、慶応元年（一八六五）閏《うるう》五月、駐日特命全権公使兼総領事に任命された。

前任者で初代日本駐在外交官のオールコックは総領事に過ぎなかった。領事とは外国にあって自国民の保護と通商の促進にあたるのが主な任務で、大使とほぼ同格の公使とは一段も二段も格下である。ましてや、特命全権公使ともなると、その国の代表というより、「政府の一部」といってもいい。イギリスは極東の国日本を、重要な外交拠点と認識し、駐在外交官の格を上げたというわけだ。

パークスの着任当時はまだ幕府は健在で、特に将軍慶喜《よしのぶ》がフランスに軍事指導を仰いで、陸海軍を強化していたから、その実力はなかなか侮れないものがあった。ここでパークスは幕府のライバルである薩長両藩、特に薩摩藩との接近をはかった。フランスが幕府を支持していたこともあったのだが、それだけではない。現に、清国においては英仏はしばしば共同歩調を取っていたし、日本においても長州藩との戦争（馬関《ばかん》戦争）では共同して下関を攻略している。

パークスが薩長支持に傾いたのは、これから時代の勝者となるのは幕府ではなく薩長だと見抜いたことにある。それにライバルのフランス公使レオン・ロッシュが、幕府との関係を緊密にすることによって対日貿易を独占しようとしているのも許せなかった。独善的なところはあるもののイギリスはあくまで自由貿易主義で、フランスの目指すかつてのオランダのようなやり方はまさに時代遅れだと感じていたのだ。そして安定した貿易環境を得るためには、日本の政権交替がスムーズに行われることが必要になる。パークスがこう考えたことはその後の日本にとって大変幸運なことであった。

列強の対日外交はイギリス方式へ

アヘン戦争やアロー号事件では清国を散々脅しつけ、戦争を仕掛けることも辞さなかったイギリスが、なぜ日本に対してはできるだけ戦争（内乱）を起こすべきではないという態度を取ったのか？

現にパークスは、官軍が江戸城総攻撃を決意していた時、わざわざ薩長に対し「攻撃は断固中止すべきだ」と外交的圧力をかけている。このパークスのサポート、というよりはイギリス外交の方針が、勝と西郷のトップ会談を可能ならしめた条件の一つであったことは、まぎれもない事実である。

この一見矛盾しているように見えるイギリスの態度に一貫性はあるのか？

実はある。といってもかなり自己中心的な理屈なのだが。イギリスはあくまで「自由貿易主義を貫く」という主張である。

清国は様々な理屈をつけて「自由貿易を妨害」した、だから「砲艦外交」で障壁を破壊したのであり、逆に日本では幕府がフランスと組むことによって「自由貿易を妨害（フランスの独占）」しようとしている。だから幕府の敵である薩長を援助した。しかし、内乱が始まり激化すれば「自由貿易が妨害」される。それゆえ江戸城総攻撃はストップさせるというものである。

これは、ならばアヘンを売るのも「自由貿易」で、清国が自国民を守るためにアヘンの輸入を禁止することは「その妨害」になるのか、などといくらでも突っ込みがきく独善的な論理なのだが、それでも一つ理屈が通っていることも事実だ。これが「国益」ということでもある。日本人は少しイギリス人の図々しさを見習った方がいいかも知れない。

少しさかのぼるが、イギリスが四カ国連合艦隊に加わり、下関で長州藩を「総攻撃」したのも、長州が関門海峡を通過する外国船に砲撃を加えたことが、「自由貿易の妨害」になるからなのである。パークスはここで、前任者オールコックに代って着任した。

既に述べたように、この馬関戦争に敗れた長州は高杉晋作《しんさく》を和平交渉に出し、高杉は必死の弁舌でイギリスの彦島（関門海峡の入り口にある小島）租借要求も賠償金要求もはねつけた。特に賠償金については、攘夷《じょうい》を命令したのは幕府であるから、賠償金は幕府から取ってくれ、とうまく責任を押しつけたのである。そこでイギリスは幕府に下関開港を要求した。幕府は下関が「国際貿易港」になるとかえって長州を利すると考え、これを拒否した。するとイギリスは三〇〇万ドルという途方もない賠償金を要求した。これはむしろ幕府が払えないことを見越して、兵庫（神戸）を新たに開港させることを目的としていた。「払えないなら開港しろ」ということだ。フランスはレオン・ロッシュ公使が幕府と「同盟」して薩長や他の外国勢力に対抗する策を取っていたが、こうしたやり方は諸外国の反感を招き、結局ロッシュは更迭され、列強の対日外交はイギリス方式へと転換していく。つまりパークスの勝利に終わったのである。

タウンゼント・ハリス

ハイパーインフレが武士を襲う

徳川幕府を倒した最大の功労者は誰か？

それは、西郷でも大久保でも木戸でもなく、いわんや高杉でも龍馬《りょうま》でもない。それはタウンゼント・ハリスである、という意味のことを作家の佐藤雅美氏が『大君の通貨』（講談社刊　新田次郎賞受賞）という作品の中で言っている。

これは、ある意味でまったくの事実なのである。

なぜなら幕府が財政的に崩壊したのは、外国との通貨レートの問題が原因だったからだ。そして、幕府の不適切な処置が原因でその結果ハイパーインフレが起こった。インフレに一番弱いのは誰か？　それは固定給で生活している人間だ。将《まさ》に武士である。武士というのは代々家禄《かろく》を世襲している。江戸時代初期に「一〇〇石」と決められた人は、ふつう幕末でも一〇〇石だ。米の値段も物価に合わせてスライドしないでもないが、あとで述べるが江戸時代はずっとゆるやかなインフレが進行していたので、武士ほどそれに悩まされた階層はいない。そこへ、トドメのようにハイパーインフレが襲ったということなのだ。もちろん、町人も痛めつけられた。商人や農民は「商品」や「生産物」の価格を上げれば対処できるが、町人は（もちろん武士も）それができない。ハイパーインフレとは、言うまでもなく超物価高になったということだ。あらゆるものが値上がりして、とても生活できなくなることである。

幕末に「ええじゃないか」という「暴動」があったことは有名だ。なぜか天から神符（お札）が降ってきて、その「奇跡」に民衆が全国各地で文字通り狂喜乱舞した。その背後には仕掛人として倒幕派がいたともいわれる（確証はない）。だが、仮に倒幕派が陰で煽動《せんどう》したとしても、なぜこのように全国各地で、多くの民衆がこの「暴動」に参加したのか？

それを私は、幕末の超物価高に対する不満が爆発したものだとみている。あの「ええじゃないか」という叫びは、あまりの生活苦そして借金苦にどうにもならず「真面目に仕事なんかしてられるかい」という庶民の叫びだと思うのである。

時代が急激に変わる時は、古今東西一つのパターンがある。それは社会のエリート層がいくら動いてもダメということだ。フランス革命でも明治維新でも、最終的には庶民が「その気」にならないと、世の中は動かない。庶民は「冒険」が嫌いだ。生活が安定してさえいれば、将来いかに危機が来ると識者が叫んでも決して動かない。確かに「黒船」で日本国中は大騒ぎになった。しかし、庶民は自分たちの暮らしに何か影響が出るまでは動かなかったということだ。現代も庶民が「今年の夏はハワイか温泉か」などと言っている間は世の中は動かない、ということでもある。

では何が起こったのか？　なぜ悪いのはハリスなのか？

幕府の通貨政策

幕府を崩壊させたハイパーインフレは、なぜ起こったか。それは本位通貨である金貨（小判）が海外に膨大な量流出したからだ。ではなぜ小判は流出したのか。もちろん、それは開国したのが一番の原因である。鎖国していればそんなことは起こらない。だが、もう一つの重大な原因は、通貨レートの設定を誤ったからなのである。従来このことは次のように説明されていた。日本国内においては金銀の交換比率が1対4であった。ところが日本を除く国際レートでは1対16である。つまり日本では銀が異常に高く海外で異常に安い。なぜこうなるかといえば鎖国しているからだ。つまり日本の金銀レートは海外の影響をまったく受けない。ところが幕府は愚かにもこのレートを変更しないまま開国してしまった。当然、外国人は海外から安い銀を持ち込みそれを日本国内で金に両替する。彼等にとってみれば4分の1の値段で金が買えることになる。こうして本位通貨である金が流出し、あせった幕府は品位を落とした粗悪な小判を大量に発行してますますインフレを進行させた――。

要するに幕府は「愚か者」だったということだ。私も、不平等条約を結んでしまうほどの「アホな」幕府だから、当然この通貨レートの問題も気が付かずにいたのだろう、と思っていた。

ところが佐藤氏はそうではないという、幕府の担当者はそのことに気が付いていた。だから当然その点を条約に盛り込もうとした。ところが拒否された。その拒否した張本人こそ初代アメリカ総領事のタウンゼント・ハリスであるという。では、なぜハリスは拒否したのか？

それを説明するのには、まず江戸幕府の通貨政策を説明しなければいけない。実は幕府は銀貨（一分銀）を鋳造するにあたって、江戸時代を通じて一貫して品位を落とし続けていた。これは通貨の供給量を増やすためにやったのだ、といえないこともないが、改鋳のたびに銀が手元に残るわけだから「儲《もう》かる」、これで歳入不足を補うことができる。当然、インフレが進行することにもなるが、目先の利益は捨て難い。つまり日本における一分銀というものは銀貨（銀の地金）というよりは、銀で作られた代用貨幣だったのだ。代用貨幣というのは、たとえば紙幣がそうで「一万円札」の「紙」自体には一万円の価値はないが、政府がその価値を保証しているので一万円として通用する。そういうものである。ところが、実は世界でこれが通用しているのは日本だけだった。いや同じ日本の中ですら関西では銀貨（銀地金）が用いられていた。これは日本人の「大発明」だったのだが、そのことを外国人は理解できなかった。彼等にとってみれば、金貨も銀貨も「地金」としての価値であって、品位の低い通貨はそれだけ低く評価されねばならない、ということなのである。

日本の生活苦の原因作る!?

従来の「ハリス像」は、忍耐強く日米関係の推進に寄与した有能な外交官というものだった。確かに日米修好通商条約の調印にこぎつけたのだから、少なくともアメリカにとっては「有能」な外交官に違いない。

しかし、佐藤氏はそうした従来のハリス像を徹底的に打ち砕く。

まず問題なのは、日本の銀貨いや正確に言えば「銀で作られた代用貨幣」である「一分銀」と、一ドル銀貨の交換比率を「同種同量交換」と定めよ、と日本側に強要したことだ。一分銀は代用貨幣だから実際の銀の含有量以上の価値で日本で流通している。それを銀の含有量で等量交換すれば、日本は大損する。ところがハリスは代用貨幣という概念がまったく理解できなかった。自分の方が優秀な文明人だと思い込んでいたから、日本にそんな優れた制度があるとは夢にも思わず、むしろ日本人が悪意をもってごまかそうとしていると見た。このハリスに同調したのが初代イギリス総領事のオールコックである。オールコックもほぼ同じ理由でハリスと共同戦線を張った。そのために日本は「通貨戦争」に敗北してしまった。日本の金は不当なレートによって海外へ大量に流出した。後に、ハリスの「盟友」オールコックは『大君の都』という回顧録を書いたが、その中で日本人が外国人に敵意を抱く最大の理由として、「ハリス氏の結んだアメリカとの条約のなかの規定、すなわち、アメリカの硬貨が同種同量の日本の硬貨と交換できることを定めた規定によって、全国民が被害をこうむっているとかれらは信じている」（『大君の都』山口光朔訳　岩波書店刊）ことを挙げている。

さらにハリスは（実はオールコックも同調して）幕府にトドメの一撃を与えた。金の流出について日本側が抗議すると、では金の価格を上げればいいではないか、と提案したのだ。金は基準通貨である。その価格を引き上げれば物価も連動して上昇する。結果的に幕府は金を「3・375倍」に引き上げた。つまり物価も「3・375倍」になった。オイルショックの時ですら「2倍」であって、それももっと長期間でそうなった。幕末は一気にそうなったのである。ハリスによって幕府は財政破綻《はたん》させられた上に、日本全体もインフレと超物価高に追い込まれたし、いわゆる「ガイジンを斬り殺せ」という「小攘夷《じょうい》」流行の背景には、彼等が入ってきてから日本という国はメチャメチャになったという「生活苦の実感」があったのだというのが、佐藤氏の分析である。

しかし、日本の歴史学界はハリスを善意の人と見ている。日本は、明治の不平等条約改正の折りに、このハリスの行為の不当さを訴えていけばよかったのだが、そうした形跡はまったくないのもそれが理由だろう。そしてハリスのニューヨークにある墓には「日本の友」と刻まれているという。

福沢諭吉《ゆきち》

ペリー来航で蘭学の道開ける

幕末から明治へ向けての時代の流れは、単に社会構造が変革されただけではない。人間の意識も大きく変革された。いや、そもそもこういう社会変革と意識変革を分けて考えるのがおかしい。たとえば民主主義社会が誕生するためには、その根本的な前提として平等という意識が成立していなければならない。そういう意識があってこそそういう社会が成立する。つまり明治維新とは、社会構造の大変革であると共に、人間意識の大変革でもあった。

そのように考えれば、当然、西郷、大久保、高杉などといった「社会構造の変革者」と共に「人間意識の変革者」も明治維新の重要な立役者と考えなければいけない。

その第一人者には、やはりこの福沢を挙げなければいけないだろう。福沢は思想家であると同時に優れた啓蒙《けいもう》家でもあり教育者でもあった。

福沢は天保《てんぽう》五年（一八三四）、豊前国《ぶぜんのくに》（大分県）中津藩の藩士の家に生まれた。ただ父親が大坂蔵屋敷に勤務していたので、福沢自身は大坂生まれの大坂育ちであった。

諭吉という名は実は通称であった。たとえば伊達《だて》宗城《むねなり》は兵五郎といい、西郷隆盛《たかもり》は吉之《きちの》助《すけ》という。友人同士はこれで呼び合うわけだが、公式の場では本名（諱《いみな》）を使わなければいけなかった。つまり宗城であり隆盛だが、諭吉の場合も「範」という本名があったのだが彼は生涯これを用いなかった。明治になって本名と通称が統一された時、ほとんどの志士たちは重々しい本名の方に統一したが、彼はそれ以前も以後も諭吉であった。今でこそこれは「偉人」の名であって重々しく感じるが、当時の人々にとっては、まるで商人のような「軽い」名前であって、人によっては「武士らしくない」と軽蔑《けいべつ》する者もいただろう。しかし、福沢はそんなことは気にしなかった。後に自らの生涯を記した『福翁自伝』には「門閥制度は親の敵《かたき》で御座る」という名文句がある。中津に帰った福沢は「家老の家に生まれた者は家老になり、足軽の家に生まれた者は足軽」という藩の、いや封建制度の体質につくづく嫌気がさしていた。

その閉塞《へいそく》状況を変えてくれたのは、ペリーであった。ペリー来航のおかげで、にわかに大砲を作らねばならぬということになり、そのためには蘭学をもっと学ばねばということになったのである。そこで福沢は長崎に遊学することができた。そしてそこで頭角をあらわした福沢は、当時日本第一の蘭学塾であった緒方洪庵《こうあん》の適塾《てきじゆく》に留学を認められた。適塾は大坂にあったから、大坂育ちの福沢は水を得た魚のように活動しやがて塾頭となった。

こうなると藩は放っておかない。江戸に召し出し「藩士に蘭学を教えよ」ということになり、江戸鉄砲洲《てっぽうず》の中屋敷内に長屋を与えられ、そこで数名の藩士に蘭学を教えた。後にこれが発展して「慶應義塾」となる。

時代精神の啓蒙者

福沢の本領はあくまで教育者・啓蒙家としての活躍にある。

時代の変わり目には必ず時代の精神を訴える人間が出てくるが、幕末から明治にかけての時代では、福沢こそその代表者といえるだろう。

「天は人の上に人を造らず。人の下に人を造らずと云へり」という『学問のすすめ』はあまりに有名である。

この後は「されば天より人を生ずるには、万人は万人皆同じ位にして生まれながら貴賤《きせん》上下の差別なく（中略）自由自在、互《たがい》に人の妨《さまたげ》をなさずして各《おのおの》、安楽にこの世を渡らしめ給ふの趣意なり」と続く。よくこの本のタイトルを「学問ノススメ」と書く人が多いが、歴史学者の小和田哲男氏によればカタカナ版の多くは海賊版だったという（『日本史を動かした名言』青春出版社刊）。

そして正規のものと海賊版合わせて『学問のすすめ』はなんと三四〇万部売れたという。これを現在のベストセラーと比較してはいけない。当時の総人口は三四〇〇万程度だからだ。すなわち「一〇人に一人が買った計算」になるという。この記録はおそらく将来も破られることはあるまい。

小和田氏はまた次のようなエピソードを紹介している。後に憲政の神様と呼ばれた代議士の尾崎行雄は門下生であり、どうしたら読ませる文章が書けるか、と師の福沢に尋ねたという。福沢は「猿にみせるつもりで書け、それでちょうどよい」と答えたというのだ。

福沢には時代の動向を見抜くジャーナリスト的な感覚もある。福沢はそのキャリアを蘭学でスタートしたのだが、江戸入りした後横浜に遊びに行き、ただちにこれからは「英学」だと見抜いてしまった。そこでアメリカに行くことになっていた咸臨丸《かんりんまる》の関係者に頼み込んで、軍艦奉行の従者という形でもぐり込み、アメリカに渡ってウェブスターの辞書（英英辞典）を買ってきたのである。この時使節団の面々はサンフランシスコでおみやげ用の写真をとったが、福沢だけがちゃっかりとアメリカ少女とのツーショットになっている。もちろん、ウェブスターも帰国するとただちに翻訳して出版した。

このように福沢は時代の精神の啓蒙者として多大の功績があるが、一般にアジアの周辺国では必ずしも評判はよくない。晩年「脱亜入欧（アジアを捨ててヨーロッパの仲間に入ろう）」と唱えたことが白眼視の理由だ。しかし、福沢は朝鮮を近代国家に変えようとした金玉均《ぎょくきん》にも物心両面の援助を与えている。福沢が生涯の念願とした独立自尊の精神をアジアにも広く普及させようとしたのだ。しかし、清（中国）も朝鮮もあまりにも頑迷であった。金玉均は暗殺されその遺体は野獣のように切り刻まれ晒《さら》された。福沢の「脱亜」には、こうした「出来の悪い生徒」への絶望があったのだろう。晩年には「瘠《やせ》我慢の説」を書き、勝海舟らの出処進退を批判した。幕臣にあるまじき行為だと言うのである。

では、この批判は果たして正しいのだろうか？

ファン・カッテンディーケ

幕府の海軍学校教官

ペリー来航（一八五三年）の二年後に、幕府がまさに泥縄式で作った海軍学校「長崎海軍伝習所」に教官として赴任し、勝海舟、中島三郎助《さぶろうすけ》らに海軍術の基礎を教えたオランダ海軍士官である。

その滞在記録に『日本滞在記』があり、それが一部抄訳され『長崎海軍伝習所の日々』というタイトルで公刊（平凡社）されている。これを読むと、「外から見た」当時の日本の様子がよくわかる。オランダは鎖国時代を通じて一貫して日本の友好国であった。なぜそうなったかといえば、当時アジアに進出していたスペイン・ポルトガルの二大強国は、カトリックの布教に極めて熱心だったからだ。熱心というと誤解を招くかもしれない。彼等はむしろ侵略者であった。最も確実で簡単な布教とは、その民族を武力で征服し、上からキリスト教を押しつけることだからだ。現に中南米では、彼等の「布教」は大成功をおさめ、インカ、アステカといった大帝国が滅ぼされた。現代の中南米はメキシコもペルーもチリもアルゼンチンもエクアドルもすべてカトリックでスペイン語を話す。ブラジルはポルトガル語だが宗教はやはりカトリックである。特にひどい例はインカ帝国の滅亡だろう。最後の皇帝アタワルパは拉致《らち》され身代金を払わされ挙句の果てにスペイン人ピサロによって処刑された。カトリック教会はこのピサロの行為を正当なるものとして認めた。なぜならこのことによってインカはカトリック国となったからだ。

　こうしたスペイン・ポルトガルの侵略の魔手をはねのけるために日本が選んだのは、海軍増強ではなく鎖国でありキリスト教禁教であった。オランダは同じキリスト教でもプロテスタントの国で布教をしないという条件で唯一の貿易相手国に選ばれた。

　近代になってオランダは「黒船」という強力な軍艦（蒸気船）が開発されたことにより、世界の環境は大きく変わると、しばしば日本に対して忠告してくれていた。
天保《てんぽう》一五年（一八四四）オランダ国王ウィレム2世は将軍に対し、そろそろ開国策に転じてはどうか、という親書を送っている。

　その内容は「蒸気船（という強大な力を持つ船）が出現したことで、もはや鎖国は不可能になっている。日本を兵乱で荒廃させないためにも開国すべきだ」と、日本がその後「痛い目」にあってようやく悟ったことを黒船来航よりも九年も前に指摘しているのである。さらにペリー艦隊の来航も当時の在長崎オランダ商館長が情報の形で幕府に知らせているのである。

これらのありがたい忠告、警告を幕府は結局すべて無視した。そしてペリーがやって来ると大あわてで「オランダさん、助けて下さい」とわめいた。その結果、日本を守るためには海軍の創設が不可欠ということになり、長崎海軍伝習所ができたのだ。しかし、赴任したカッテンディーケは日本人の性質に危惧《きぐ》を抱いた。

国民が成立しない限り日本は大国に食われる

カッテンディーケが危惧したこと、それは日本人が近代国家の国民としての自覚を持っていないことだった。

たとえば彼は長崎の商人に「もし外国軍が侵略してきたらどうするか?」と尋ねたところ、その答えは「それ（長崎の防衛）は幕府《おかみ》の考えることだ」と答える。

民衆が「自分は日本人だ」あるいは「オランダ人だ」という自覚を持ってこそ、近代国家というものは成立し、防衛にせよ外交にせよ、外国と対抗していくことができる。

「政治は幕府、あるいは武士のやることであって、われわれは関係ない」という態度を多くの人々が取る限り、その国は近代国家としては成立せず、いずれどこかの国の植民地になってしまうだろう。

ところが、その後の歴史はカッテンディーケの心配が無用であったことを示している。日本人は「草莽《そうもう》の志士」として、天皇の「直臣」として、日本人の自覚のもとに戦っている。最終的には廃藩置県も行われ、各藩は消滅し庶民は日本国民へと変貌《へんぼう》を遂げている。

この間、何があったのか？

もちろん尊王攘夷《じょうい》の嵐が、日本人の愛国心を高めたということもあったろう。しかし国民作家司馬遼太郎は、このカッテンディーケの影響もあったのではないかと指摘している。

この長崎海軍伝習所におけるカッテンディーケの一番弟子こそ、後に艦長《カピタン》となって咸臨《かんりん》丸《まる》で太平洋を横断しアメリカへ行くことになる勝海舟であった。

その一番弟子の勝に対し、カッテンディーケは「国民が成立しない限り日本は大国に食われてしまう」と常々言っていたのではないかと司馬は言う。

「そうでなければ、後日、江戸を薩長《さっちょう》にあけわたして、いわば主家の葬送役をつとめるようなことをしなかったろう。しかも勝は、善事をなしたかのようにひるむところがなかった」(『この国のかたち　二』文藝春秋社刊)。この態度はまさに古い考え方からいえば、「主家の裏切り者」であり、どの面下《つら》げて生きているのか、ということにもなる。実際、幕臣の中には日露和親条約を結んだ川路聖謨《としあきら》のように、江戸城開城の翌日にピストル自殺して幕府に殉じた人間もいたし、彰義隊《しょうぎたい》もそうだ。

しかし、司馬はさらに言う。「勝ぎらいの福沢諭吉がいくら勝をののしっても、右の点を押さえない限り、公平な海舟論はできあがらない」と。

日本人の長所でもあり欠点でもあることは「変わり身が早い」ということだろう。だからうまく行くことも確かにあるが、しばしば日本人は「昔世話になった」ことを忘れ勝ちなのも事実である。明治維新に果したオランダの多大な功績を忘れるべきではない。

緒方洪庵《こうあん》

西洋文化を学ぶ「適塾《てきじゆく》」開く

大村益次郎、橋本左内《さない》、福沢諭吉《ゆきち》――これすべて蘭学者緒方洪庵の開いた適塾の門下生である。

そればかりではない。後に大村と敵味方に分かれて戦った蝦夷《えぞ》島共和国の陸軍奉行大鳥圭介《けいすけ》もその新政府が置かれた箱館《はこだて》（函館）五稜郭《ごりようかく》の設計者武田斐三郎《あやさぶろう》も、適塾の出身であった。

緒方洪庵自身は、その名の示す通り蘭学医であったが、適塾は「医学校」ではなく、むしろ蘭学を通して西洋文化を学ぶ塾と定義した方が正確であろう。

洪庵は偉大な教育者だが、その長所の一つに己れの好みにこだわらない、ということがあった。医者である以上常に医術を教えていれば尊敬も集められるし失敗することもない。

だが、学生の興味は千差万別だし、学ぶ立場に立ってみれば、蘭学を学ぶためには医者にならなければいけないというのは理不尽である。洪庵はこうした点を考慮し、あえて適塾を医学専門学校にはしなかったのだ。

そして、その校内における教育は、あくまで実力主義であった。これは大きな特権であった。別段身分に関係なく成績の優秀な者は塾に寝泊りできる。それどころか適塾の学生寮(?)は、塾二階の合わせて四〇畳足らずの座敷である。内塾生は常時四〇〜五〇人いたから一人一畳の最低のテリトリーも確保できない。それでもここにいる限り、二四時間いつでも勉強ができる。もちろん「自習室」などという洒落《しゃれ》たものはない。昼間は一階の教室で勉強し日が暮れると二階の一畳に満たないテリトリーの中で勉学に励んだのである。日当たりの悪い部屋であったから窓に近い場所の方が人気があったが、それすら成績順による競争だったという。

新入生はオランダ語文法の手ほどきを、上級生から受ける。そして一通り基礎を身につけると、様々な分野の蘭書の輪読会が始まる。洋書は大変貴重で一冊しかないから、輪読にあたってまず当日取り上げる分を、全員がノートに写す必要があった。

しかし、問題は辞書も一冊しかなかったことだ。この辞書は『ズーフ・ハルマ』というもので塾内にはたった一冊のその辞書が「ズーフ部屋」という部屋に置いてあった。部屋から持ち出すことはできないので、何十人もの塾生が一冊の辞書を回し合う形で予習が行われた。「辞書を一人占めできたらなんと愉快だろうな」というのが、この頃の塾生の望みだったといわれる。

こうした中、輪読会で優秀な成績をおさめた者が「塾頭」に指名される。そして月一回の席替えで塾頭は最もいい場所を占める。といっても、せいぜい日当たりのいい、本が読みやすい場所ということで、部屋をもらうわけではない。この厳しい競争の中で、大村も橋本も福沢もすべて塾頭をつとめた。

天然痘やコレラの壊滅にも尽力

緒方洪庵を終生の恩人としたのが、慶應義塾大学の創始者でもある福沢諭吉である。ある時、塾生の先輩が腸チフスにかかった。福沢はこれを看病したが、そのことが原因で感染し死線をさまよった。

福沢は中津藩の大坂蔵屋敷で床についていたが、それを見舞った洪庵は、毎日往診し親身になって看病した。

この時、福沢が忘れられなかった師の言葉がある。

「お前の病気はきっと診《み》てやる。診てやるけれども、オレが自分で（薬を）処方することはできない。何分にも迷うてしまう。この薬あの薬と迷うて、しまいには何の療治をしたかわけがわからぬようになるというのは人情の免れぬところであるから、病は診てやるが執匕《しっぴ》（調剤）は外の医者に頼む」（『福翁自伝』）

福沢は、自分の子供のように、可愛い。しかし可愛いがゆえに冷静な判断ができない。

だから直接の治療はともかく投薬は別の医者に頼むというのである。

福沢は「緒方の家《うち》の者のように思」ったと述懐している。洪庵は維新を目前にした文久三年（一八六三）に死ぬが、福沢はことあるごとに緒方家をおとずれ未亡人をなぐさめ、追悼の催しには必ず出席した。また後には緒方家の孫と福沢家の孫の縁組が成立した。

福沢は洪庵の情け深い人柄によほど感謝していたのだろう。

その洪庵が晩年の事業として最も力を入れたのは天然痘の壊滅だった。

いまでこそ天然痘はそれほど恐れられていないが、昔は死亡率が高く、治っても顔に痘痕《あばた》が残ることで大変嫌われ恐れられていた。種痘さえ行えば、この病気はほぼ完全に予防することができるのだが、当時の本では「種痘をすれば牛になる」という迷信が声高に叫ばれる始末であった。なぜ「牛」なのかといえば、当時は「牛痘《ぎゅうとう》」といい、血清を牛の血で作ったからである。

また、洪庵は当時「コロリ」と呼ばれたコレラの壊滅にも尽力した。

日本が鎖国を好む大きな理由の一つに、実は伝染病がある。古くは聖徳太子の時代に天然痘が、信長・秀吉の時代に梅毒が、そして幕末にはコレラが入ってきた。決して偶然ではなく、島国であるがゆえの「無菌地帯」が外国との交流が盛んになることによって、未知の感染症にとりつかれやすいということで、これは一種の必然なのである。だからこそ外国を嫌い、「日本は清く美しい、それを外国に汚されてたまるか」という発想が出てくる。攘夷《じょうい》論という中国生まれの思想は、日本で「ケガレ」を嫌う神道と合体し、より排他的なものとなった。その対極に洪庵ら蘭学者（蘭学医）がいるというのが、日本人の一つの「形」なのである。

川路聖謨《としあきら》

ソロバン上手で下級旗本からキャリアに

享和元年（一八〇一）天領（幕府直轄領）の豊後国《ぶんごのくに》（大分県）日田に生まれた。父は日田代官所の下級役人であった。

九歳の時、父が江戸の徒士《かち》組に入ったので、一緒に江戸へ行き、小普請組に入った。小普請組とは、とりあえず無役の下級旗本や御家人が入る「部署」で、ここにいては一生出世できない。

しかし川路には、算勘の才能があった。俗にいう「ソロバン上手」だったのだ。

この当時、下級の旗本が出世するにはワイロを使うのが一番早道だったが、実力で登用される部門が唯一つあった。それが勘定所である。

勘定所は今の財務省というよりは、金融庁と分離される前の大蔵省主計局といった方がいいかもしれない。この勘定所には採用試験があった。といっても「字が書けて」「ソロバンが上手」ならば合格したが、旗本の子弟には極めて難しい試験だったらしい。川路はそれに合格した。下級旗本の出身ながら、キャリアのエリートとなったのである。

以後、今でいう主計官にあたる勘定吟味役から、天領の「総督」ともいえる佐渡奉行、奈良奉行等を歴任した。天性の名文家で日記を常につけていた。その曾孫《そうそん》が明治の詩人川路柳虹《りゅうこう》であり、柳虹の父親を寛堂といい、この寛堂が祖父の聖謨の詳細な伝記を残している。

その伝記には色々と興味深いエピソードが語られているが、最も興味深いのは前にも述べたが次の話かもしれない。

川路は勘定所に採用され、いよいよエリートとしての一歩を踏み出した時、張り切って剣術と槍術《そうじゅつ》の道場に通い始めた。「オレも一人前の武士にならねば」と思ったのだろう。熱心に稽古《けいこ》にはげんだ。ところが勘定所の先輩に「そんなバカなことはやめろ」と「忠告」されたというのである。

その理由は「酒でも飲み過ぎてケガをしたというならいいが、武術なんぞをやってケガをしたら、何と言われるかわからない。やめておきなさい」ということだった。

ペリーの来る前の話である。江戸時代の旗本というものが、いかに事務官僚化していたかよくわかる話でもある。「泰平のねむり（平和ボケ）」というのは、こういうことを言うのだろう。武士というのはいざとなったら戦う人間のことをいう。だから「百姓町人」にない帯刀（刀を帯びる）の特権がある。特権は同時に義務でもあるはずだ。しかし実は江戸時代に旗本に求められていたのはこれだった。確かに「ソロバン」が仕事なら武芸で右手でもケガをしたら「職務怠慢」ということになるのだろう。地方の藩校にはまだ武術が科目の中にあったが、幕府の学校（昌平坂学問所）にはない。旗本八万騎などといっても、実体はないも同然だ。

外交の場で胆力も発揮

「歌を忘れたカナリア」ならぬ「武芸を忘れた武士」――それが幕末の旗本の実態であった。地方の藩は、たとえば会津《あいづ》藩のように武術を教育の中に盛り込んでいたところもあったが、幕府では学校の科目にすら入っていない。あわてて武芸を教える講武場（講武所の前身）を作ったのは、なんと安政元年（一八五四）つまりペリー来航の一年後なのである。

だから新撰組《しんせんぐみ》が必要だった。

新撰組の前身である浪士組が結成されたのは「上洛《じょうらく》する将軍様（家茂《いえもち》）をお守りするため」であった。だが、なぜそのために浪人を雇う必要があるのか？　幕府には旗本という二六〇年間家禄《かろく》をもらってきた「親衛隊」がいるはずではなかったか？　それは長い泰平の時代に、武士は戦士であることよりも官僚であることが求められたからなのである。

そして川路の悲劇はここにあった。

川路がエリートになった時点では「武芸など必要ない。ソロバンができればよい」という世の中だったのが、晩年になって「武芸のたしなみがないなど武士ではない」という世の中になってしまったのである。

それでも「武芸の必要のない時代」に自ら道場に通ったぐらいだから、川路にはこの時代の人間に求められた胆力には恵まれていた。

その胆力が遺憾《いかん》なく発揮されたのは外交の場においてである。ペリー来航は川路五三歳の時であったが、あわてず恐れずペリーの国書受け取りを進言した。ついで、ロシアのプチャーチンとの交渉を任され、最初は長崎において、次いで下田《しもだ》において談判し、日露和親条約に調印した。

だが、この国の将来を考え、将軍を一橋慶喜《ひとつばしよしのぶ》にすべきだと考えていた川路は、守旧派の井伊《いい》大老と衝突し、左遷された上に隠居に追い込まれた。

しかし、桜田門外の変で井伊が暗殺されると政界に復帰し、一時は外国奉行をつとめた。しかし老齢のため体調が悪いことを理由に官を辞し、以後中風（脳出血）を起こして身体の自由がきかなくなり療養生活を送った。

そして、慶応四年（一八六八）四月、江戸城開城の翌日、不自由な手で腹を切り、ピストルで自らトドメをさして死んだ。

「天津神《あまつかみ》に背《そむ》くもよかりワラビつみ飢えにし人の昔思へば」というのが、その辞世だ。

天津神は「天皇」、「ワラビつみ飢えにし人」とは、昔中国の周の武王が暴虐な前王を討った時、いかに暴君でも王は王、討つのは道に反するとして山にこもり、新しい王の天下における作物は一切口にせず、ワラビだけを食べて餓死した賢人兄弟（伯夷《はくい》・叔斉《しゅくせい》）のことを言っている。徳川の天下に殉じるということだ。福沢諭吉が勝海舟を批判した時、当然この川路のことは頭にあったに違いない。これも一つの筋の通し方である。

エフィミー・プチャーチン

日露和親条約、修好通商条約を結ぶ

幕末期のロシア帝国海軍軍人で、日露和親条約および修好通商条約を結んだ人物である。

そもそもロシアが日本に目を向けたのは、シベリア開発のための食糧補給地としてであった。シベリアは農産物は取れないが、林業そして鉱業の地としては極めて豊かである。

そして、ロシア側から見て極寒のシベリアから、海をひとまたぎしたところに、温暖で食糧の豊富な日本がある。ここを補給基地に出来たら、シベリア開発は一層拍車がかかることになる。アメリカが太平洋横断そしてアジア進出のための黒船（蒸気船）の補給のため、石炭の貯蔵地を求めたのに対し、ロシアはむしろ石炭よりも食糧を求めたのである。

しかし、日本は鎖国をしている。

そこで取られた手段は、ロシアもアメリカも同じだった。日本人漂流民の優遇である。

前にも述べたように、鎖国下の日本の船は外洋を航行できないように、わざと単純な構造を強いられていたから、ちょっとした嵐でも難破、漂流した。こうした中、日本海や北太平洋で遭難した日本人は首都ペテルスブルグに連れて行かれ、日本語や日本文化の「教師」をさせられた。まるで北朝鮮の「拉致《らち》」のようだが、当時の日本には不可抗力で「渡航」しても、鎖国の禁を破ったものは死刑という過酷な掟《おきて》があったことを忘れてはいけない。漂流民は救助国に協力するしかなかったのだ。こうした中、もっとも有名な「ロシア系」の日本人漂流民は大黒屋光太夫《こうだゆう》だろう。伊勢国白子《いせのくにしろこ》の船頭だった光太夫は江戸へ向かう途中嵐にあい、なんとアリューシャン列島の中央にあるアムチトカ島まで流された。そしてロシア人に救助され首都ペテルスブルグで女帝エカチェリーナ2世にも謁見を賜わった彼は、ロシアで最初に日本に派遣された使節ラクスマンに連れられて帰国した。アメリカ船モリソン号が日本人漂流民の「送還」にかこつけて国交を開こうとしたのと同じやり方だ。しかし、幕府はやはり頑《かたく》なでロシア情報収集のため光太夫の身柄は受け取ったものの、国交開設要求には応じなかった。しかし、長崎への回航許可は与えた。相変わらずの「先送り」姿勢である。もちろん「回航許可」を与えたとはいえ、長崎まで行かせておいて拒否しようという、実に姑息《こそく》な姿勢であった。そのラクスマンが貰《もら》った「許可証」を持ってレザノフが長崎へ向かったが、幕府は「予定通り」通商を拒否した。

怒ったレザノフは部下に命じて、樺太（サハリン）や択捉（エトロフ）の日本人集落を攻撃させた。「侵略」しておいてそのショックで交渉に入らせようというのだ。日本人は、あるいは日本人の政府は、こうした不誠実な空回答を繰り返し、結局相手を怒らせてしまうことがよくある。ペリーもそうだが、対ロシアということで言えば、この国と日本は国境を接しているという厄介な問題がある。

祖法にこだわり大損の日本

ロシア人は「赤蝦夷《あかえぞ》」として、早い時期からその脅威が認識されていた。仙台藩士工藤平助が『赤蝦夷風説考』を書いたのは天明三年（一七八三）のことでペリーやプチャーチンの来航よりも七〇年前のことだ。また林子平《しへい》の『海国兵談』よりも四年早い。むしろ子平は平助の影響でこれを書いたのである。『赤蝦夷風説考』の骨子は、ロシアの南下を阻止するために蝦夷地を積極的に開拓し、ロシアとは交易をして相互の繁栄をはかるべきだというもので、平助からこの書を献上された老中田沼意次《おきつぐ》は、明らかにこの方向に日本を持って行こうとしたふしがある。ところが田沼の治世は天災や飢饉《ききん》に見舞われ、田沼は充分な力を発揮できずに失脚する。その後に政権をになったのが徳川吉宗《よしむね》の孫で「名老中」の評判高い松平定信《さだのぶ》である。

私は、なぜこの人が「名老中」なのか、さっぱりわからない。確かにインテリ文化人でありエッセイもうまいし内政では「鬼平」こと長谷川《はせがわ》平蔵を火附盗賊改《ひっけとうぞくあらため》に起用したという治績はある。しかし、朱子学以外の儒学を禁止したり新しい経済の流れに反する「人返し令（帰農令）」を強行したり、極め付きはこういう海防の先覚者に対する弾圧だろう。定信の政治とは「蝦夷地を開発などすればかえって赤蝦夷が目をつける、荒地のままにしておけ」であり、林子平の貴重な提言も「お上の御政道に口を出す不埒者《ふらちもの》」として厳罰に処す、というものだった。この、どこが「名老中」か？　定信の政治を「寛政の改革」などと名付けるのが、そもそもの間違いで、そのほとんどが祖父吉宗の「享保《きようほう》の改革」のサルマネである。サルマネというのはその精神を理解せずに外見だけをマネたということだが、どうせマネをするなら吉宗のやった「キリスト教以外の蘭書の解禁」（これが幕末の外国理解に果たした役割は極めて大きい）も受け継げばいいのに、やっていることはその正反対の先覚者の弾圧である。簡単にいえば、定信という人間が「名老中」に見えるほど幕府の政治というものは、どうしようもなかったということだ。

「ジェームズ・ビッドル」の項で書いたように、アメリカは日本に対して当初友好的であった。それを利用して日本はいくらでもプラスを得ることができた。ロシアに対しても、早くから工藤平助の方針で臨めば、日本だけでなくロシアにとっても利益になっただろう。しかし幕府は「祖法（先祖の決めた法）は変えられぬ」という、何とかの一つ覚えのような「方針」を繰り返し、到頭相手を怒らせた上に、得ることもできた多大な利益を失ってしまった。「祖法」といってもそれが決められた段階での時代状況とはまるで違っているのである。状況の変化に応じて対応を変えるということが当然なのに、それができない。日本人の最大の欠点である。

先人の成果にのり元帥に

「祖法」すなわち「鎖国」が決められた頃は、黒船（蒸気船）というものが無かった。だから鎖国が可能だったのである。それはもう不可能だと最初に警告したのが林子平の『海国兵談』であった。

ところが老中松平定信は林子平を厳罰に処し、著書を絶版にしたばかりか版木《はんぎ》（印刷用原版）まで焼却処分とした。定信という男はいわゆる「バカ殿」ではない。それどころか一流の教養人で、今で言うなら「東大卒」といったところだろう。だが政治家として極めて愚かとしか言いようがない。なぜこんなことになるのか？

定信は特殊な人間ではない。それどころか典型的な日本人の一人で、日本人の最も愚かな部分を代表する人物だ。要するに、定信は「現状を変えたくない」のである。しかし、一方で子平の提示した「現状はもう変えざるを得ない」という情報がある。普通なら、その情報を吟味して方針を変更するかどうか検討するところだろう。外国なら必ずそうなる。ところが日本では「気に食わない情報は消してしまえ」ということになる。

「情報」を消したからといって「状況」は消えない。当たり前の話だが、この当たり前の話が当たり前でなくなるのが日本という国の最大の欠点である。

もうお忘れかもしれないが、先頃亡くなられた栗栖《くりす》弘臣《ひろおみ》氏が統幕議長時代に「もし外国が侵略してきたら自衛隊は超法規的に行動せざるを得ない」という趣旨の発言をした時、日本社会はどう反応したか？　有事立法がない（法律がない）のだから栗栖氏は「現状」を述べただけである。しかし政府や社会は彼を厳罰に処すことによって「消した」。またほんの数年前まで「北朝鮮は拉致などしていない」という見解を示していた政党、マスコミ、文化人がいた。彼等は要するに「気に食わない情報」を「焼却」していたわけだ。われわれは決して「定信」を笑えないのである。

なぜそうなるのかは日本が「言霊《ことだま》の国」だからなのだが、詳しく説明する紙数はない。興味のある方は拙著『言霊』（祥伝社刊）、『逆説の日本史』（小学館刊）をお読み頂きたいが、一言だけ言っておけばこのような傾向があるために日本は何度も「大損」を繰り返していることだけは記憶にとどめて頂きたい。逆にこうしたことで利益を得る人間もいる。プチャーチンがその典型で、ゴローニンやレザノフやラクスマンといった先人が散々苦労した成果をちゃっかり頂き、その功績もあって元帥となった。ロシアは意外に慎重な国である。ペリー方式は最後まで取らなかった。そしてペリーが恫喝《どうかつ》によって鎖国を破った後、プチャーチンはすぐに日本にやってきて「アメリカと条約を結ぶなら我国とも結べ」と要求し成功した。そう言えば第二次世界大戦の時も、旧ソ連が日本に攻めて来たのは、アメリカに散々「やらせた」後であった。国の基本的体質というのは、あまり変わらないということだ。これも歴史の教訓であろう。

終わりに

技術が歴史を操った変革期・幕末

　幕末という時代は日本史における大変革期であって、これほどの大変革は平安末期から鎌倉にかけて政権が朝廷（天皇）から幕府（武士）に移った時以来かもしれない。そう言えば、この幕府の時代も形式上は朝廷に政権を返す（大政奉還）という形で終わりを告げた。

　この変革期の最大の特徴は、黒船（蒸気船）の開発という、一種の技術革新が変革推進の「エンジン」となったことだろう。

　蒸気機関という「機械」は、今でこそガソリンや重油を使う内燃機関にとって代られた。水を熱して蒸気圧でピストンを動かすより、シリンダーの中で燃料を直接燃焼させ、その爆発力でピストンを動かした方が効率がいいからだが、こう書けばおわかりのように蒸気機関あってこそ内燃機関が生まれた。蒸気機関というものは、それ以前では鉄器、それ以後では原子力に匹敵する、世の中を変えた大発明なのである。

機関車であれ汽船であれ、蒸気機関が発明されたからこそ生まれたものだ。このために世界が狭くなった。それまでの帆船ではまさに風まかせだから、江戸―サンフランシスコ間は何日かかる、とは計算できない。だが汽船なら、それが可能だ。しかもエンジンの力が強大だから、荷物も人間もそれまでと比較にならない量が積めるし、大砲も兵士も積めるし、大量の貨物も積める。貿易もしやすくなる。

これは陸上でも同じことでロンドンやベニス、あるいは江戸や大坂のように歴史の古い大都会には、実に水路や川が多いが、なぜそうなのかを考えてみればわかる。大都市は大量消費地でもあり、大量の商品を必要とするが大八車や馬車では大量の荷物は運べないからだ。だから水の浮力を利用する必要がある。『鬼平犯科帳』にやたらと船が出てくるのはそのためだ。この常識を機関車つまり蒸気機関車が変えたのである。

日本人は現実を見たがらないが、核爆弾（原爆、水爆）と、それを地球上のどこにでも運び得るICBM（大陸間弾道弾）の開発によって、大国同士の全面戦争が「抑止」されたのも事実だ。「射ち合えば双方壊滅」だからこそ、第一次、第二次のような世界大戦はできなくなった。今度「第三次」が起こるとすれば偶発的なもの（核ばかりでなく細菌漏れのようなことも有り得る）か、小国を舞台にした一種の代理戦争（朝鮮戦争もそれだ）、あるいは国籍を持たないゲリラやテロリストと大国の戦い、ということになるだろう。いや、それはもう起こっている。イラクに展開しているのは「大国連合」としての多国籍軍だが、これに対するゲリラもやはり多国籍である。国に対しては有効な核ミサイルも多国籍ゲリラには通用しないからだ。そういう意味では「世界大戦」はもう始まっているのかもしれない。問題は、日本人がこうした現実を直視することを、最も苦手とする民族だということだ。

「一国平和主義」がもたらすものは――

本書でも散々説明したように「鎖国から開国へ」という時代の流れは、蒸気船が、海外からの侵略もこれまでと比較にならないほどの大量の通商（貿易）も可能にしたという現実がある以上、どうしても避けがたいものだった。

しかし、日本人はそれを理解しようとしないどころか、真の意味で日本に対して忠告してくれた人々を、様々な方法で弾圧したり無視したりした。林子平《しへい》は版木まで焼却処分され、オランダ国王の友情ある提言は無視された。「嫌なことは考えたくない」のである。

そこから派生する重大な民族的欠点は、「問題の先送り」である。「放っておけば必ず問題化する」とわかっていても（正確には、明らかにそれが予想できるはずなのに何も考えずに）、考えたくないから「後回し」にする。そこで結局「貧乏クジ」を引く人間が出る。

私は大老井伊《いい》直弼《なおすけ》という人物を政治家としては評価しないが、「貧乏クジ」を引かされたという点には同情する。それに政治家や官僚が何かと「先送り」をしたがる気持ちもわからないではない。というのは、では「日本のために」と粉骨砕身して頑張って、まさに「ドロをかぶって」物事を成したとしても、多くの日本人はそれを評価しないからだ。勝海舟が福沢諭吉《ゆきち》からさえ批判されたのがその典型だ。

戦後の日本でも、たとえば中曽根《なかそね》康弘《やすひろ》という首相をあまり評価する人はいなかったが、国鉄改革は誰が成し遂げたのか？　政治家というのは人格よりも為した仕事で評価されるべきものだ。この点、小泉さんにも郵政改革で頑張って頂きたい。

話はそれたが、ここで指摘しておきたいことは、江戸幕府の「鎖国」という政策も、実は「問題の先送り」であるということだ。

日本は島国であるがゆえに、もともと「一国平和主義」でいたいという願望が常にある。この用語自体は現代のものだが、考え方としてはずっと昔からだ。平安時代も遣唐使を廃止して以後はずっと「一国平和主義」であった。聖徳太子、足利義満《あしかがよしみつ》、織田信長といった海外に目を向けた英雄もいたが、やはり少数派であり、日本人の多くは「ガイジンを珍しがるが外国と交わるのはイヤ」という人々であった。価値観の違う人間と対等に付き合うのはイヤなのである。そこで島原の乱（日本人キリスト教徒の最大の反乱）を経て、幕府は「もう海外と付き合うのはやめよう」と「問題を先送り」した。確かに江戸時代初期の時点ではそれが可能だったが、逆に国際交流は不可避と判断し「いかにして外国と付き合うか」を真剣に考えるという方法もあった。が、それを先送りにし黒船で鎖国を破られ、その時もあくまで「一国平和主義」にこだわったから、結局多くの人命と財産を失った挙句、最も損な形で開国した。

そして一五〇年、今の日本も少なからず「一国平和主義」を信じ「平和憲法」という「祖法」を絶対変えるなという人々がいる。まさに歴史は繰り返す、である。

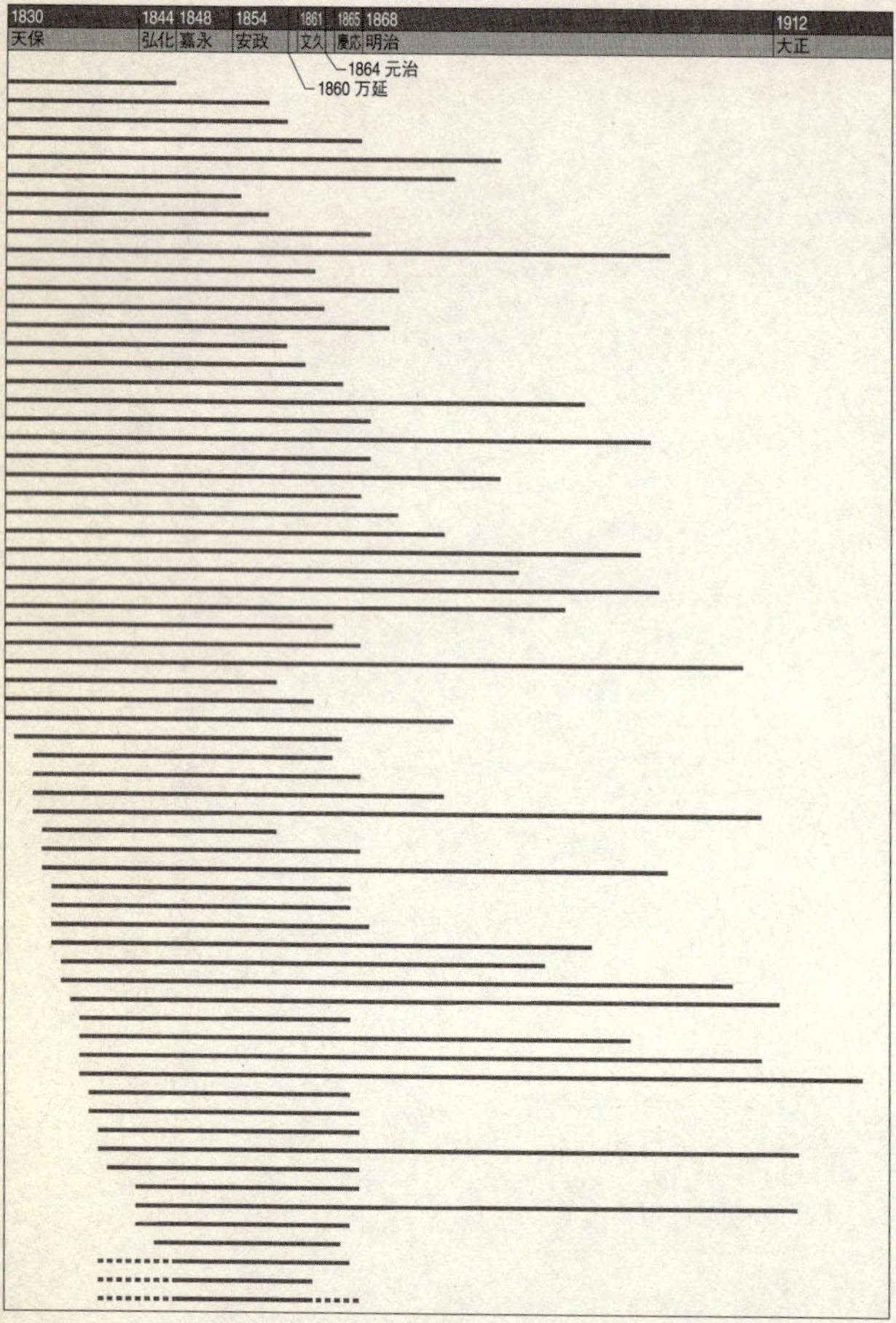
1830
天保
1844
弘化
1848
嘉永
1854
安政
1860 万延
1861
文久
1864 元治
1865
慶応
1868
明治
1912
大正

英傑の日本史
生没年表

1736	1741	1744	1748	1751	1764	1772	1781	1789	1801	1804	1818
元文	寛保	延享	寛延	宝暦	明和	安永	天明	寛政	享和	文化	文政

林子平 1738-1793(元文3-寛政5)
ジェームズ・ビッドル 1783-1848
マシュー・C・ペリー 1794-1858
水戸烈公 1800-1860(寛政12-万延1)
川路聖謨 1801-1868(享和1-慶応4)
エフィミー・プチャーチン 1803-1883
タウンゼント・ハリス 1804-1878
藤田東湖 1806-1855(文化3-安政2)
島津斉彬 1809-1858(文化6-安政5)
横井小楠 1809-1869(文化6-明治2)
レオン・ロッシュ 1809-1901
緒方洪庵 1810-1863(文化7-文久3)
玉松操 1810-1872(文化7-明治5)
佐久間象山 1811-1864(文化8-元治1)
鍋島閑叟 1814-1871(文化11-明治4)
井伊直弼 1815-1860(文化12-安政7)
吉田東洋 1816-1862(文化13-文久2)
ファン・カッテンディーケ 1816-1866
伊達宗城 1818-1892(文政1-明治25)
中島三郎助 1820-1869(文政3-明治2)
勝海舟 1823-1899(文政6-明治32)
大村益次郎 1825?-1869(文政8?-明治2)
岩倉具視 1825-1883(文政8-明治16)
小栗上野介 1827-1868(文政10-慶応4)
山内容堂 1827-1872(文政10-明治5)
西郷隆盛 1827-1877(文政10-明治10)
ジョン万次郎 1827-1898(文政10-明治31)
ハリー・S・パークス 1828-1885
島田魁 1828-1900(文政11-明治33)
松平春嶽 1828-1890(文政11-明治23)
武市半平太 1829-1865(文政12-慶応1)
井上源三郎 1829-1868(文政12-慶応4)
由利公正 1829-1909(文政12-明治42)
吉田松陰 1830-1859(文政13-安政6)
清河八郎 1830-1863(文政13-文久3)
大久保利通 1830-1878(文政13-明治11)
孝明天皇 1831-1866(天保2-慶応2)
山南敬助 1833?-1865(天保4?-元治2)
佐々木只三郎 1833-1868(天保4-慶応4)
桂小五郎 1833-1877(天保4-明治10)
大鳥圭介 1833-1911(天保4-明治44)
橋本左内 1834-1859(天保5-安政6)
近藤勇 1834-1868(天保5-慶応4)
福沢諭吉 1834-1901(天保5-明治34)
伊東甲子太郎 1835-1867(天保6-慶応3)
坂本龍馬 1835-1867(天保6-慶応3)
土方歳三 1835-1869(天保6-明治2)
松平容保 1835-1893(天保6-明治26)
山岡鉄舟 1836-1888(天保7-明治21)
榎本武揚 1836-1908(天保7-明治41)
徳川慶喜 1837-1913(天保8-大正2)
中岡慎太郎 1838-1867(天保9-慶応3)
後藤象二郎 1838-1897(天保9-明治30)
ジュール・ブリュネ 1838-1911
大隈重信 1838-1922(天保9-大正11)
高杉晋作 1839-1867(天保10-慶応3)
相楽総三 1839-1868(天保10-慶応4)
原田左之助 1840-1868(天保11-慶応4)
永倉新八 1840-1915(天保11-大正4)
益満休之助 1841-1868(天保12-慶応4)
沖田総司 1844?-1868(天保15?-慶応4)
斎藤一 1844-1915(天保15-大正4)
藤堂平助 1844-1867(弘化1-慶応3)
徳川家茂 1846-1866(弘化3-慶応2)
武田観柳斎 ?-1867(?-慶応3)
芹沢鴨 ?-1863(?-文久3)
山崎烝 ?-?(?-?)

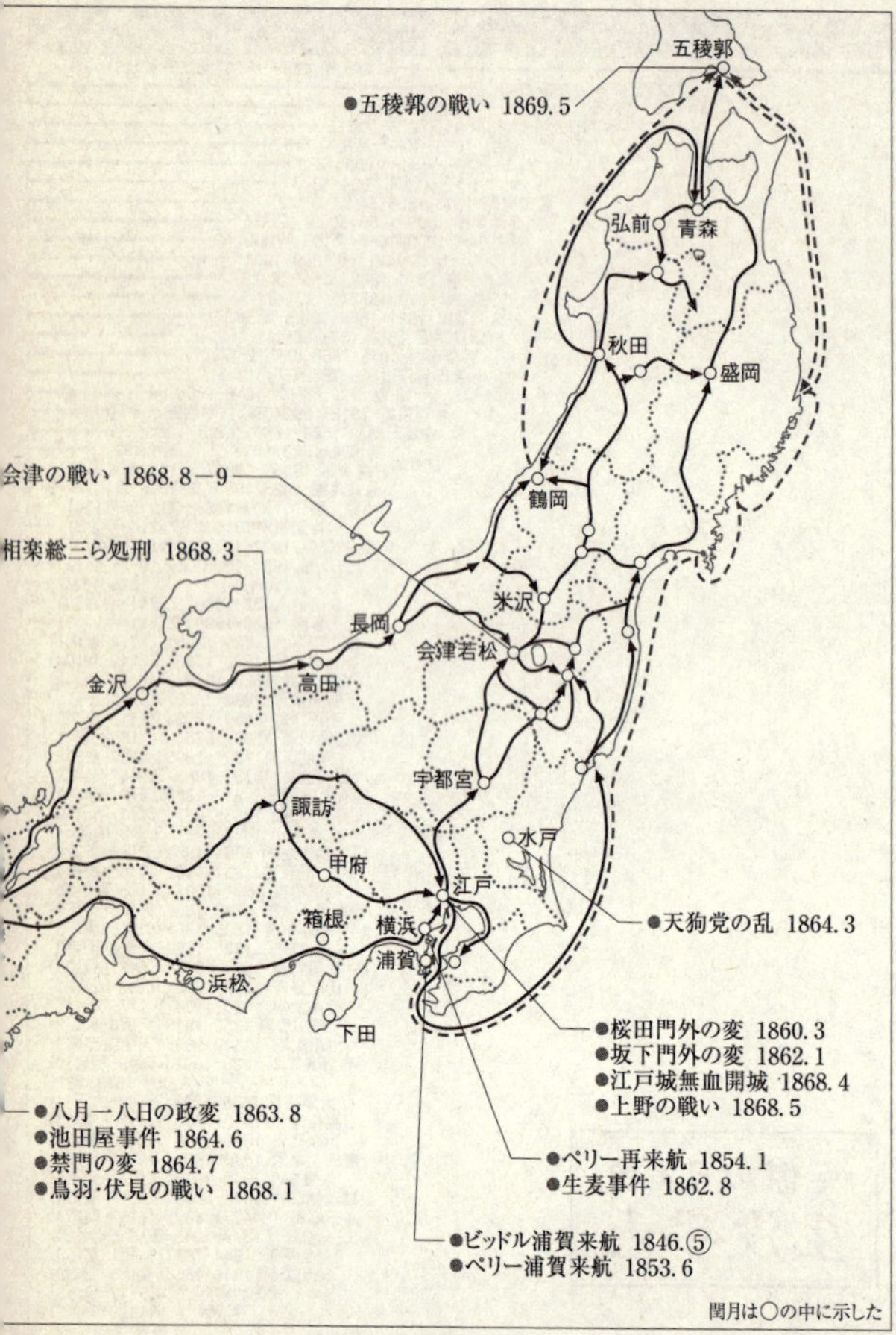
五稜郭
●五稜郭の戦い 1869. 5
弘前
青森
秋田
盛岡
会津の戦い 1868. 8—9
鶴岡
相楽総三ら処刑 1868. 3
米沢
長岡
会津若松
金沢
高田
宇都宮
諏訪
水戸
甲府
江戸
箱根
横浜
●天狗党の乱 1864. 3
浦賀
浜松
下田
●桜田門外の変 1860. 3
●坂下門外の変 1862. 1
●江戸城無血開城 1868. 4
●上野の戦い 1868. 5
●八月一八日の政変 1863. 8
●池田屋事件 1864. 6
●禁門の変 1864. 7
●鳥羽･伏見の戦い 1868. 1
●ペリー再来航 1854. 1
●生麦事件 1862. 8
●ビッドル浦賀来航 1846. ⑤
●ペリー浦賀来航 1853. 6
閏月は○の中に示した

英傑の日本史
関連図
戊辰戦争 1868.1—69.5
官軍行路
榎本軍行路
西南戦争 1877.2—9
西郷軍行路
●長州藩外国船砲撃事件 1863.5
●馬関戦争（四ヵ国連合艦隊下関砲撃事件）1864.8
●吉田松陰、松下村塾を開く 1856
松江
萩
下関
兵庫
大坂
熊本
延岡
室戸
鹿児島
都城
●緒方洪庵、適塾を開く 1838
●薩英戦争 1863.7

	6月	池田屋事件
	7月	禁門の変　第1次長州征伐開始
	8月	馬関戦争(四ヵ国連合艦隊下関砲撃事件)
1865(慶応1)年	1月	高杉晋作らが馬関占拠
	⑤月	パークス来日する
1866(慶応2)年	1月	薩長連合成立
	6月	第2次長州征伐開始
	7月	徳川家茂死去
	12月	徳川慶喜が15代将軍に　孝明天皇、死去
1867(慶応3)年	6月	坂本龍馬「船中八策」を立案
	8月	「ええじゃないか」騒動起きる
	10月	大政奉還
	11月	坂本龍馬ら暗殺される
	12月	王政復古の大号令
1868(明治1)年	1月	鳥羽・伏見の戦い(戊辰戦争始まる)
	3月	五ヵ条の御誓文　相楽総三ら処刑
	4月	江戸城無血開城
	5月	上野の戦い
	7月	江戸が東京に改められる
	8月	会津の戦い(～9月)
1869(明治2)年	1月	横井小楠暗殺される
	3月	東京遷都
	5月	五稜郭の戦い(戊辰戦争終結)
	6月	版籍奉還
	11月	大村益次郎死去
1871(明治4)年	11月	岩倉使節団出発
1873(明治6)年	9月	岩倉使節団帰国
1877(明治10)年	2月	西南戦争開始
	9月	西郷隆盛自刃
1878(明治11)年	5月	大久保利通暗殺される

	4月	江戸に講武所開設
	7月	アメリカ領事ハリスが来日する
	◎	吉田松陰が松下村塾を開く
1857(安政4)年	12月	幕府がハリスと日米修好通商条約の交渉開始
1858(安政5)年	3月	天皇が日米修好通商条約の勅許を拒否
	4月	井伊直弼大老となる
	6月	日米修好通商条約に調印
	7月	徳川家定死去
	9月	安政の大獄始まる(〜59年)
	◎	蘭・露・英・仏と修好通商条約に調印(安政五カ国条約)
	12月	徳川家茂、14代将軍となる
1859(安政6)年	5月	英領事オールコック来日
	6月	神奈川・長崎・箱館開港
	9月	ヘボンが来日する
	10月	橋本左内、吉田松陰、頼三樹三郎死罪となる
1860(万延1)年	1月	勝海舟が咸臨丸でアメリカに向け出発する
	3月	井伊直弼暗殺される(桜田門外の変)
	12月	米通訳官ヒュースケン暗殺される
1861(文久1)年	2月	ロシアの軍艦ポサドニック号が対馬に来航する
1862(文久2)年	1月	老中安藤信正が襲われる(坂下門外の変)
	2月	和宮が将軍家茂に降嫁する(公武合体)
	4月	寺田屋事件
	8月	生麦事件
	⑧月	松平容保、京都守護職となる
	12月	高杉晋作ら、英公使館を襲撃
1863(文久3)年	3月	新撰組結成
	5月	長州藩が下関で外国船を砲撃する
	7月	薩英戦争
	8月	天誅組の変　8月18日の政変
	10月	生野の変
1864(元治1)年	3月	水戸藩天狗党の乱

〈英傑の日本史　関連年表〉　　　閏月は○の中に示した。◎はその年の出来事

1841(天保12)年	5月	天保の改革始まる
1842(天保13)年	6月	イギリス軍艦の来日計画が伝わる
	7月	天保の薪水給与令を出す
1844(弘化1)年	3月	フランス船が琉球に渡来
	7月	オランダ国王の開国勧告書簡が来る
1845(弘化2)年	5月	イギリス船が琉球に渡来
	6月	オランダ国王の開国勧告を拒否する
	7月	イギリスの測量船が長崎に渡来
1846(弘化3)年	⑤月	アメリカ東インド艦隊司令長官ビッドルが浦賀に来航
	6月	フランスインドシナ艦隊司令官が長崎に来航
1848(嘉永1)年	4月	幕府が異国船打ち払い令の復活を評議する
	5月	アメリカの捕鯨船が西蝦夷地に漂着する
1849(嘉永2)年	④月	イギリス軍艦マリナー号が浦賀に渡来
	5月	幕府が異国船打ち払い令の復活を評議する
1851(嘉永4)年	1月	ジョン万次郎がアメリカ船で琉球に上陸
	12月	イギリス軍艦が琉球に渡来する
1853(嘉永6)年	6月	ペリーが浦賀に来航　22日徳川家慶が死去
	7月	プチャーチンがロシア極東艦隊を率いて長崎に来航
	11月	徳川家定が13代将軍に就任
1854(安政1)年	1月	ペリーが再来航
	3月	日米和親条約に調印
	8月	日英和親条約締結
	11月	安政に改元
	12月	日露和親条約締結
1855(安政2)年	3月	プチャーチンが伊豆で建造した船で帰国する
	7月	長崎海軍伝習所ができる
	10月	安政の大地震起こる　藤田東湖が圧死する
1856(安政3)年	2月	江戸に蕃書調所開設

本書は二〇〇四年十月、小社刊の単行本を文庫化したものです。

英傑《えいけつ》の日本史《にほんし》
新撰組《しんせんぐみ》・幕末編《ばくまつへん》
井沢元彦《いざわもとひこ》

角川文庫 14954

平成十九年十二月二十五日　初版発行
平成二十二年九月二十日　六版発行
発行者―井上伸一郎
発行所―株式会社角川書店
東京都千代田区富士見二―十三―三
電話・編集（〇三）三二三八―八五五五
〒一〇二―八〇七八
発売元―株式会社角川グループパブリッシング
東京都千代田区富士見二―十三―三
電話・営業（〇三）三二三八―八五二一
〒一〇二―八一七七
http://www.kadokawa.co.jp
印刷所―旭印刷　製本所―BBC
装幀者―杉浦康平

い 13-51　ISBN978-4-04-166217-5　C0195

角川文庫発刊に際して

角川源義

第二次世界大戦の敗北は、軍事力の敗北であった以上に、私たちの若い文化力の敗退であった。私たちの文化が戦争に対して如何に無力であり、単なるあだ花に過ぎなかったかを、私たちは身を以て体験し痛感した。西洋近代文化の摂取にとって、明治以後八十年の歳月は決して短かすぎたとは言えない。にもかかわらず、近代文化の伝統を確立し、自由な批判と柔軟な良識に富む文化層として自らを形成することに私たちは失敗して来た。そしてこれは、各層への文化の普及滲透を任務とする出版人の責任でもあった。

一九四五年以来、私たちは再び振出しに戻り、第一歩から踏み出すことを余儀なくされた。これは大きな不幸ではあるが、反面、これまでの混沌・未熟・歪曲の中にあった我が国の文化に秩序と確たる基礎を齎らすためには絶好の機会でもある。角川書店は、このような祖国の文化的危機にあたり、微力をも顧みず再建の礎石たるべき抱負と決意とをもって出発したが、ここに創立以来の念願を果すべく角川文庫を発刊する。これまで刊行されたあらゆる全集叢書文庫類の長所と短所とを検討し、古今東西の不朽の典籍を、良心的編集のもとに、廉価に、そして書架にふさわしい美本として、多くのひとびとに提供しようとする。しかし私たちは徒らに百科全書的な知識のジレッタントを作ることを目的とせず、あくまで祖国の文化に秩序と再建への道を示し、この文庫を角川書店の栄ある事業として、今後永久に継続発展せしめ、学芸と教養との殿堂として大成せんことを期したい。多くの読書子の愛情ある忠言と支持とによって、この希望と抱負とを完遂せしめられんことを願う。

一九四九年五月三日

角川文庫ベストセラー

日本史の叛逆者
私説・壬申の乱
井沢元彦
父を異にする二人の皇子、中大兄皇子と大海人皇子。両者の確執は壬申の乱となって火を噴く。著者独自の視点から壬申の乱の真相に迫る歴史小説。

GEN
『源氏物語』秘録
井沢元彦
『源氏物語』多作者説を裏付ける『原・源氏物語』の存在を巡り交錯する謎を、独自の視点と卓越した想像力で解明した、長編歴史ミステリー。

信玄の呪縛
井沢元彦
武田信玄の墓はどこにあるのか。その討論に集まったメンバーがつぎつぎと殺されていく。歴史上の謎と現代が交錯する歴史ミステリー。

日本史の叛逆者
私説・本能寺の変
井沢元彦
もし本能寺の変が未遂におわり、信長が生き残ったとしたら。日本史ファンならば一度は空想する「信長、天下統一」の仮想歴史ロマン。

一千年の陰謀
平将門の呪縛
井沢元彦
平将門の末裔が、将門の娘のお告げに導かれて神宝を探す。神宝を巡る争いは、諸外国の陰謀へと発展し……。圧倒的スケールの伝奇サスペンス。

ダビデの星の暗号
井沢元彦
芥川龍之介に暗号の解読を依頼した友人が殺された。謎を追う龍之介を待ちうける、国史をも揺るがす衝撃的事実とは！　驚愕の歴史ミステリー。

尻啖《くら》え孫市
司馬遼太郎
信長の岐阜城下にふらりと姿を現わした男、真赤な袖無し羽織、二尺の大鉄扇、日本一と書いた旗を持つ従者。戦国の快男児を痛快に描く。